宁波大学法学文丛

地方治理创新的样本研究
——以宁波地区为例

何永红/著

中国社会科学出版社

图书在版编目(CIP)数据

地方治理创新的样本研究：以宁波地区为例 / 何永红著. —北京：中国社会科学出版社，2016.6
ISBN 978-7-5161-8314-4

Ⅰ.①地… Ⅱ.①何… Ⅲ.①地方政府—行政管理—研究—中国 Ⅳ.①D625

中国版本图书馆 CIP 数据核字（2016）第 124008 号

出 版 人	赵剑英
责任编辑	冯春凤
责任校对	张爱华
责任印制	张雪娇
出　版	中国社会科学出版社
社　址	北京鼓楼西大街甲 158 号
邮　编	100720
网　址	http://www.csspw.cn
发 行 部	010-84083685
门 市 部	010-84029450
经　销	新华书店及其他书店
印　刷	北京君升印刷有限公司
装　订	廊坊市广阳区广增装订厂
版　次	2016 年 6 月第 1 版
印　次	2016 年 6 月第 1 次印刷
开　本	710×1000　1/16
印　张	17.5
插　页	2
字　数	242 千字
定　价	59.00 元

凡购买中国社会科学出版社图书，如有质量问题请与本社营销中心联系调换
电话：010-84083683
版权所有　侵权必究

目 录

前 言 …………………………………………………………（1）
第一章 北仑区法治政府建设的制度空间与创新路径 ……（1）
 一 北仑区法治政府建设的基础 ……………………（2）
  （一）政府职能不断优化，权力边界渐趋清晰…………（3）
  （二）行政权力的规范化行使程度大幅提升…………（4）
  （三）行政权力监督体系日趋严密……………………（7）
  （四）依法行政的考核和问责基本落实………………（7）
 二 北仑区法治政府建设中存在的问题 ………………（8）
  （一）政府治理和服务方式转变任务艰巨……………（8）
  （二）行政决策程序有待完善…………………………（9）
  （三）行政执法改革仍需突破…………………………（9）
  （四）行政复议作为矛盾化解主渠道的功能尚未
    体现………………………………………………（9）
  （五）法制工作人才队伍亟待充实……………………（10）
 三 全面推进法治政府建设面临的形势与挑战 ………（10）
  （一）积极参与国际经济一体化的制度保障…………（10）
  （二）实现国家全面建设法治国家战略的及时回
    应…………………………………………………（11）
  （三）保持经济社会发展位于"全国第一方阵"
    的内在要求………………………………………（11）
  （四）规范和协调多元复杂利益关系的必然选择………（12）

四　全面推进法治政府建设的创新路径 …………………（12）
　　　（一）进一步优化政府职能，依法明确权力职责………（12）
　　　（二）规范权力行使过程，建立健全权力规程…………（18）
　　　（三）建立行政权力监督网络，齐力防控权力异
　　　　　　化 ……………………………………………………（25）
　　　（四）完善考核评价机制，全面落实纠错问责…………（27）
　　　（五）加强法治队伍和法治文化建设……………………（29）

第二章　宁波市基层公共安全监管体系创新及其示范
　　　　价值 ………………………………………………………（31）
　　一　宁波试点地区的主要创新实践 ……………………（32）
　　　（一）延伸监管网络，夯实基层工作基础………………（32）
　　　（二）动员社会力量，突出社会参与的协同作用………（34）
　　　（三）建立责任体系，落实公共安全监管责任…………（35）
　　　（四）健全工作制度，提高监管运行效能………………（36）
　　二　创新实践取得的初步绩效 …………………………（37）
　　　（一）安全生产事故率明显降低，经济社会效益
　　　　　　显著 …………………………………………………（37）
　　　（二）基层执法能力有了改观，行政效率不断提
　　　　　　高 ……………………………………………………（38）
　　　（三）新型的工作关系正在形成，行政成本呈降
　　　　　　低趋势 ………………………………………………（39）
　　　（四）民间力量被吸纳整合，社会治理能力得到
　　　　　　了锻炼 ………………………………………………（39）
　　三　创新实践的示范价值 ………………………………（40）
　　　（一）因地制宜地选择监管模式…………………………（40）
　　　（二）健全公共安全监管的基层组织……………………（41）
　　　（三）建立政府—社会的合作关系………………………（42）
　　　（四）明确各级各线的工作职责…………………………（42）

目 录

　　（五）完善多方联动的工作机制……………………（43）
　四　进一步推进的空间……………………………………（44）
　　（一）法律制度的跟进………………………………（44）
　　（二）工作制度的健全………………………………（46）
　　（三）社会参与范围的拓展…………………………（47）

第三章　宁波市政府重大决策咨询机制建设研究……………（49）
　一　政府决策咨询与政府决策咨询机制…………………（50）
　　（一）政府决策咨询的内涵及范围…………………（50）
　　（二）政府决策咨询机制的内容框架………………（50）
　　（三）政府决策咨询机制建设的必要性……………（53）
　二　宁波政府决策咨询的主要问题………………………（54）
　　（一）领导决策咨询意识淡薄………………………（54）
　　（二）决策咨询机构分散和职能交错………………（54）
　　（三）民情民意反馈机制功能不强…………………（56）
　　（四）决策的民主、监督机制尚未形成……………（56）
　三　宁波政府决策咨询机制建设的具体对策……………（57）
　　（一）整合现有力量，建立政府决策咨询的组织
　　　　　机构………………………………………………（57）
　　（二）界定重大决策事项范围，将重大决策咨询
　　　　　论证制度化………………………………………（59）
　　（三）拓宽民意征集渠道，建立民情反映制度……（62）
　　（四）建立和健全决策的监督和纠错机制…………（63）

第四章　镇海区人才开发与政策创新研究……………………（65）
　一　镇海区人才开发的基础………………………………（66）
　　（一）镇海区人才开发现状…………………………（67）
　　（二）镇海区人才发展的经验………………………（69）
　二　镇海区人才开发问题和原因…………………………（70）

（一）镇海区人才开发中存在的问题……………………（70）
　　（二）原因分析……………………………………………（72）
三　镇海区人才开发面临的新形势…………………………（74）
　　（一）镇海区人才开发的优势……………………………（74）
　　（二）镇海区人才开发的劣势……………………………（75）
　　（三）镇海区人才开发的机遇……………………………（76）
　　（四）镇海区人才开发的挑战……………………………（77）
四　人才开发的国内外经验比较……………………………（77）
　　（一）国内人才发展的经验………………………………（77）
　　（二）国外人才开发的经验………………………………（82）
五　镇海区人才开发的政策创新对策………………………（87）
　　（一）优化人才结构，推动和引领产业结构的升
　　　　　级…………………………………………………（87）
　　（二）健全人才投入机制，保障人才优先发展…………（89）
　　（三）创新激励机制，留住高层次优秀人才……………（91）
　　（四）突出企业人才优先地位，拓展高层次人才
　　　　　的开发渠道…………………………………………（92）
　　（五）根据实际需求，培养中、高技能人才……………（95）
　　（六）重视党政人才开发，提升政府公共管理水
　　　　　平……………………………………………………（96）
　　（七）培育和引进社会管理人才，提升公共服务
　　　　　质量…………………………………………………（97）
　　（八）改善人才发展环境，打造重点产业人才集
　　　　　聚区…………………………………………………（98）

第五章　镇海区提升科技创新能力的路径研究……………（101）
一　"十二五"镇海区创新能力建设的成效与问题…………（102）
　　（一）主要成效……………………………………………（102）
　　（二）存在的问题…………………………………………（109）

目　录

二　"十三五"镇海区创新能力建设的环境分析 …………（111）
  （一）面临的机遇 ………………………………………（111）
  （二）面对的挑战 ………………………………………（113）
三　创新能力建设的国内外经验比较 ……………………（114）
  （一）国内创新能力建设的经验借鉴 …………………（114）
  （二）国外创新能力建设的经验借鉴 …………………（118）
四　镇海区提升创新能力的政策措施 ……………………（121）
  （一）完善区域创新体系，引领"大众创业"和"万众创新" ……………………………………（122）
  （二）实施技术创新工程，促进产业转型升级 ………（123）
  （三）完善政产学研用的合作体制，促进科技成果转化 ……………………………………………（125）
  （四）加强科技孵化器建设，提高创新资源的整合力度 ……………………………………………（127）
  （五）深入实施"知识产权战略"，提升自主创新能力 ……………………………………………（128）
  （六）完善金融服务体系，构建多元化投融资渠道 …………………………………………………（129）
  （七）发挥科技对社会发展的作用，促进科技惠民 …………………………………………………（131）

第六章　宁波市文化事业管理体制机制创新研究 …………（134）
一　文化事业管理体制机制改革的概述 …………………（134）
  （一）文化事业管理体制机制改革的历程回顾 ………（135）
  （二）文化事业管理体制机制的体系构成 ……………（145）
二　宁波文化事业管理体制机制改革的现状分析 ………（150）
  （一）文化事业管理体制机制改革：主要实践与经验 ………………………………………………（150）
  （二）文化事业发展中面对的挑战和问题 ……………（155）

三　服务型政府建设对文化事业管理体制机制创新
　　　　的要求 ………………………………………………（159）
　　　　（一）以追求社会公平和自身效率作为体制机制
　　　　　　　创新的价值目标 ………………………………（159）
　　　　（二）以构建公共文化服务体系作为体制机制创
　　　　　　　新的切入点 ……………………………………（161）
　　　　（三）建立有利于提升公共文化服务能力的管理
　　　　　　　和运行机制 ……………………………………（162）
　　四　宁波市文化事业管理体制机制创新的路径选择 ……（163）
　　　　（一）服务主体创新：鼓励和促进公共文化服务
　　　　　　　的民营化 ………………………………………（163）
　　　　（二）服务制度创新：公共文化服务供给的市场
　　　　　　　化 ………………………………………………（165）
　　　　（三）资金投入机制和运作方式创新 ………………（167）
　　　　（四）公共文化设施管理的市场化运作 ……………（169）
　　　　（五）公共文化服务绩效评价机制的科学化 ………（170）

第七章　宁波市基本公共文化服务均等化建设研究 ………（172）
　　一　基本公共文化服务均等化的理论界定 ………………（173）
　　　　（一）基本公共文化服务均等化的内涵 ……………（173）
　　　　（二）基本公共文化服务均等化的理论依据 ………（175）
　　　　（三）基本公共文化服务均等化建设的模式 ………（178）
　　二　基本公共文化服务均等化建设的形势与需求 ………（180）
　　　　（一）落实公民文化权利的主要途径 ………………（180）
　　　　（二）应对社会文化发展失衡的客观要求 …………（181）
　　　　（三）培育共同文明准则和核心价值的重要载体 …（182）
　　三　宁波市基本公共文化服务均等化建设的经验与
　　　　问题 ………………………………………………………（182）
　　　　（一）基本公共文化服务均等化：主要实践与经验 ……（182）

（二）基本公共文化服务均等化：问题与挑战……………（188）
　四　提高基本公共文化服务均等化水平的政策建议……（191）
　　（一）多方统筹，完善资金保障机制……………………（191）
　　（二）提供满足群众基本文化需求的多样化服务………（192）
　　（三）培育文化专才和发挥群众办文化的积极性………（193）
　　（四）继续优化供给机制，提高供给效益………………（194）
　　（五）实现信息化平台服务，全面整合文化服务
　　　　　资源……………………………………………………（194）

第八章　宁波市养老服务模式创新研究……………（196）
　一　宁波各地区的养老服务实践……………………………（196）
　　（一）宁波市养老服务的背景……………………………（196）
　　（二）宁波市养老服务的运行模式及其效果……………（199）
　　（三）宁波市养老服务实践的效果………………………（209）
　二　宁波市养老服务中存在的问题…………………………（210）
　　（一）服务供给不能满足多层次的需求…………………（210）
　　（二）制度化和规范化程度不高…………………………（211）
　　（三）专业化和职业化化程度不高………………………（212）
　　（四）社会组织参与程度仍然偏低………………………（213）
　　（五）政府职能部门的协调机制缺位……………………（213）
　三　比较研究：国外养老服务的实践与经验………………（213）
　　（一）英国：政府主导、多方参与的福利模式…………（213）
　　（二）美国：市场主导的社会化模式……………………（215）
　　（三）日本：家庭自助、社会互助与社会福利结
　　　　　合的模式………………………………………………（216）
　　（四）借鉴和启示…………………………………………（218）
　四　宁波市养老服务模式创新的路径………………………（220）
　　（一）明确养老服务的重点内容："养什么？"…………（220）
　　（二）养老服务的责任分担："谁来养？"………………（223）

（三）养老服务的机制创新："怎么养？" …………… (224)

第九章 江东区"实事工程"人大代表票决制的示范意义 …………………………………………………… (230)

一　人大票决"实事工程"制产生的背景 …………… (230)
二　地方人大代表票决制的规范基础 ………………… (232)
 （一）宪法和地方组织法的规定 ………………… (232)
 （二）地方性法规的依据 ………………………… (233)
三　江东区人大代表票决"实事工程"的基本做法 …… (235)
 （一）先广泛征集遴选，再由党、政会议确定备选项目 ……………………………………………… (236)
 （二）人大代表公开票决，确定实事工程项目 … (237)
 （三）人大代表全程参与，跟踪监督实事工程的进展 ……………………………………………… (237)
 （四）先由各方评议，再由人大代表测评项目完成质量 ……………………………………………… (237)
 （五）人大代表参与项目成效检验，督促政府整改不足 ……………………………………………… (238)
四　人大代表票决"实事工程"的制度价值 …………… (238)
 （一）找到了地方人大行使重大事项决定权的切入点 ……………………………………………… (238)
 （二）填补了地方人大在公共治理中缺位的体制性短板 ………………………………………… (239)
 （三）标示了地方重大决策民主化的发展方向 … (240)
 （四）促进了民众对政府重大决策的信任和支持 … (241)
 （五）推进了政府权力运行的公开化和规范化 … (241)
五　"实事工程"人大票决制的发展空间 ……………… (242)
 （一）人大实事工程决定权行使程序被动化 …… (242)
 （二）人大讨论决定的重大事项范围仍不明确 … (242)

目 录

　　（三）人大实事工程票决欠缺理性交涉的程序……………（243）
　　（四）人大监督项目实施过程的手段偏少偏软………………（243）

六　地方人大票决制进一步创新的路径 ……………………………（244）
　　（一）确立地方人大主动界定重大事项的审议程
　　　　　序………………………………………………………（244）
　　（二）界分人大决定的重大事项范围之类型………………（245）
　　（三）健全地方人大票决的讨论、决定程序………………（247）
　　（四）完善票决后项目实施的监督机制………………………（248）

第十章　江东区大市场监管体系下的执法机制建设 ………（250）

一　江东区大市场监管执法改革的主要做法和成效 ……（250）
　　（一）过程与背景……………………………………………（250）
　　（二）主要做法………………………………………………（251）
　　（三）取得的成效……………………………………………（254）

二　江东区大市场监管执法中存在的问题 …………………（255）
　　（一）执法程序和文书要求不一，监管
　　　　　执法很难统一……………………………………………（255）
　　（二）执法力量配置不足，专业人员匮乏…………………（256）
　　（三）体制改革不彻底，机构职能上下不一………………（256）
　　（四）人心尚未融合，工作缺乏积极性………………………（257）

三　浦东新区大市场监管执法改革的经验与启示 …………（257）
　　（一）基本做法………………………………………………（257）
　　（二）启示……………………………………………………（259）

四　江东区大市场监管执法机制建设的对策 …………………（260）
　　（一）力量下沉，充实基层执法力量………………………（261）
　　（二）实行"人事匹配"的事权配置 ………………………（261）
　　（三）营造促进融合的文化氛围 ……………………………（261）
　　（四）建立现代信息技术的支撑体系………………………（262）
　　（五）建立合理的绩效考核制度……………………………（262）
　　（六）完善社会化监管手段…………………………………（262）

前　言

本书不是那种"高、大、上"的、纯粹学术理论构建的"顶天之作",而是以地方经济社会发展中涌现出的现实问题作为对象,力求结合国家关于全面深化改革和全面推进法治国家建设的顶层设计思想,寻找与区域实际情况相对接,体现经济社会发展要求的体制机制创新的地方治理逻辑。因本书的应用研究性质,其首要追求的是理论与实践的密切结合,将国家改革发展的战略思想在地方实践中的具体化与本地化。鉴于这个目的,本书在叙述与论证的语言上,尽量避免使用学术研究惯用的深奥晦涩的"行话"(也被戏称为"黑话"),当然,作为研究,也不应该使用调研报告式的从"问题"到"对策"的直接通达、句句实在的"白话";本书意图将问题置于一定的理论思维框架中,采用尽量通俗但又不失规范性和专业性的语言进行表述和分析论证,以理论的视野去发现制度生长的逻辑性,以思想的眼光去探寻实践创新的方向和路径。

本书所择取的地方治理创新的案例皆源自宁波市及其下属地区。宁波市作为沿海发达城市,不仅经济发展位于全国前列,社会改革也是先人一步。经济社会发展的先行性意味着该地区具有由经济社会结构剧烈变化所带来的利益分化和社会矛盾的先发性,这就蕴育了宁波地区以问题为导向,不断改革创新、探索解决矛盾、推进全面发展的压力和动力。宁波地区在经济社会治理领域的创新活动异常活跃,涌现出了许多在全国具有领先性、示范性的案例。解剖这些案例，研究其制度价值、提升空间和推广条件与可行性，对于继续推进该地区的体制机制创新以及为其他地区改革和发展提供示范具有重要的现实意义和理论意义。

本书研究之主题紧紧围绕"地方治理创新与法治发展"的中心展开。治理创新是问题导向的，地方政府常常选择问题（矛盾）集中的领域为突破口，进行体制机制创新，以释放政府、市场和社会各方面的活力，协调各方利益关系和消解社会矛盾冲突。治理创新从某种意义上讲，就是修补原来的体制机制，甚至突破原来的体制机制，建设新的体制机制。但是，无论怎么创新，都不应逃逸于法治框架之外进行，法治国家要求地方治理创新坚持法治思维，以法治引领治理创新，通过创新立法为治理创新作出顶层设计、指示制度方向；同时，地方治理创新又常常是激活法律制度功能的试验场，我国现行法律因各种原因，已制定出来的很多制度尚处于沉睡之中，制度内资源尚未用足用活，只要各地方根据自身条件，摸索和探求新的工作机制，定能为现有的法律制度转化为现代化的地方治理能力提供新的生长点。正因为此，法治为地方治理创新的持续推进提供保障和方向，地方治理创新又为法治发展增添新的制度要素。

本书正是在宁波作为经济社会发展先行先试地区的背景下，坚持理论结合实际的应用研究之旨趣，聚焦于地方治理创新与法治发展的主题，以十个典型的治理创新案例作样本，精微解剖、探求幽境，寻找地方治理与法治发展之道。全书共分十章，每个样本研究独立成章，其内容简介如下：

第一章内容为"北仑区法治政府建设的制度空间与创新路径"。该章本着"控制与规范政府权力"的基本理念，廓清法治政府应有的内涵，认为法治政府的内容框架是由"科学确权、规范行权、监督制权、考核框权"等环节所构成的制度体系。在这一思维框架下，将很多似是而非的、面面俱到的非法治政府本质内容的东西剔除其外，有助于凝炼其精神。本章梳理了北仑区法治政府建设的成效，分析了尚面临任务与使命，存在的问题和挑战；在此基础上，系统、深入地分析了北仑区应进一步优化政府职能，依法明确权力职责；应完善和规范权力行使过程，建立健全权力规程；要建立行政权力监督网络，齐力防控权力异化以及完善考核评价机制，全面落实纠错问责等具体的创新路径。

第二章内容为"宁波市基层公共安全监管体系创新及其示范价值"。该章认为，社会经济的快速发展对建立公共安全基层监管体系提出了迫切的要求。宁波试点地区通过公共安全监管重心下移、关口前移，将监管职能延伸到社会最底层，建立健全了公共安全基层监管的组织网络；同时，借助社会治理的手段吸纳社会力量，动员多方主体，整合各方资源实现了公共安全监管的社会化运作。试点地区的实践已显示出了较好的绩效，其经验对其他地区建设公共安全监管体系具有重要的示范意义。当然，在宁波模式的推广和完善中，仍需克服法规政策滞后、工作机制不健全以及社会参与范围不广等影响公共安全的社会治理程度的诸因素。

第三章内容为"宁波市政府重大决策咨询机制建设研究"。该章认为，建立政府决策咨询机制是政府依法行政的重要内容，也是政府决策民主化和科学化的必要环节。宁波市政府决策咨询迄今尚未完全步入制度化、程序化和规范化的轨道，而近年来宁波经济社会的快速发展，对整个政府系统的决策质量又提出了更高的要求，因而政府决策咨询机制的建设已具有突出的紧迫性。该章在界定政府决策咨询和政府决策咨询机制的基础上，分析了建设政府决策咨询机制的必要性；并对宁波政府决策咨询存在的问题作了实证分析；最后提出了推进宁波政府决策咨询机制建设的具体对策。

第四章内容为"镇海区人才开发与政策创新研究"。该章认为，人才是经济与社会发展的关键因素。面对经济和社会变革的加速运行，镇海区产业转型升级需求迫切，但人才结构和产业结构并不匹配，影响了镇海区社会和经济的变革发展。通过对镇海区人才开发现状、存在问题以及面临的新形势进行深入分析，就今后的人才开发战略提出了优化人才结构,推动和引领产业结构的升级;健全人才投入机制,保障人才优先发展;创新激励机制,留住高层次优秀人才;突出企业人才优先地位,拓展高层次人才的开发渠道和根据实际需求,培养中、高技能人才等多方面的政策措施。

第五章内容为"镇海区提升科技创新能力的路径研究"。该章认为,提升创新能力是一个地区转变经济发展方式、维持经济可持续发展的战略基点。通过对镇海区提升创新能力的现实基础、瓶颈问题及动力因素分析,提出了镇海必须在构建多元化投融资渠道、完善资源统筹配套机制、培育新兴产业和提升传统产业并举、促进科技成果产业化以及构建完善的专利产业化链条等几个方面有所作为。

第六章内容为"宁波市文化事业管理体制机制创新研究"。该章在回顾文化事业管理体制机制改革的历程并对相关理论作出交待的基础上,分析了宁波文化事业管理体制机制改革的主要实践与经验,面临的挑战和问题;然后梳理了服务型政府建设对文化事业管理体制机制创新的具体要求;最后提出了鼓励和促进公共文化服务的民营化、公共文化服务供给的市场化、资金投入机制和运作方式创新、公共文化设施管理的市场化运作和公共文化服务绩效评价机制的科学化等政策措施。

第七章内容为"宁波市基本公共文化服务均等化建设研究"。该章认为,公共文化服务均等化建设是落实公民基本社会权利的要求,加强这一文化"软实力"建设具有重大的现实意义。然而我国区域间、城乡间公共文化服务失衡较严重。该章在分析基本公共文化服务均等化建设的形势与需求,梳理宁波市基本公共文化服务均等化建设的经验与问题的基础上,提出了多方统筹、完善资金保障机制;提供满足群众基本文化需求的多样化服务;引培文化专才和发挥群众办文化的积极性;继续优化供给机制,提高供给效益;实现信息化平台服务,全面整合文化服务资源等政策措施,以提高基本公共文化服务均等化水平。

第八章内容为"宁波市养老服务模式创新研究"。该章梳理了宁波各地区的养老服务实践的运行模式及其效果,并分析了宁波市养老服务中普遍存在的问题,在比较研究英、美、日等国外养老服务实践模式与经验的基础上,提出了宁波市应明确养老服务的重点养什么、养老服务的责任谁来当、养老服务实施机制如何创新的政策措施。

第九章内容为"江东区"实事工程"人大代表票决制的示范意义"。该章分析了地方人大票决"实事工程"制产生的背景和地方人大代表票决制的规范基础。然后概括了江东区人大代表票决"实事工程"的实践之亮点与突破点;进而分析了地方人大代表票决"实事工程"的制度价值以及制度进一步发展的空间;最后,提出了确立地方人大主动界定重大事项的审议程序;界分人大决定的重大事项范围之类型;健全地方人大票决的讨论、决定程序以及完善票决后项目实施的监督机制等方面的创新举措。

第十章内容为"江东区大市场监管体系下的执法机制建设"。该章通过系统地分析江东区市场监督管理局机构改革过程中遇到的实际执法问题入手,结合分析和借鉴上海浦东地区的经验,探索破解基层市场监管执法问题的机制建设之路径,提出了坚持基层导向和问题导向,延伸监管职能、执法力量下沉到基层;优化结构、实行"人事匹配"的事权配置;加强沟通和协作配合、营造促进融合的文化氛围;建立现代信息技术的支撑体系;建立合理的绩效考核制度;完善社会信用体系,提升监管手段等对策建议。

本书研究样本均来自宁波实践,具有很强的实务性,因而,充分而真实的实证材料是保障研究质量的基础。这些研究材料除部分从宣传资料、政府文案、调研报告和研究文献中间接获取外,大量的是直接来自宁波各级政府及职能部门、街道社区等地的调研和采取到的数据,其中最重要的部分是来自与实务一线专家(官员)的访谈,从中获得了他们对创新实践的动机和思路的有益见解。这里,要感谢宁波市发展与改革委员会、宁波市政府发展研究中心、宁波市科技局、宁波市民政局、宁波市安全生产监督局、宁波市广电文化局、宁波市政策研究室、江东区市场监督局、江东区人大、北仑区发改局、镇海区发改局、北仑区民政局、北仑区法制办、北仑区司法局、北仑区法治办、镇海区人力资源与社会保障局、镇海区科技局、海曙区人力资源与社会保障局等机关单位为相关专题研究的调研提供了方便。同时，尤其要感谢宁波市政府发展研究中心阎勤主任、张华处长，宁波市安全生产监督管理局江国梁局长，宁波市民政局许义平副局长，宁波市科技局陈建章副局长，镇海区科技局李德军局长，北仑区发展与改革局黄世楚副局长，镇海区人力资源与社会保障局朱红瑾副局长，北仑区霞浦街道办事处史奇锋副主任，江东区市场监督局娄耸雄同志等，他们对相关课题的研究鼎力相助，提供具体指导，分享了他们的观点，指明了课题研究方向。

当然，还要感谢宁波大学党委副书记郑孟状教授、法学院院长张炳生教授大力支持本书出版；最后，由衷感谢中国社会科学出版社冯春凤女士耐心和细心的工作。

宁波大学 何永红
2015 年 9 月

第一章　北仑区法治政府建设的制度空间与创新路径[①]

"法治兴则国家兴，法治衰则国家乱。什么时候重视法治、法治昌明，什么时候就国泰民安；什么时候忽视法治、法治松弛，什么时候就国乱民怨"，这是习近平总书记对法治国家建设的理解。自十八大以来，围绕全面建成小康社会这一总目标，十八届三中全会研究部署了全面深化改革，十八届四中全会则研究部署全面推进依法治国。全面建成小康社会既需要深化改革提供动力，也需要加强法治提供保障。2014年底，中共浙江省委也按照《中共中央关于全面推进依法治国若干重大问题的决定》的部署，结合浙江实际，研究了全面深化法治浙江建设问题。当前，《浙江省人民政府关于深入推进依法行政加快建设法治政府的实施意见》、《宁波市人民政府关于加快建设法治政府的意见》均在紧张的出台过程中。

在此大背景下，北仑区恰逢改革深化时期的"十三五"规划编制阶段。北仑区是我国经济发展的先行区，肩负着探索先进体制、机制的重责大任，在依法行政工作上同样需要有勇气有担当、

[①] 本章为课题"北仑区'十三五'全面推进法治政府建设研究"的成果，内容略有删减和改动。本人为课题设计研究框架并撰写其核心部分（即"全面推进法治政府建设的创新路径"部分）；夏雨博士撰写了其他部分的初稿，最后由本人进行全面的修订。北仑区发改局黄世楚副局长多次参与课题研讨，为本课题研究提出了富有启发性的意见；北仑区法治办、法制办、司法局、城市综合执法局、行政服务中心、检察院等单位为本课题的调研提供了方便和第一手资料，同时为课题的修改完善也提出了中肯的意见。对以上单位和个人在此一并表示感谢。

创造性地将十八届四中全会建设法治国家的要求在北仑区本地化、具体化。依法行政的核心要素为科学确权、规范行权、监督制权、考核框权，从权力的产生、运行、制约、监督方面全方位确保合法性、正当性。

一　北仑区法治政府建设的基础

北仑区是我国法治政府建设的自发先行区，早在2006年7月就出台《中共北仑区委关于建设"法治北仑"的决定》，首次提出"法治北仑"概念。多年来，区委、区政府深入贯彻落实科学发展观，根据国务院《全面推进依法行政实施纲要》、《关于加强市县政府依法行政的决定》和《关于加强法治政府建设的意见》的要求，围绕工作大局，以先行地区的先进经验为标杆，以推动服务型政府和法治政府建设为目标，以体制机制创新为突破口，以增强政府工作人员依法行政的意识和能力、强化法制监督的功能和作用、提高行政复议的"案结事了"率、提升政府法律事务处理能力和合法性审查的质量水平为着力点，全面推进依法行政。北仑区曾连续三年荣获浙江省"法治县（市、区）创建工作先进单位"，2010年进入首批全国"法治县（市、区）创建工作示范单位"行列，同时被全国普法办命名为首批全国法治县（市、区）创建活动先进单位。2015年，全国普法办通报表彰第三批全国法治县（市、区）创建活动先进单位，北仑区因法治创建工作成绩突出，被评为"全国法治县（市、区）创建活动先进单位"，这是此次宁波市唯一一个获得此殊荣的县（市、区）。

2015年1月，北仑区委又在十八届四中全会后第一时间出台了《中共宁波市北仑区委关于全面深化法治北仑建设的行动计划（2015—2017）》，公布了包括完善法治北仑建设体制机制、推进民主政治建设行动、法治政府建设提升行动、推进司法实践创新和提升司法公信力行动在内的十大行动计划。此举也证明了北仑区贯彻中央依法治国精神的决心与行动。

北仑区十余年来的依法行政工作是卓有成效的，课题组经调查研究认为，北仑区的依法行政工作已经取得了如下成就。

（一）政府职能不断优化，权力边界渐趋清晰

1. 职能转变与机构改革持续推进

随着新一轮政府职能转变和机构改革工作的推进，北仑区起草出台了《北仑区人民政府职能转变和机构改革方案》，因地制宜地提出政府职能转变、机构改革、体制机制调整、机构编制管理的整体方案，较好地推行了行政管理体制改革，推动政府职能向创造良好发展环境、提供优质公共服务、维护社会公平正义转变。2014年9月下发了《关于印发进一步深化行政审批制度改革实施方案的通知》，积极推进联审联办、模拟审批和审批代办，有望成为全省审批效率最高、投资环境最优的区域。2014年，北仑区行政服务中心各窗口共受理各类办件70余万件，平均日办件3600余件；各窗口按时办结率为100%，提前办结率为95.48%，服务对象综合满意率达到99.7%。真正做到该放的权放开放到位、该管的事管住管好。

2. "清单"的梳理工作有序进行

一是稳步推进权力清单制度工作。目前已经按照"职权法定、简政放权、便民高效、权责一致、公开透明"的原则，全面梳理分析部门职责、编制部门权力清单、权力运行流程图。北仑区全区涉及行政权力事项的部门38家，共梳理出行政权力8017项，最终保留34个部门的行政权力3671项，减少4346项，精简比例为54.2%。二是扎实推进责任清单编制工作。全面梳理部门主要职责，厘清部门间职责边界，建立健全事中事后监管制度，强化公共服务，着力构建与权力清单相配套的权界清晰、分工合理、权责一致、运转高效的部门职责体系。通过上述清单厘清了北仑区行政权力的家底，为各项职权的有效落实打下了良好的基础。

3. 职权交叉、重叠问题得到改善

积极推进食品药品监管体制改革，整合了北仑区、大榭开发区工商和食品药品监管职能及机构，按街道（乡镇）设置市场监管所，实行"双重管理、以条为主"的监管体制。根据市场监管职责跨区域的实际，按照"职能归并、分块负责、各成体系"的原则，设立区市场监管局大榭开发区办事处，建立区域协作机制，完善统分结合、互商共进的监管模式，通过监管体制改革较好地应对了食品药品监管不力的问题。

北仑区率先试点综合行政执法体制改革，作为全省试点，根据《浙江省人民政府关于宁波市北仑区深化相对集中行政处罚权工作的批复》（浙政函〔2012〕32号）和《浙江省人民政府关于宁波市北仑区深化相对集中行政处罚权工作实施方案的批复》（浙府法发〔2012〕50号），出台了《北仑区深化相对集中行政处罚权工作配合协调机制实施暂行办法》、《北仑区行政执法争议协调暂行办法》等规定，与市场监管局建立联席会议制度，加强与国土分局、住建局、民政局、环保局等部门的二级联动机制，进一步明确联络员制度，明确监管和执法的职责，完善了案件移交、信息反馈制度。目前，北仑区的综合行政执法体制已成为国内知名创新品牌，为省、市及兄弟单位开展该项改革提供了可借鉴的经验。

北仑区还推行行政执法争议协调制度，由区法制办依法协调因职能交叉、法律法规竞合等原因造成的行政执法争议，明确职责，有效解决行政机关在执法过程中存在的推诿扯皮等问题。有效地解决了职责不清导致的执法推诿问题，促进政府部门之间职能界定合理，责任明确，权责一致。

（二）行政权力的规范化行使程度大幅提升

1. 政府信息公开取得重大进展

北仑区的"阳光政府"建设成效显著，在环境保护、义务教育招生、土地房屋征收、保障性住房分配等方面有意识地扩大信息

公开范围，强化区长电话服务功能，被评为省电子政务建设综合考核优秀单位。2014年政府信息公开网络平台共主动公开各类政府信息10833条，其中工作信息8309条，法规公文类信息1414条，行政执法类信息182条，人事信息225条，政府决策类信息369条，公共服务类信息11条，财政信息215条，其他类信息108条。北仑之窗门户网站在2003—2007连续五年被评为全市政府系统十佳网站；2008—2013连续六年获宁波市政府系统示范网站；2006—2013连续八年被中国社会科学院评为"中国特色政府网站"；2007—2011连续五年被省政府办公厅评为各县（市、区）政府门户网站建设优秀单位等荣誉；2012年10月被评为北仑区优秀服务品牌。目前，北仑区正在打造浙江政务服务网北仑站。

2. 科学民主的行政决策机制基本形成

北仑区政府不断健全规范性文件管理制度，于2013年5月底制定印发了《关于推行行政规范性文件"三统一"制度的实施意见》（仑政〔2013〕37号），明确了行政规范性文件"三统一"制度，同时由区法制办制定印发了《关于行政规范性文件"三统一"制度有关问题的指导意见》，细化了行政规范性文件的认定标准、"三统一"制度管理范围、编号规则和体例等内容，并拟定行政规范性文件"三统一"管理文书参考格式，供相关单位参照执行。2014年区法制办共审查区级行政规范性文件17件，区级部门规范性文件20件，均经过区政府常务会议审议通过，向市政府和区人大常委会备案17件。总的来说，规范性文件制定权限符合规定，内容与法律、法规、规章不抵触，相互之间保持协调。规范性文件在制定过程中还广泛征求意见，充分反映民意；规范性文件的修改、废止和定期清理、评估制度得到执行。规范性文件通过后能够及时公布。行政合同的备案审查工作也已初步建立，2014年7月，区政府制定印发了《宁波市北仑区（开发区）行政机关合同管理办法》，明确了北仑区（开发区）行政区域内行政机关合同的起草、审查、订立、履行、争议解决和监督管理等问题。全年共审查备案行政机关合同16件。

3. 行政程序的规范化建设效果明显

传统执法领域的程序规范化建设已经到位，行政处罚、行政许可、行政征收、行政强制等执法程序完善和公正；食品药品、环境保护、城乡规划、土地管理、劳动保障、社会治安、安全生产等领域监管服务到位。行政服务领域的程序规范化建设在有序推进，公共资源交易、行政审批服务、网上办事等行政服务平台功能健全，服务规范、高效，服务能力基本适应公民、法人和其他组织的需求。在招投标领域积极开展重大项目招投标"提前介入、主动服务"，打破常规，积极推行"平行招投标作业法"等做法，转变了服务理念和改革了服务流程。

4. 行政救济渠道畅通，社会矛盾调处有力

北仑区政府加强了行政调解工作，于2013年11月出台了《宁波市北仑区人民政府关于加强行政调解工作的意见》，成立行政调解工作领导小组，定期或不定期听取行政调解工作情况汇报，研究解决行政调解工作中遇到的重大问题。行政调解工作体制机制基本健全，职责明确并有效落实，与人民调解、司法调解相互衔接。该项制度取得了较好的效果。

北仑区坚持"以人为本、复议为民"的理念，不断完善行政复议工作制度，提高行政纠纷化解能力。行政复议中重视实地调查、听证以及调解和解工作，注重运用调解、和解方式解决纠纷，将调解贯穿案件办理各个环节，注重协调策略和方法，提高行政调解能力，妥善解决当事人的合法合理诉求。2014年共受理行政复议申请19起，办结12起，并做好省政府2起、市政府3起行政复议案件的答复工作。

北仑区稳步创新信访工作机制，坚持领导干部接访走访经常化、矛盾排查化解日常化、驻京值班劝返严格化。从统计的数据来看，信访形势总体平稳可控，信访总量呈现下降趋势。2014年区信访局共受理群众来信来访1836件（次），与去年同期相比下降

34.1%。其中来信367件次，同比下降36.9%；来访542批1469人次，批次同比下降了24.6%，人次同比下降了33.3%。来区集体访73批1469人次，批次同比下降31.8%，人次同比下降34.9%；去市访96批138人次，批次同比下降17.9%，人次同比下降51.4%；去省访6批11人，批次同比下降75.0%，人次同比下降73.8%；进京访国家局登记4批5人，批次同比下降86.7%，人次同比下降86.8%。去省市督导组信访218批次，去中央巡视组信访47批次，去省委巡视组信访42批人次，交办处理率均为100%。各级会议期间信访稳定、劝返有力。全区总共发生进京非访5人次，占全年指标的83%。

（三）行政权力监督体系日趋严密

1. 行政执法检察监督进一步加强

为开展行政执法履职情况专项检查工作，北仑区探索建立了行政执法检察监督机制，由区"两办"出台《北仑区行政执法检察监督工作暂行规定》，与区政府法制办会签《关于在行政执法检察监督中加强协作配合的意见》，进一步规范行政执法行为，提高行政机关的执法效能。全年对损害公共利益的行政执法违法情况发出检察建议10份，采纳8份。

2. 自觉配合人大和政协的监督和检查

2014年北仑区坚持依法行政，自觉接受区人大及其常委会的法律监督、工作监督和区政协的民主监督，认真办理350件人大代表建议、政协提案。并每年积极配合由人大、政协组织的各类专项检查，例如近年来的三改一拆等，对人大、政协专项检查中发现的问题及时改正。

（四）依法行政的考核和问责基本落实

1. 依法行政目标考核实效化

北仑区十分重视依法行政目标考核工作，已经把法治政府建设和依法行政工作纳入全区"法治北仑"年度工作目标考核，科学设定考核内容和标准。在依法行政考核中将依照法定权限和程序行使权力、履行职责、依法决策、依法制定发布规范性文件、依法实施行政管理、依法受理和办理行政复议案件、依法履行行政应诉职责、落实行政执法责任制等作为考核的重要内容。并且高度重视依法行政考核结果的使用，依法行政考核结果要与奖励惩处、干部任免挂钩。

2. 纠错问责落到实处

已出台《北仑区（开发区）党政机关及其工作人员问责办法》，并在此基础上进一步优化问责程序、完善问责权限、健全问责方式，有效提高了问责的可操作性，实现"快执快问"，真正使纪律成为带电的高压线。2014年已对21家单位、59名个人进行了问责处理，基本上落实了问责制应有的内容。

二　北仑区法治政府建设中存在的问题

尽管北仑区的依法行政工作有着众多亮点，但作为经济发达地区，法治在引领经济社会改革和发挥保障作用上，还存在较多的问题。

（一）政府治理和服务方式转变任务艰巨

未来的法治政府建设要求我们转变政府治理方式，强化政府服务功能，充分发挥行政规划、行政指导、行政合同的作用，规范行政给付、行政奖励的程序和条件；要求推进基层服务管理体制改革，组织引导社会力量参与基层社会治理。因此，需要加快推动社会组织与政府部门的人员、机构、财务、资产、职能分开，引导社会组织完善法人治理结构，推动行业协会商会类、科技类、公益慈善类、城乡社区服务类社会组织发展，健全政府向社会组织购买服务的机制。需要深化基层组织和部门、行业依法治理，提高社会治理法治化水平。需要发挥街道在推动、指导基层依法治理中的重要作用，同时发挥人民团体和社会组织在法治政府建设中的积极作用。

（二）行政决策程序有待完善

北仑区虽然加强了重大行政决策的程序建设，把公众参与、专家论证、风险评估、合法性审查、集体讨论决定作为重大行政决策的必经程序，但在与公众切身利益密切相关的实事工程决策方面，公众的实质性参与仍然不够；人大与政协对重大行政决策的工作监督和民主监督机制还不够健全。此外，重大行政决策实施情况后评估尚未全面展开、终身责任追究和责任倒查机制建设迫在眉睫。

（三）行政执法改革仍需突破

改革后的综合执法是部分行政处罚权的相对集中，划转的是部分行政处罚权，与此对应的审批权、监管权仍旧保留在划转部门，各个划转部门对执法与管理的关系认识不清，不能履行起源头监管的职责，各划转部门有放弃监管转化为"举报者"的倾向。这导致综合行政执法成了"兜底执法"。尤其是涉及食品安全、土地管理、安全生产等领域，如有重大事故隐患苗头，综合行政执法作为末端环节，很难提前预知，一旦发生重大责任事故，后果不堪设想。此外，《浙江省人民政府关于深化行政执法体制改革全面推进综合行政执法的意见》于2015年2月17日发布，当中对综合执法提出了新的发展意见，对北仑区的综合执法改革来说又面临着新任务。

（四）行政复议作为矛盾化解主渠道的功能尚未体现

行政复议被设定为化解行政纠纷的主渠道，但实践中公众对行政复议制度信任不足，更愿意选择信访而非复议，这一点北仑区也不例外，行政复议远远未发挥其解决行政纠纷的主渠道作用。随着新修改的《行政诉讼法》将复议机关作被告的制度调整，复议机关也面临着如何更加公正、独立地裁判的挑战。因此，健全和完善行政复议工作机制，提升行政复议的公正性和权威性已刻不容缓。

（五）法制工作人才队伍亟待充实

全面推进法治国家建设是未来中国的主基调，而全面推进依法行政则是北仑区"十三五"期间的重点工作。法治建设需要法治人才，人才兴则法治兴。目前北仑区的法制工作者队伍数量与繁重的法治建设工作还不相匹配。再加上普遍建立街道法制机构对专业法律人才的需要，法制人才缺口还很大。同时，行政机关的工作人员用法律思维解决问题的意识和能力都还不够强，提高每一个行政公务人员的法律素养也是法制人才队伍建设的重要任务。因此，法制专门机构人才队伍的建设和每个行政公务人员法律素养的提升是全区人才发展总体规划的重要内容。

三 全面推进法治政府建设面临的形势与挑战

"十三五"时期是全国、各省市全面落实依法治国基本方略的关键时期，也是北仑区实现科学发展、和谐发展、跨越发展的关键时期，政府依法行政将面临新的形势和新的挑战。依法行政是转型发展的重要基础，在转型发展新阶段，需要明确政府依法行政新的目标和新的任务，需要领导干部和全体机关工作人员善用法治思维和法律手段研究解决经济社会问题，进一步创新行政管理制度，改善行政管理方式，促进北仑区经济繁荣和社会和谐，保障北仑区"十三五"规划目标的实现。

（一）积极参与国际经济一体化的制度保障

法治是推动经济发展的原动力，法治更是国际社会开展经济一体化合作发展的基本规则。北仑区是我国对外开放的重要窗口，其临港工业快速发展，不仅是重要的能源和原材料的出口加工基地，也是进出口物流集散基地。北仑区与国际经济贸易往来密切，与国际经济一体化程度越来越高。在开展国际交往和参与国际竞争中，法治是基本的行为规则。法治一方面通过权利保障，赋予公众更多的自由、选择和创新动力促进经济发展；另一方面通过制度规范，开展国际竞争与合作，协调各方利益矛盾与冲突，发挥其推动经济一体化和合作发展的制度保障作用。

（二）实现国家全面建设法治国家战略的及时回应

2014年11月，党的十八届四中全会研究部署全面推进依法治国，此后举国上下围绕着依法治国、依法行政展开了讨论与制度建设。就浙江而言，2014年底，中共浙江省委也按照《中共中央关于全面推进依法治国若干重大问题的决定》的部署，结合浙江实际，研究了全面深化法治浙江建设问题。当前，《浙江省人民政府关于深入推进依法行政加快建设法治政府的实施意见》、《宁波市人民政府关于加快建设法治政府的意见》均在紧张的出台过程中。当前，法治国家建设的基调不可逆转，法治政府和依法行政建设已成常态，北仑区在"十三五"期间全面推进依法行政工作不仅是对自身的高要求，也是对外部环境作出的及时回应。

（三）经济社会发展跻身于"全国第一方阵"的内在要求

北仑区经济社会发展速度快、发展程度高，各方面的发展指标均位于全国前列，属于先行发达地区。"十三五"时期，要保持北仑区经济社会发展位于"全国第一方阵"的优势，必须依靠法治引领，持续推动转型发展，努力实现"活力北仑、实力北仑、美丽北仑、宜居北仑、幸福北仑"的奋斗目标。完成这一任务，需要政府着眼于经济社会发展大局，创新制度和改善管理，改变现行行政管理体制与工作机制不能完全适应北仑区转型发展新阶段要求的现状，营造一个更加有利于企业公平竞争、有利于公民权益保护的法治环境。

(四) 规范和协调多元复杂利益关系的必然选择

北仑区作为我国经济社会先行发展的地区，社会矛盾也早发先发。目前，虽然北仑区信访情况总体平稳，信访工作法治化、规范化步伐明显加快，但信访总量仍居高不下，重复信访问题仍较为突出，重大疑难信访问题破解乏力，热点问题多发高发，不稳定、不确定因素仍大量存在，信访工作"救火兵"式的被动局面仍未得到根本改变。可以说，北仑区已处于一个利益关系复杂、社会矛盾频发的关键时刻。为保证改革发展稳定和谐的社会环境，必须打通法律制度的通道来规范和调整利益矛盾，强化法治思维来预防和协调社会纠纷。这在客观上要求政府转变治理方式，完善制度和工作机制，进一步拓宽社情民意表达渠道，保障人民群众有序参与重大行政决策、有效监督政府行政管理；疏通利益协调和矛盾调处的法制管道，依法化解社会矛盾纠纷。

四 全面推进法治政府建设的创新路径

(一) 进一步优化政府职能，依法明确权力职责

政府职能科学化是规范用权和监督问责的前提。要继续优化政府职能，明确政府权力边界，依法确定用权主体和用权边界、厘清权力清单，做到用权主体明确、行权边界清晰、权力事项明了。

1. 优化政府与市场、社会间的权力结构，实现政府职能的科学化

公共事务的治理是政府与市场和社会间的合作治理，政府职能科学定位的依据在于市场和社会发展的逻辑性。在政府与市场、社会之间的权力结构中，三种权力是互相协力，彼此消长的关系。应根据市场和社会的发育发展状况，调整政府、市场与社会的权力结构，优化政府权力职责，全面推进政府职能转变，充分发挥市场对

资源配置的决定性作用。积极组织、引导、支持和规范市场和社会力量提供公共服务，建立政府主导、社会协同和公众参与的公共服务体制机制，推进有限政府的建立和社会治理格局的合理化。

（1）减少微观经济运行的干预，进一步释放市场活力。全面清理现行行政审批前置环节，全面取消非行政许可审批事项。加强行政许可事项动态管理，做好与国家（省、市）取消、下放或调整行政审批事项的衔接，继续取消和调整行政审批事项。

全面推进公共资源市场化配置改革，拓展公共资源交易平台交易进场范围和服务功能。推进工商注册登记便利化，充分落实企业投资自主权。

深化审批中介市场化改革，推进中介机构与行政机关、挂靠事业单位脱钩，探索建立公开公平的中介市场竞争机制。

（2）完善政府管理方式，推进社会力量参与公共服务。全面推进社会组织明确权责、依法自治、发挥作用，适合由社会组织提供的公共服务和解决的事项，交由社会组织承担。创新公共服务模式，探索公共服务供给主体多元化，积极推进政府向社会力量购买服务，对属于事务性管理服务事项，原则上都要通过政府采购等方式向社会力量购买服务。建立健全政府购买服务标准、招标投标和监督评估等制度，提高财政性资金的使用效率。

（3）强化政府的公共服务职能。在全面充分发挥政府经济调节、市场监管、社会管理和公共服务职能的同时，强化政府公共服务方面的职责。加强城乡公共设施建设，发展社会就业、养老和医疗保障服务和教育、科技、文化、卫生、体育等公共事业，深入推进公共服务的均等化建设，提供充足而优质的公共物品，努力解决人民日益增长的物质、文化生活需要与落后的公共物品提供之间的矛盾。

2. 依法确认政府的权力和责任，推进政府各项事权的规范化

符合经济社会发展内在规律性的权力结构必须以法律的形式予以确认和规定。对于政府而言，"法无授权不可为"，对于市场和

社会而言,"法不禁止则自由"。应全面推进机构、职能、权限、程序、责任法定化,依法界定用权主体的权限和划定各项权力的使用边界,明晰政府该干什么和能干什么。

(1) 完善权力清单和责任清单制度。鉴于权力依据的多元性、复杂性和时效性,要通过常态化的梳理和清理机制来保障用权主体和用权边界的清晰化,并按部门确定权力项数和权力内容分类汇总,列出每项权力的法律依据,公布权力清单,同时,清理过时的应该取消的权力。进一步推进"四张清单一张网"建设,建立权力清单、责任清单、财政专项资金管理清单动态调整机制,继续探索推进企业投资负面清单管理方式,适时制定市场准入负面清单。

全面推进区、街(乡、镇)、村(居)三级联动的权力清单体系,继续巩固村居"小微权力清单"管理模式,深化农村基层党风廉政建设和民主法治建设。探索建立村居组织负面清单制度,将依照法律法规无须村级组织审批同意或不宜委托办理,但目前村级组织还在办理的事项,列入负面清单,予以取消。

(2) 推进政府各项事权规范化、法律化。加强政府职能精细化管理,制定政府部门职责管理办法和各类行为程序规定,优化机构设置和人员编制配备,推进政府权责法定。规范行政收费行为,依照法律、行政法规和国家有关政策规定设立的涉企行政事业性收费、政府性基金和实施政府定价或指导价的经营服务性收费,实行目录清单管理。从严审批涉企行政事业性收费和政府性基金项目,全面清理行政审批前置服务项目及收费,对没有法律法规依据的行政审批前置服务项目一律取消。规范行业协会、中介组织涉企收费行为。

3. 合理配置政府间的权能职责,促进行政权力运行的高效化

法定的行政权力由谁实施主要是政府内部的事情。行政权力应按照"权责明确、运转协调、权威高效"的原则,在上、下级政府间、政府各职能部门间通过转移(授权或委托),分解和整合等途径进行合理配置。应继续推进政府权力下放、深化审批体制改革和进一步推进综合执法体制改革,深入推进政府权能的合理化,努力解决管事与用权不一致,权力与责任相脱节的难题。

(1)继续优化行政执法权责配置,完善综合执法体系。强化区综合行政执法局作为区级政府工作部门,依法独立行使有关行政执法的职权和承担相应法律责任的职责。并充分发挥综合行政执法局的作用,在现有基础上进一步整合行政执法职权和相应执法队伍。行政执法职权划转给综合行政执法局后,相关业务主管部门(包括法律法规授权组织)不得再行使已划转的行政执法职权;仍然行使的,作出的行政决定一律无效。实行综合行政执法后,除法律法规明确规定外,相关检验检测机构不再承担执法职能。

对未纳入综合行政执法的领域,应按照优化资源配置、提高监管效能的要求,规范行政执法机构设置。业务主管部门直接承担执法职责的,不再另设具有独立法人资格的执法队伍。一个业务主管部门下设多支执法队伍的,原则上归并为一支,实行部门和领域内集中行政执法。积极改进执法方式,探索开展多种形式的部门联合执法。

继续探索基层行政处罚权的划转,合理确定综合执法范围。坚持"稳步增,适度减"的原则,逐步建立划界清晰,力所能及,运行高效的行政处罚权体系。综合行政执法应重点在基层发生频率较高、与人民群众日常生产生活关系密切、多头重复交叉执法问题比较突出、专业技术要求适宜的公共安全、生态保护、城镇管理、社会管理、民生事业等领域进行。

完善执法协调配合机制。合理划分业务主管部门与综合行政执法部门的职责权限,调整完善权力清单和责任清单,明确部门责任边界,建立健全部门间无缝衔接的监管机制。业务主管部门要切实落实主体责任,加强源头监管和协调指导,依法履行政策制定、审查审批、批后监管、协调指导等职责,强化事中事后监管;要加强对综合行政执法部门的业务指导和监督,及时抄送涉及综合行政执法的文件、审批信息等资料,明确执法重点和要求,督促其执行有关法律、法规和政策。区级业务主管部门要加强对街道综合行政执法中队的指导和工作联系，建立健全沟通配合和业务培训机制，做到同步征询工作意见、同步布置相关工作、同步开展业务培训、同步进行考核评价。综合行政执法部门要依法履行后续监管、行政处罚及其相关的行政强制等职责，对作出的行政执法决定以及执法过程中发现的问题，应及时通报相关业务主管部门。综合行政执法部门在行使职权中，需要相关业务主管部门及专业技术机构提供审批资料、技术鉴定及后续补救措施的，各相关部门及专业技术机构应积极做好配合工作。建立业务主管部门和综合行政执法部门的工作会商制度，完善执法预警体系和突发公共事件快速反应体系，形成顺畅、有效的协调配合机制。

健全综合行政执法组织体系，尝试将区级综合行政执法联席会议领导小组升级为区级综合行政执法工作领导小组，由区长任组长，常务副区长任副组长，提高综合协调、监督指导的效能。改变街道乡镇中队全部由政法书记兼任中队长的体制，探索对符合条件的街道（乡、镇）试行执法中队高配升格或中队长进领导班子的模式，取消街道乡镇兼职副中队长的设置。

（2）完善行政审批"批管分离"体制，理顺内部职能关系。进一步整合不同部门相同或相似的行政审批职能，理顺部门职责关系。建立健全商事主体直接向工商部门申请登记设立企业的审批制度和社会组织直接向民政部门依法申请登记设立社会组织的审批制度；逐步实现工商企业注册营业执照、税务登记证、组织机构代码证"多证合办"，并逐步推广到其他两个或两个以上联办领域；在条件成熟时，应试点探索多证合一等创新性做法。

继续深化落实行政审批职能"两集中、三到位"，即一个行政机关的审批事项向一个科室集中，行政审批科向区行政服务中心集中；进驻行政服务中心的审批事项、审批权限和审批人员到位。各部门除涉密、场地限制等特殊情况不进入行政服务中心办理的事项外，其他与企业或群众密切相关的行政许可、非行政许可审批和服务事项均应纳入区行政服务中心（分中心）办理。

加强区投资项目无偿代办服务中心建设，充实配强专职代办力量，健全代办管理制度，强化代办服务意识，提高运作效能。建立街道（乡镇）、开发区等兼职代办员队伍，落实工作责任，发挥代办服务功能。对区委、区政府确定的重大政府投资项目实行全程代理代办。重点招商引资项目，由所在街道（乡镇）和部门落实专人代理代办。

大力实施模拟审批，扩大模拟审批的宽度，在投资项目可行性建设会商、论证的基础上，对土地未落实而前期条件比较成熟的投资项目实行模拟审批。继续深化模拟审批运作机制，推行技术审查和程序审查相分离的"双轨"审批服务机制和超前预审等措施，最大限度发挥模拟审批在项目审批提速提效中的作用。

推进联审联办机制，深化完善会商会审和分级协调为核心的项目联合审批机制，加强上下级之间、部门之间联动与合作，增进审批职能部门与项目单位之间的协调配合；把好项目准入关，做好提前服务、对接服务和跟踪服务文章，建立健全实时跟踪项目审批进度的信息网络，加强对项目审批效能的评价和督察；建立完善"四联"工作机制，按照"能并不串"的原则，不断扩大集中审批领域，加强各部门联动，全面开展联合踏勘、联合会审、联合审批、联合验收的"四联"工作机制，对联合验收工作，应选择条件成熟的特定行业试点开展联合验收工作，并逐步扩大到所有行业。

（3）优化区街间的权能配置。完善区财政管理体制，强化区本级统筹推进区域内基本公共服务均等化职责；建立街道行政管理权限目录，加大对基层权力下放力度，确保事权与财权相统一。

强化街道办事处权能。尝试赋予街道办事处对区职能部门派出机构负责人的人事考核权和征得同意权，赋予街道办事处规划参与权和综合管理权，赋予街道办事处对区域内事关群众利益的重大决策和重大项目的建议权，强化对街道考评职能部门派出机构结果的应用。

强化街道办事处在城市综合管理中的统筹协调作用，做实街道城市网格化综合管理中心，建立全区以城管为骨干，公安为保障，市场监管、房管等相关职能部门派出机构、执法单位共同参与的联动工作机制和相对稳定的联勤队伍，增强对城市管理顽症的快速发现和处置能力。强化街镇的派单权和牵头处置权，促进条条协作、解决条块矛盾。

（4）明确村居组织协助行政事务的范围。坚持依法依规、规范准入的原则，明确居委会依法协助行政事务清单，建立居民区工作事项准入机制；建立村委会依法协助行政事项清单和事项准入机制。

（二）规范权力行使过程，建立健全权力规程

法治的核心要义是规范和控制权力。对权力的规范和控制不仅要针对行政行为的结果，更应重视其行使过程，必须强化权力规程，发挥制度和程序对权力运行的规制作用。权力规程应以保障公民参与的程序权利为主要内容，以信息公开作为核心要素，对行政权力应当遵循的正当程序规则进行全方位的规定。

1. 构建开放、动态、透明、便民的权力运行机制

信息公开是实现公民知情权、参与权和监督权的前提条件，它是保障所有行政行为公平公正的制度基础，也是政府转变执政方式的重要体现。建立中国特色社会主义行政权力运行体系，必须依托现代信息技术，构建开放、动态、透明、便民的阳光政务机制，保障公众的知情权和参与权，充分发挥公众对行政活动的监督作用，建立体系完备、信息齐全、使用便捷的行政权力运行机制。

（1）完善行政信息公开工作制度。要严格按照《中华人民共和国政府信息公开条例》和《宁波市政府信息公开规定》的规定，建立健全政府信息公开工作制度。做好政府信息公开指南和公开目录的编制、修订工作。健全政府信息的发布机制，及时、准确地向

社会公开信息。对人民群众申请公开政府信息的，要依法在规定时限内予以答复。建立健全政府信息公开工作考核、社会评议、年度报告、责任追究等制度。

（2）完善政务信息公开平台建设。完善与省、市联动，集阳光政务、行政审批、便民服务等功能于一体的网上政务服务体系，打造区、街一体化"政务超市"。

改造升级网上行政审批暨电子监察系统，进一步拓宽网上审批范围，完善网上审批功能，逐步实现区行政服务中心内所有审批事项内部网上办理。建设行政审批电子共享数据库，申报资料和部门审批结果通过数据库实现资源共享；推进公共资源交易平台整合，建立统一规范、上下衔接的公共资源交易平台。

在现有信息平台基础上，结合全省政务服务网建设，统一信息技术标准，建立业务主管部门和综合行政执法部门之间实时共享有关业务信息和工作平台，实现互联互通；探索建设行政执法信息与社会信用信息基础数据库联动一体的网络平台，将综合行政执法中涉及公民、法人和其他组织的违法情况纳入诚信档案；推动行政执法部门会同刑罚执行机关、检察机关和人民法院网上协同办案，实时共享有关信息的平台建设。

（3）重点推进重要决策、公共服务信息公开。推进财政预算和决算信息公开。政府预决算支出全部公开到功能分类的项级科目，专项转移支付预决算按项目、按地区公开。除按有关保密规定不宜公开其资金使用情况外，所有使用财政拨款的部门和单位均应公开预决算以及"三公"经费使用情况，并逐步公开到基本支出和项目支出。

推进公共资源配置信息公开。重点公开征地拆迁、土地使用权出让、产权交易、政府采购、保障性住房分配等方面信息。推进公共服务和公共监管信息公开，重点公开教育、医疗、就业以及环境污染等涉及民生问题的信息。

（4）推行执法全过程记录制度。利用办案信息系统、现场执法设备、视频监控设施等技术手段，加强对执法活动全过程跟踪。对执法办案和考核奖惩中的重要事项、重点环节，实行网上录入、信息共享、全程留痕，从技术上确保对执法行为监督到位。

2. 健全依法、民主、科学的行政决策机制

广义的行政决策包括行政规范性文件的制定和行政决策等政策制定行为。行政决策是行政权的源头，应慎防"唯我独尊，无所不能"。必须保证行政决策所追求利益的平衡性、效果的科学性和技术的专业性；必须创新行政决策的管理机制，健全相关利益方参与、专家论证和第三方效果评估等方面的工作制度，促成科学、民主、依法"三位一体"的新型决策机制。

（1）全面落实重大行政决策程序规定。严格贯彻《宁波市人民政府重大行政决策程序规定》，落实重大行政决策事项的公众参与、专家论证、风险评估、合法性审查、集体讨论程序。

重大行政决策事项，除依法不得公开的外，应当广泛向社会公开征求意见。对涉及公众重大利益，且有重大分歧、可能影响社会稳定等重大行政决策，必须举行听证会。

重大决策事项未经法制机构合法性审查和风险评估，不得提交审议。对重大行政决策事项实施情况进行评估和跟踪反馈，把评估结果作为调整或者停止执行决策的重要依据。

（2）建立健全重大行政决策的工作制度。健全重大行政决策事项事先向党委、人大报告制度；健全政府与人大的决策沟通衔接机制；健全重大行政决策实行纪委参与制度；探索建立重要政府实事工程由人大代表票决的制度。

进一步落实和发挥政府法制机构在规范性文件制定中的重要职责和协调作用。重要的政府规范性文件草案由政府法制机构组织起草；专业性、技术性较强的决策草案探索引入第三方起草、评估机制。

全面推行政府法律顾问制度，实现区、街道二级政府法律顾问全覆盖，政府主要执法部门普遍建立政府法律顾问制度。健全法律

顾问参与决策的工作机制，保证法律顾问在制定重大行政决策、推进依法行政中的积极作用。

尝试建立公众咨询监督委员会制度，委员会由人大代表、政协委员、专家学者、利益相关方代表、市民代表等几方面人士组成，委员规模约20人。探索在城市治理尤其是重大项目决策中，发挥公众咨询监督委员会的作用和意见的工作机制，做到重大民生工程达成共识后再做决策，形成听取民意，问需于民、问计于民、问政于民、问效于民的工作制度。

3. 进一步规范和细化行政执法程序

行政执法行为可分为两类，其一为以政府单方意志为主导、以强制力为后盾的强力行政行为，包括行政许可、行政处罚和行政强制等，这种行政权的行使要尽量做到合法合理；其二为以政府和相对人间的合意为基础，不以强制执行作保障的合意行政行为，包括行政合同、行政指导等，这种行政权的行使要尽量体现平等协商和自由选择。

（1）推进强力行政行为的理性化。强力行政行为以强制公民服从为基础，必须确保行政权在合法与合理的轨道内行使，保证行政执法的公正性和准确性。应该规范行政执法程序，细化裁量基准，将各类执法和管理活动细化为具体程序和工作制度。

建立健全执法程序制度，落实执法听证程序，规范执法文书。严格执行重大执法决定法制审核制度，未经法制机构审核，不得作出重大执法决定。

健全行政执法机关内部权力（调查、审核、听证和决定）分离制度，严格执行行政处罚缴罚分离和收支两条线管理制度。

健全行政执法与司法的衔接。完善案件移送标准和程序，细化并严格执行执法协作相关规定，切实防止有案不移、有案难移、以罚代刑。建立行政执法部门与公安机关、检察机关、审判机关信息共享、案情通报、案件移送制度，实现行政执法和刑事司法无缝对接。行政执法部门发现违法行为涉嫌犯罪的，应当及时移交司法机关,不得以罚代刑。公安机关发现有关违法行为不需要追究刑事责任的,应及时将案件移送行政执法部门。行政执法部门对当事人不履行行政决定的,依法强制执行或向人民法院申请强制执行。

健全行政裁量权基准制度,所有拥有自由裁量权的机关都必须制定裁量权基准;完善和细化行政处罚裁量基准办法,进一步探索行政许可、行政强制等裁量基准制度;建立行政机关行使行政裁量权应遵循的程序。建立行区本级政府选择本行政区域内行政机关行使行政裁量权的典型案例向社会公开发布制度,指导行政机关行使行政裁量权。

（2）推进合意行政行为的法治化。行政指导和行政合同等合意行政行为对于实现行政目的,降低执法成本具有重要作用,应积极推行合意行政行为,引导行政相对人自觉守法、依法办事;同时,合意行政行为虽然不具有法律强制性,但在事实上可能给当事人带来权利上的负担和损害,必须规范行政机关该类行为必须遵循的程序和原则。

建立健全行政指导的程序和制度。在进行重大行政指导时,应当采取公布草案、听证会、座谈会、开放式听取意见等方式,广泛听取公民、法人或者其他组织的意见。当事人对于是否接受指导具有自由选择的权利,行政机关不得采取或者变相采取强制措施迫使当事人接受行政指导,并不得因当事人拒绝接受、听从、配合行政指导而对其采取不利措施。

建立健全行政合同风险防范制度。要制定规章制度,重点预防行政合同（行政协议）优先权行使的不规范现象发生,推进行政合同的法治化。按照市政府发布的《宁波市行政机关合同管理办法》,落实合同签订前的资信情况和履约能力调查制度,加强法律风险预防;落实合法性审查和集体讨论研究等制度,规范行政机关合同签订行为;落实重大合同报送法制机构备案制度,加强风险管理。对合同履行过程中产生的风险和争议,要及时应对、妥善化解。对合同的签订和履行情况,要定期报告、清理、统计,及时发现和解决合同管理中存在的问题。建立发展和改革、财政、审计、法制等为成员的协作机制,加强对行政机关合同履行情况的监督管理。

4. 建立权威、公正的行政司法制度

行政司法指运用行政权解决公民间或公民与政府间矛盾纠纷的活动,它包括行政裁决、行政调解和行政复议等行为。要强化行政司法制度的公正性和权威性。

(1) 创新行政复议工作机制,完善行政复议制度。行政复议制度是解决政府和公民矛盾纠纷的一项法律制度,是法治政府的"助推器"和和谐社会的"减压阀"。要使行政复议矛盾解决机制作用得到充分发挥,必须完善行政复议工作机制,实现程序正义对实质正义的保障。

创新行政复议运行方式,实行调查权与议决权相分离,建立复议机关内部权力的制约监督机制。探索设立行政复议委员会,作为直接对区政府负责的行政复议案件议决机构。行政复议委员会委员主要由法律界专家学者、法院主管行政审判工作的庭长、区职能部门具有复议工作经验的干部组成,其中主任由区政府常务副区长兼任,副主任由区政府法制办主任兼任。行政复议委员会下设行政复议委员会办公室作为委员会办事机构,办公室设在区政府法制办,承担行政复议案件受理、调查、提出初步处理意见、向委员会提报需要议决的复议案件以及适用简易程序案件的审理和行政复议案件的调解等职责。

行政复议委员会以少数服从多数表决确定适用一般程序、调解未果的行政复议决定意见,同时赋予区长对委员会议决意见的否决权,即区长可以拒绝签发复议决定书,但必须将案件退回委员会并充分说明理由和依据,由委员会另行组织召开案件议决会议或召集三分之二以上委员参加的会议重新议决,区长再次拒签复议决定的,必须提交区政府常务会议集体研究。

同时,要改进行政复议审理方式,健全行政复议听证制度,增强行政复议公信力。加强行政复议机构的队伍建设，提高工作人员素质。实行行政复议约谈制度，探索行政复议与行政监察协作方式；完善行政复议与信访协作工作机制；深化行政复议与行政审判联席会议制度。

（2）健全行政裁决和仲裁程序，强化其裁定民事纠纷的功能。行政裁决和仲裁在裁定民事纠纷、促进社会的稳定发展、保护公民的合法权益和减轻人民法院的诉讼压力方面起着重要作用。为了保证行政裁决程序的公平性和实体处理结果的合法性与准确性，必须建立完备的行政裁决程序，具体规定行政裁决的申请、受理、审查、审理、证据、裁决书的内容等作出了具体规定；建立健全行政裁决权与法院审判权间的衔接机制。应严格履行行政机关对侵权纠纷、补偿纠纷、损害赔偿纠纷、权属纠纷等领域的裁决职责；强化行政机关在解决农村集体土地、林权、承包经营权等纠纷中的裁决功能。

完善仲裁规则，发挥仲裁制度作用。加强仲裁调解，确保生效仲裁裁决得到及时执行。在格式合同和合同示范文本中修订、规范和落实仲裁条款，在交通事故、医疗事故、劳动争议等矛盾纠纷多发领域，探索引入仲裁机制。加强仲裁机构管理和仲裁员队伍建设，提高仲裁公信力。建立健全仲裁与诉讼的衔接机制。

（3）健全行政调解工作制度，切实加强行政调解。行政调解作为行政机关为化解社会矛盾、维护社会稳定，依照法律、法规、规章和有关规定，居间协调处理公民、法人或其他组织相互之间民事纠纷的活动，非常契合现代服务行政的理念，有助于行政主体以沟通协商和合作等积极主动的方式建立起与公民的协作关系。

建立健全行政调解的程序，完善对行政调解的受理条件，调解人员的资质、调解程序等方面的规定；强化行政调解协议要具有执行力，明确协议执行力的确认方式、确认的条件；建立健全行政调解不成与法院的衔接机制。

完善行政调解工作体制与机制。深入贯彻执行《宁波市人民政府关于加强行政调解工作的意见》，健全政府负总责、政府法制机构牵头、政府职能部门为主体的行政调解工作体制。对行政争议和法定职权范围内的民事纠纷，各部门要健全工作制度，确保行政调解工作有序进行。对涉及多部门职责的争议，由最初受理的部门或者涉及主要管理工作的部门牵头，相关部门参与协调解决；难以确定牵头部门的，由政府法制机构指定。积极指导和支持居民委员会、村民委员会等基层组织的调解工作。建立完善行政调解与人民调解、司法调解相衔接的三调联动机制，努力将社会矛盾化解在初始阶段，化解在基层，化解在行政程序中。

（三）建立行政权力监督网络，齐力防控权力异化

权力容易腐败，绝对的权力绝对导致腐败，必须强化对权力的监督制约。要完善权力监督体系，形成自体监督与异体监督相结合的权力监督制约网络。自体监督包括政府内部的决策权、执行权和监督权间的分权制约、上级对下级的层级监督和审计、监察部门的专门监督；异体监督包括来自其他国家机关的监督和社会舆论监督等。

1. 加强政府内部的权力制约

（1）全面推进政府内部"三权"分离与制衡。健全政府决策权、执行权、监督权的分权机制，全面落实分事行权、分岗设权、分级授权要求，界定岗位，细化流程。明确关键环节的用权规则和程序，对涉及财务审批、人事任命和重大工程等权力集中的部门和岗位，全面推行"一把手""不直接审批（或同意）事项"和"须直接审查（或督办）事项"的工作制度；强化内部流程控制，建立个人用权"零同意或零否决"（即任何人不得在无明确规定情况下直接批准管理事项；任何人不得对未规定不能办理的事项使用否决权）规则和推行集体行使权力"必须做到"（如会前必须公开议事内容，会中必须人人发表意见，会后必须形成会议纪要等）的工作制度。

(2) 完善政府内部层级监督。建立健全常态化监督制度，重点健全报告制度、检查制度、重大行政行为登记和备案制度、执法评议考核制度、执法案件评查制度、公众投诉举报受理制度、程序违法查处制度等。

加强行政复议。建立健全行政复议建议书和意见书制度，强化政府内部层级监督。

加强法制监督。强化行政执法督察，健全行政执法案卷评查制度；落实对规范性文件制定前的合法性审查和重大行政决策、行政合同订立的合法性审查。

(3) 强化政府内部的专门监督。强化监察监督，运用电子监察系统扩大对行政执法案件的同步监察范围。重点加大食品药品安全、安全生产、国土资源、规划建设、环境保护、社会治安、劳动保障等关系群众切身利益等领域执法的监督力度，严肃查处各类违法行为。定期或不定期组织对重点领域执法情况开展专项检查，建立监督情况通报以及处理结果反馈机制。

强化审计监督，保障审计机关依法独立行使审计监督权。对公共资金、国有资产、国有资源和领导干部履行经济责任情况实行审计全覆盖，加大审计整改和公告力度。积极配合上级审计机关的领导，积极做好人财物统一管理相关工作，完善审计工作保障机制，推进审计职业化建设。

2. 积极配合其他国家机关和社会舆论的监督

(1) 自觉接受人大监督和政协监督。建立向人大报告、向政协通报工作机制。积极配合同级人大及其常委会的监督，向其报告工作、接受质询；自觉接受人大运用执法检查、工作评议和专题询问等形式对部门预算、环保执法、安全生产和城市建设规划等重要决策和执法领域的监督。

积极配合政协的民主监督，虚心听取其对政府工作的意见和建议；自觉接受政协通过委员提案、政协建议案、反映社情民意、参与工作检查、批评等方式进行的协商议政和各项经常性工作中的民主监督；支持政协委员对批评建议的跟踪督办、结果反馈、责任追究、权利保障等工作的进行。

（2）自觉接受司法监督。健全行政机关对司法建议的反馈机制，及时落实司法建议和检察建议。

积极配合人民法院的监督。支持人民法院依法独立行使审判权，积极配合人民法院的行政审判活动。落实行政机关依法出庭应诉制度。对人民法院受理的行政案件，被诉行政机关负责人应当出庭应诉；不能出庭的，应当委托行政机关相应的工作人员出庭。对人民法院依法对行政行为作出的生效判决和裁定，行政机关应当自觉履行。对人民法院依法判决规范性文件"违法"的，规范性文件的制定主体应自觉予以撤销或修改。

积极配合检察机关的监督。支持检察机关对涉及公民人身、财产权益的行政强制措施实施过程的司法监督，配合纠正违法行政强制措施。自觉接受检察机关对行政违法行为实行的法律监督，建立行政机关纠正违法行为的反馈机制。支持检察机关提起公益诉讼。

（3）重视社会监督和舆论监督。建立和完善群众举报投诉制度，高度重视社会舆论监督，重视新闻舆论监督，对新闻媒体和社会各界反映的问题，要认真调查、核实并及时做出处理。

（四）完善考核评价机制，全面落实纠错问责

建立权责统一的政府管理体制，既是依法行政的基本要求，也是构建有限政府的必然选择。应该完善政府主导、多方参与的法治评估制度，健全政府绩效管理体系，强化对行政不作为和错误行为的问责，全面落实纠正问责制度。

1. 强化法治指标体系对依法行政的引领作用

完善和提升法治政府建设指标体系。完善法治政府建设考评机制，不断提升考核评价的科学性、全面性和公众认同度，充分发挥考核评价在推进依法行政中的导向作用。提高法治政府建设考评指标在政府绩效考核体系中的比重。强化考评结果应用力度，把法治政府建设成效作为衡量领导班子和领导干部工作实绩的重要内容，全面提升法治政府建设各项工作的质量和水平。

各级政府及部门都要建立由主要负责人牵头、各部门分工落实的领导协调机制，研究解决建设法治政府中的重大问题，及时部署建设法治政府的具体任务和工作措施。行政首长要对本地区、本部门的依法行政工作承担第一责任人的责任，把建设法治政府摆在政府工作突出位置，纳入经济社会发展总体规划，与改革发展稳定任务同部署、同落实、同考核。各级政府及部门要按照《浙江省法治政府建设实施标准》的要求，由区全面推进依法行政工作领导小组办公室牵头，按照内部评价、专业机构评估、社会满意度测评的方式，对法治政府建设进行考评，对考评结果予以通报。对成绩突出的给予表彰奖励，对工作不力的予以通报批评。

2. 健全行政问责机制，全面推进行政权力问责

（1）建立依法行政责任倒查机制。全面落实《行政监察法》、《公务员法》和《北仑区（开发区）党政机关及其工作人员问责办法》，建立依法行政责任倒查机制。

对政府及部门因不履行依法行政领导职责，导致本地区、本系统一年内发生多起严重违法行政案件、造成不良社会影响的，要严肃追究其相关负责人和主要负责人的责任。

建立重大决策终身责任追究制度及责任倒查机制，完善相关配套措施和实施细则，对决策严重失误或者依法应该及时作出决策但久拖不决造成重大损失、恶劣影响的，严格追究行政首长、负有责任的其他领导人员和相关责任人员的法律责任。

（2）全面落实行政执法责任追究制度。对行政执法不作为和过错行为实行责任追究制度。对行政不作为、违法行政行为或者在行政诉讼、行政复议中被撤销或确认违法的案件，按照有关规定追究直接责任人和有关领导的责任。

（3）完善行政问责情形、方式与程序。加大行政问责和绩效管理监察力度，健全责令公开道歉、停职检查、引咎辞职、责令辞

职、罢免等问责方式和程序。推进各级政府机关根据各自工作职责的实际需要,丰富和完善具体的问责情形。

积极推进"一案双查",对党风廉政建设的案件,既要查清当事人的违纪问题,又要查清所在单位主管领导或分管领导的责任,对负有监督管理责任的单位和人员实施责任追究。

(五) 加强法治队伍和法治文化建设

法治政府建设离不开一支具有法治思维和善于用法的法治人才队伍,也离不开一个具有较高的法治意识,能够懂法遵法守法的公民社会。法治队伍包括法制机构、法律服务人员和执法队伍,是实现法治政府的前提条件,法治文化包括行政工作人员的法治理念和普通百姓的法治意识,是提升法治政府的精神力量。

1. 大力推进法治专业队伍建设

(1) 加强法制机构和队伍建设。加强区级政府法制机构建设,大力增强其内部机构力量,设立复议应诉科、综合法律事务科和行政执法监督科等3个正科级的机构,法制机构在编在岗的实际工作人员必须到岗到位,不得擅自挪作他用,真正做到其机构设置、人员配备与所承担的职责和艰巨的工作任务相适应,充分发挥其在全区法治政府建设中的组织协调和督促指导作用。

街道办事处普遍建立法制机构,配备法制专业人才;加强区级行政执法机关的法制机构建设,主要执法部门都应设立法制办。

加强政府法律顾问工作,充分调动法律人才在处理政府涉法事务中的积极性。政府法制机构及其工作人员要加强自身建设,努力提高新形势下做好政府法制工作、推进法治政府建设的能力和水平。

(2) 加强行政执法队伍建设。大力加强行政执法队伍建设,建立健全重心下移、力量下沉的行政执法工作机制,推动执法力量向基层倾斜。通过外部争取、内部优化的方式,力求将人员编制合理,逐步提高协管员配备比例,基本达到中心街道1:2、其余街道乡镇1:1.5的配备比例，实现街面勤务机制的有效运行。

要严把执法人员和协管员的进出关，由区级层面统一招考，提高整体队伍素质。同时推出协管员享受事业经济待遇等竞争性激励机制，保持队伍稳定。

尝试在基层综合行政执法局增配政委及教导员，强化综合行政执法队伍管理、人员教育和业务培训。

2. 切实加强法治文化建设

（1）提高行政机关工作人员法治意识。行政机关工作人员特别是领导干部要自觉提高运用法治思维和法治方式深化改革、推动发展、化解矛盾、维护稳定能力，带头学习法律、带头遵守法律、带头依法用权。

推行任职考试考察制度，加强对领导干部任职前法律知识考查。完善领导干部学法制度，采取政府常务会议和部门办公会议等会议学法、专题法制讲座等形式，组织领导干部学习法治政府建设相关知识。各地各部门要通过各种方式，加强行政机关工作人员法律知识学习平台建设，组织开展法律知识学习培训、考核。落实行政机关负责人出庭应诉制度，适时组织行政机关工作人员参加行政案件庭审旁听活动。

（2）加强法治宣传教育。健全普法宣传教育机制，文化、教育部门和人民团体要在普法教育中发挥职能作用，落实"谁执法谁普法"的普法责任制。建立社会"大普法"工作格局，加强普法讲师团、普法志愿者队伍建设。坚持法治教育与法治实践相结合，深入宣传宪法和法律法规，宣传推进依法行政、加快法治政府建设中的经验和做法，引导公民积极参与法治实践活动，鼓励和支持对严重违法行为的曝光，让"办事依法、遇事找法、解决问题用法、化解矛盾靠法"成为全社会的共识，形成学法遵法守法用法的良好社会氛围。

第二章　宁波市基层公共安全监管体系创新及其示范价值[①]

公共安全涉及安监、公安、卫生、环保、交通、铁道、民航、农业、地震、海洋、气象、旅游、林业和渔业等主管部门。[②] 根据我国现行的法律法规，公共安全监管以县（区、市）级行业部门为基层组织，实行分线监管。而随着近年来我国工业化、城市化进程的加快，一些地方的乡（镇、街）、村企业蓬勃发展，生产经营规模不断扩大，乡（镇、街）、村日益成为生产安全隐患集中和事故频发的地方。传统公共安全监管体制已很难适应社会经济发展的新要求了。

宁波市作为一个经济发达地区，尤其是民营经济先发地区，目前各个县（区、市）的生产经营单位数量均达到了一定的规模，如鄞州区共有2.3万余家企业，有5.1万个体经济；慈溪市目前生产经营单位多达6.7万余家。这些生产经营单位大部分分散在各乡（镇）各村。宁波基层社会公共安全面临着的考验日益严峻，主要表现为政府相关部门的监管职能分散与监管体制不顺、公共安全监

[①] 本章内容为宁波市政府课题"基层宁波市公共安全监管体系创新研究"之部分研究成果。课题研究得到宁波市安全生产监督管理局江国梁局长等的指导，慈溪市安全生产监督管理局、鄞州区安全生产监督管理局、象山县安全生产监督管理局等单位为课题调研提供了方便，宁波大学法学院郑曙光教授为课题的本部分内容提出了修改意见。对上述单位和个人的帮助在此一并表示感谢。

[②] 参见王力争：《加强生产领域公共安全监管问题的思考》，载《中国安全生产科学技术》，2005年第3期。

管力量不足与监管任务繁重以及公共安全监管方式相对滞后等问题。这种监管状况与经济社会快速发展的要求不相符。在现实要求的逼迫下，2010年来，宁波市开展了以鄞州区、象山县和慈溪市为试点地区的公共安全基层监管体系的创新活动。创新活动以坚持"党委领导、政府负责、社会协同、公众参与"为原则，坚持社会治理的理念，实行监管重心下移、关口前移。宁波试点地区的实践强化了公共安全基层基础工作，注重了基层社会监管的组织网络建设，突出了资源整合和统筹协调的工作机制。试点地区的实践已显示出了较好的绩效，其经验对其他地区建设公共安全监管体系具有重要的示范意义。当然，在宁波模式的推广和完善中，仍需克服法规政策滞后、工作机制不健全以及社会参与范围不广等阻碍公共安全的社会治理程度的诸因素。

一　宁波试点地区的主要创新实践

宁波市三个试点地区根据自身的实际情况针对生产领域公共安全监管进行了有益的探索，并积累了一定的实践经验。

（一）延伸监管网络，夯实基层工作基础

试点地区破解公共安全监管难题的第一步是解决基层"由谁来管"的问题。三个试点地区均建立了基层组织网络，将公共安全监管职能下沉到最底层。其中鄞州区和象山县的典型特征是在镇乡（街道）建立了具有独立执法地位的实体机构。鄞州区在镇乡（街道）成立以行政一把手为组长、党政领导班子成员交叉任职的基础公共安全领导小组，整合安全生产委员会、食安委等领导力量，下设办公室，由安监所长兼任办公室主任；象山县的各镇乡（街道）也成立由镇乡长（办事处主任）为组长，各线分管领导为成员的镇乡（街道）公共安全监管领导小组，承担辖区内公共安全监管和组织协调职能。鄞州区和象山县的公共安全领导小组从性

第二章　宁波市基层公共安全监管体系创新及其示范价值

质上来说，只不过是起综合协调作用的虚设机构，其职能的发挥实际是依托于镇乡（街道）"公共安全监督管理所"之"实体"机构。镇乡（街道）公共安全监督管理所是一个具有事业编制的具有独立性的"实体"，各所设所长1名，为镇乡（街道）中层正职，所长任免事先需经区安委办同意。各所还配备了2—6名聘用人员担任镇（乡）级公共安全巡查员。该机构行政上由属地人民政府管理，业务上由县安委办归口负责指导，同时接受其他相关行业部门的工作指导。同时，还将公共安全监管网络触角进一步延伸到村（社区），充分发挥村（社区）在公共安全监管体系建设中的作用。象山县乡镇在各行政村和社区配备1名公共安全协管员。鄞州区在行政村（社区）建立起公共安全领导机构和组织网络并配备公共安全监管人员；在各企（事）业单位设立安全监督管理机构，配备专（兼）职安全管理人员；在有的地方如瞻岐镇还分片区成立安监站。这样逐步形成了多层次、全覆盖的基层公共安全监管网络格局。

与鄞州区和象山县不同，慈溪市的基本思路是遵循"协调职能加强、管理职能不变、管理人员配强、管理网络延伸"的原则，整合体制内的现有资源，建立松散型的综合协调性质的基层监管机构。其在市级设立了发挥"综合协调、监督指导"职能的公共安全监管项目指导组，并相对应地在镇（街道）建立公共安全监管管理领导小组及其办公室，村级设立村（社区）公共安全管理小组。这样，指导组—领导小组—管理小组一线贯通，层层相扣，组织严密，没有疏漏。无论是镇（街道）的领导小组还是村（社区）的管理小组，都不增加编制，都不具有独立的执法地位。镇（街道）领导小组是由一个安监、编委办、公安、质监、环保、药监、城管等部门共同参加的横向联动的工作机构，负责人由镇长（主任）兼任，分管政法工作的副书记（委员）、相关副镇长（副主任）兼任副组长。镇（街道）领导小组办公室设在综合办公室，其主任由综合办公室主任兼任，同时配备若干名专职工作人员。村

（社区）公共安全管理小组由村（社区）党（总）支部书记任组长，治保干部为副组长，具体工作由各类人员专人负责，村（社区）设安全生产专管员1名，交通安全、消防安全、环境保护、特种设备安全和食品药品安全协管员若干名。这样的组织体系在不触动现有体制格局的前提下，打破了以往完全由各个领域的安全职能部门各自为政的传统，开创了各个职能部门横向联动的新局面。

（二）动员社会力量，突出社会参与的协同作用

试点地区在充分发挥政府监管作用的同时，还注重寻求社会力量的协作。象山县和鄞州区将县（区）各有关部门设在农村的，涉及公共安全（安全生产、道路交通安全、消防安全、企业生产安全、海洋渔业生产安全、食品药品安全、特种设备、环境保护等）的监督员或协管员，多"员"合一，统称"公共安全协管员"，并进行统一培训、统一管理，充分发挥其"信息员、监督员、宣传员、联络员"的整体作用。鄞州区更进一步的创新还在于，除在行政村（社区）覆盖公共安全监管组织网络外，还在各企事业单位建立公共安全组织网络与配备监管人员。慈溪市各试点镇（街道）除建立村（社区）公共安全管理小组外，还根据人口和产业布局情况，依托当地交警和消防队伍的力量，发动当地生产经营单位、村（社区）和社会志愿者组成多种形式的应急救援服务队伍。

生产经营单位是基层公共安全监管的最前线，为提高其安全工作人员的素质，试点县（区、市）设立了安全生产培训学校，专门培训生产经营单位主要负责人、安全生产管理人员、特种作业人员等。同时，还通过建立"谁出事故，谁赔偿，谁负责"的责任机制来强化生产经营单位的责任意识，从而督促其自觉地参与安全事故的事前防范和事中监控。

社会力量既包括村社组织、企事业单位，也包括行业组织等。宁波市目前相关的行业组织还很薄弱，在参与公共安全监管事务方面发挥的作用很有限，宁波市安监局和安委会正在努力促成注册安全师协会的成立，期待其成为安全监管的专业力量。

（三）建立责任体系，落实公共安全监管责任

慈溪市结合工作权限和工作实际，明确了各级各方的职责，建立纵向上分级负责、横向上分线负责的责任体系。镇（街道）公共安全监督管理领导小组及其办公室在镇（街道）党（工）委、政府（办事处）领导下，负责组织、指导和协调辖区内公共安全工作和应急救援服务事项。镇（街道）内部其他负有生产安全、道路交通、消防安全、环境保护、特种设备和食品药品等公共安全监督管理职责的机构和分管领导分线抓好监管工作，行政上由镇（街道）统一管理，业务上由上级主管部门归口负责指导。并将镇（街道）内部的各线工作职责进行尽量详细说明和列举。遇有其他未明确的工作职责，规定由上级主管部门会同试点镇（街道）另行制定。村（社区）公共安全管理小组负责配合镇（街道）公共安全监督管理领导小组及其办公室开展工作，督促落实村（社区）安全生产专管员和交通安全、消防安全、环境保护、特种设备安全和食品药品安全协管员职责并开展工作。

鄞州区相继出台镇乡（街道）公共安全监督管理职责、公共安全基层基础规范化建设考核办法和安全生产目标管理考核先进单位评定和奖励办法，建立健全以"一岗双责"为核心的基层公共安全责任体系，实施公共安全"责任追究"制和安全生产"一票否决"、"黄牌警告"，使基层社会公共安全职责划分更加明晰、责任落实更加到位，奖惩办法更加科学合理。在村一级主要是强化公共安全协管员在政策宣传、沟通联络、信息报送、实地检查等方面的责任。对村级公共安全协管员收集的各类信息特别是发现的隐患、问题，经阻止、督促，整改达不到要求的，限时向安监所报告，由安监所汇总、梳理，按职责划分，涉及工矿企业生产安全的，由安监所直接查处；属建筑施工、文化娱乐场所等安全领域

的，交镇级相关责任部门作进一步查处，单个部门难以处理的，由安监所牵头组织联合查处；超出镇级处理权限的，抄告给上级对应部门。

象山县将"镇乡（街道）公共安全基层管理所"主要职责明确为"7+X"，7个方面的主要职责是对辖区内涉及道路交通安全、消防安全、企业生产安全、海洋渔业安全、水上交通安全、建筑施工安全、特种设备安全等七个方面的公共安全工作承担协调督促、监督检查、宣传教育、信息收集上报等职责，X是指同时完成镇乡（街道）公共安全监管领导小组交办的其他公共安全监管任务。同时，建立了基层公共安全监管年度工作目标考核细则，对公共安全监管工作绩效实行过程和结果的双重考核，并制定了奖励办法。

（四）健全工作制度，提高监管运行效能

宁波市试点地区在建立责任清晰的组织机构之后，着力进行工作机制创新，建立一套规范有序的规章制度，制度涉及怎么检查、怎么报告、怎么执法、怎么处置诸方面。

象山县首先明确了镇乡（街道）公共安全监管所的十二项基本监督管理制度，内容包括"公共安全会议、宣传教育培训、信访（举报）处理、目标管理责任与考核、统计分析与信息上报、隐患排查治理、安全事故应急救援及演练、监督检查、高危行业与重大危险源监管、事故报告与调查处理、经费投入保障与管理、公共安全责任追究"等等。其次，完善了公共安全联合执法工作机制。充分发挥政府行业主管部门管理职能和镇乡（街道）属地管理职责，各行业主管部门与镇乡（街道）密切配合，建立了"排查—报告—查处"联动机制，使事故隐患及时得到处理。最后，完善了突发事件应急救援机制。采取政府牵头、社会联动的方式，建立了完善的基层应急队伍和应急救援工作机制，形成了各类应急队伍协调配合、应急联动，以及区域间联防联控运行机制，确保突发事件发生后基层应急队伍拉得出、用得上、配合好、处置佳。

鄞州区的镇乡所十分注重各项制度的制订工作,一些镇乡如古林镇,还将公共安全监管的基本制度细化,制定了《安全生产检查监督制度》、《高危行业与重大危险源监管办法》、《目标管理责任考核办法》、《事故报告与调查处理办法》、《安全生产事故应急救援与演练制度》、《安全生产责任追究制度》;村(居、社区)建立"会议宣传教育培训、日常检查、情况报告"等多项制度,形成了"层次分明、上下贯通"的安全工作管理机制。同时按照文书资料与档案标准化管理的要求,在镇乡(街道)完善"基本情况、基层基础、工作活动"等六大类台账,村(居、社区)完善"监管对象基本情况、基层基础管理、公共安全管理制度"等三类台账。

二 创新实践取得的初步绩效

宁波试点地区的创新性实践使公共安全事故率大大降低,产生了直接的经济社会效益;同时促进了基层政府执法效率和能力的提高,锻炼了社会组织参与公共安全事务管理的能力。

(一)安全生产事故率明显降低,经济社会效益显著

宁波自实行公共安全基层监管体系创新以来,依赖新的机构体制和工作机制,公共安全监管力度大大增强。比如鄞州区,仅2010年就共完成监督检查7190余次,开具现场检查记录4484份、责令整改指令书974份、整改复查意见书951份、强制措施决定书21份。其中,由镇乡(街道)安监所实施的检查占90%左右。因监管力度加大带来的监管效果也是很明显的,其直接的体现是事故发生率在大大降低。据资料的统计,宁波市2008年11月当月,全市共上报各类安全生产事故432起;死亡96人;受伤391人;直接经济损失337.6万元。而2011年1月当月,全市共上报各类安

全生产事故255起；死亡64人；受伤192人；直接经济损失172.9万元。这样，宁波市公共安全按月事故率较往年大大下降，按月直接经济损失减少达150多万元。各试点县（市、区）在经济规模不断增长的情况下，安全生产事故及由此引起的直接经济损失仍逐年呈下降趋势。

公共安全事故发生率的降低，带来的社会效益则是无法用数据直接衡量的。因为安全事故给家人带来的精神痛苦、心理影响、家庭老幼的抚养等伴随而来的其他问题带来的间接损失，使这种绩效成倍数地放大。按照马斯洛的需求层次理论，人的安全需要居于各种需要中的基础地位。从当前的形势来看，诸如各种食品药品安全（如毒奶粉、苏丹红和瘦肉精等问题）和煤炭矿难等问题给人们的生命安全、身体健康带来巨大威胁，由此也引发了众多的社会矛盾。公共安全问题量大面广，且大量的事故和隐患又在基层。安全问题一旦出现，不仅造成人员伤亡、财产损失，同时更深层地影响到人们生活的幸福感和社会环境的和谐稳定。

（二）基层执法能力有了改观，行政效率不断提高

基层大安全的综合监管机构的建立，理顺了条块关系，解决了基层政府监管"缺位"的问题。试点县（市、区）通过委托方式将环境保护、安全生产、交通道路和消防安全等监督检查、处罚执法等管理职能，凡能委托授权均进行委托授权。委托授权解决了基层管理缺位问题，坚实了乡镇政府权力运行的基础。同时，通过委托授权，理顺了条块关系，解决了基层"有权管不了，无权不能管"的窘境，化解了乡镇政府权小能弱责大的矛盾，有利于县、乡镇（街道）两级政府更好地履行法律责任。例如，对于乡镇（街道）在环保监管上的空白，县（市、区）可书面授权协议明确规定，乡镇安监执法员可"对辖区企事业单位违法排污行为开展调查取证并提出处罚建议"。对乡镇执法员看来，自己现在腰杆子硬了，发现偷排污水行为后，只要拿出相关执法证就可及时处理。

因此，基层监管工作网络的建设，提高了乡镇政府或街道办事处管理效率，有助于克服和纠正基层政府管理"缺位"的弊端。

（三）新型的工作关系正在形成，行政成本呈降低趋势

试点县（市、区）各乡镇建立公共安全监管领导小组及其执行机构（安监所或安监办），整合政府与各职能部门的资源，并实行联席会议和重要事项报告制度等协作联动的工作机制。这种体制运作改变了乡镇政府（或街道办事处）和各职能部门之间的传统工作关系，促成了一种新型的工作关系。新型的工作关系加上与此相伴随的行政管理及行政效能的评估方式改革，导致政府管理的垂直关系的变化，从而提高了同等成本标准下的行政效率。同时，监管工作网络向社会末梢延伸激发了村社组织对公共安全监管参与的积极性和主动性，原来的部分政府监管职能下沉到村社组织，从而间接地降低了行政成本。由于政府行政事务和社会事务有了界分并有相应的组织来专业管理，政府能够逐步地从市场机制和社会自治事务中解脱出来，积极推动这部分政府职能的社会化，这无论对政府职能转型还是治理社会的结构调整意义都是很大的。待社会组织培育成熟，更多的社会组织参与到基层公共安全监管事务中来时，承接更多的政府公共安全监管职能时，行政成本将会有更大程度的降低。

（四）民间力量被吸纳整合，社会治理能力得到了锻炼

公共安全基层监管体系为引导和动员社会组织、社会志愿者参与社会管理事务提供了一个平台，使公共安全监管由政府管理转变为政府负责、社会协管和公民参与的多元主体共同治理的格局。公共安全基层监管体系建立了组织和动员社会力量的两项工作机制：一是建立和完善基层应急队伍，形成了包括社会组织和社会志愿者在内的各类应急队伍，并建立了各类应急队伍协调联动，互相配合的应急救援工作机制；二是建立村（社）公共安全监管队伍，由

县（市、区）安委办和有关部门根据各自的业务范围和工作需要，组织开展相应的公共安全监管工作业务培训，提高村（社）公共安全监管队伍的专业素质，提升公共安全监管水平。这样的工作机制和工作举措，培育和锻炼了基层社会组织承接政府职能下沉由社会自身管理的公共安全事务的能力，充分发挥了社会组织和社会志愿者在排查安全隐患、报告重大风险和督促改正违法行为等方面的积极作用。

三　创新实践的示范价值

宁波市试点地区公共安全基层监管体系建设的创新性实践，促进了公共安全形势的持续好转。其积累的经验对于其他地方的公共安全监管体系建设具有重要的示范和推广价值。

（一）因地制宜地选择监管模式

鄞州区、象山县和慈溪市三个试点地区虽在基层组织建设、监管职能延伸、监管力量的整合和工作制度的健全等方面存在共性，但它们并不是千篇一律、照搬照抄。三个试点地区都重视从本地的工作基础和实际需要出发，突出自己的特色，强调监管的实效。

例如，鄞州区和慈溪市企业众多，尤其是中小企业特别多，且很多都是以家庭、村组织为单位，这些企业所处位置往往是在居民区，居和产很难分清。因此，二者都注重发挥村组织及社会力量在监管中的作用（象山县则没有这一特点）。但由于历史的原因，鄞州区和慈溪市在基层组织形式上还是有根本的差异，鄞州区早于2005年就在各镇乡设置了安全生产监督站（职责定位为工矿商贸领域的生产安全监管），所以其选择了完善和健全乡镇基层监管组织实体的途径，来铺开和延伸基层公共安全监管网络格局；慈溪市没有这样的基层组织基础，其突出了整合体制内的现有资源和加强基层组织的综合协调功能。

再如，在公共安全范围的界定上，三个地区也各有侧重。鄞州和慈溪的镇（街道）、村和个体企业遍布各地，而且往往与居民区混杂，环境问题特别突出，因此，鄞州和慈溪都将环境安全视为公共安全治理工作的一个重心。与之不同，象山县因企业数量相对较少，环境安全问题不突出；其主要生产为渔业生产，渔业生产安全问题较为严重，所以象山县将渔业生产安全作为公共安全监管的重要领域，而没有将环境安全工作列入其中。

基层公共安全监管体系的创新必须尊重基层组织的历史传统、企业产业的分布特点和结构等客观实际，从地情出发，从实际需要出发。只有这样，才能取得较好的成效。

（二）健全公共安全监管的基层组织

各乡镇设立安监所或安监领导小组的模式，将基层公共安全监管机构延伸到政府机构末梢。作为监管体系，各县市区的实践较好地解决了由谁监管、如何监管等相关问题。基层公共安全监管机构直接设到基层乡镇，体现了监管体系的组织严密性；在设立中又十分注重职能协调，注重规范化的运行，保证基层组织的执法独立性。

按照现行法律法规规定的公共安全监管体制，各行业监管的基层组织建制为县、区职能部门，而大量的日常公共安全监管工作却直接由镇乡（或街道）面对和承担。这种"上面千根线，下面一根针"的体制困境，常常导致乡镇（街道）基层政府的公共安全监管工作量大、人手不够。基层组织网络的建立，有利于充分发挥公共机构、企事业单位、村社组织等多方主体的资源优势、灵活优势和效率优势。基层公共安全监管的组织网络，是政府的公共安全监管职能的落地平台，也是多方监管力量的汇合之所。基层组织网络的铺开，破解了基层政府在公共安全监管方面的有责无权，有责无人以及部门间职能交叉、职责不清的问题；同时有利于预防和应对公共安全事故。

(三) 建立政府—社会的合作关系

宁波试点地区的社会治理机制集政府与社会（村社组织、企事业单位和社会志愿者）于一体，如慈溪市组建了镇级应急救援服务队伍，将当地交警和消防队伍的力量、当地生产经营单位、村（社区）和社会志愿者等多方主体的力量进行了有效的整合；同时组建村级公共安全管理队伍。建立村（社区）公共安全管理小组，村（社区）公共安全管理小组负责配合镇（街道）公共安全监督管理领导小组及其办公室开展工作，督促落实村（社区）安全生产专管员和交通安全、消防安全、环境保护、特种设备安全和食品药品协管员职责并开展工作。这样的做法既动员了分散的社会资源，又在多元、持续、互动的集体行动中解决了庞杂、专业、分割的公共安全问题。

基层公共安全问题是个复杂的社会治理问题，单独依靠国家（政府）的科层体制来处理这些问题已经显得力不从心，而且事实证明也是无能为力的。当今，伴随着经济、社会和环境问题的日益复杂化，国家权力日益部门化和碎片化，而社会领域则不断组织化，国家治理资源越来越分散在这些社会组织手中。公共事务的管理需要越来越多的社会资源，因此，国家在治理这些社会问题时，也越来越依赖于和社会之间的互助协作关系。[①]

(四) 明确各级各线的工作职责

我国传统的公共安全监管体制是以分领域、分部门的分散管理为特点，沿用"条块"方式将公共安全管理交由相应的职能部门去承担。这样，一旦出现公共安全事件，其管理工作往往被人为分

---

① 参见唐皇凤《科学发展与社会综合治理创新》，载俞可平主编《科学发展观与政府创新》，社会科学文献出版社 2009 年版，第 140 页。

割，缺乏一个主导单位把每个阶段的工作统筹起来。面对现代风险的多因性、系统性和不可预期性，这种分散的管理机制已经很难适应复杂化、系统化，跨界、跨领域、跨部门的公共安全管理需要。宁波试点地区建立的公共安全基层监管体系，较清楚地界定了当面对重大安全事故时，由谁负责、对谁负责的问题，从而使安全责任制能够落到实处。

宁波实践表明，公共安全基层监管体系建设需要坚持统一领导、综合协调、分类管理的基本原则。为提高公共安全管理机制的合成作用，必须要理顺横向部门间的职责边界，根据事件的关键性职能确立主责部门与支持部门，明细分工，并加以制度化。同时还需加强基层政府应急管理领导机构和办事机构建设，明确基层政府主要领导作为辖区内公共安全事件应对工作的第一责任人并加强考核。政府还必须明确在多元合作网络中应承担的支持与引导职责，应为社会参与提供技术、资金、知识等方面的支持。

（五）完善多方联动的工作机制

基层公共安全工作量大、面广，涉及方方面面，要通过统筹协同、资源整合，形成工作的合力。宁波试点地区成立镇乡公共安全监管机构，就是搭建一个协调平台，力图通过公共安全监管领导小组各成员单位的共同努力、通过建立各级各线的协调机制、通过乡镇公共安全监管联席会议、社会组织协作等机制，加强协调，沟通信息，督促检查，确保全市公共安全监管工作落到实处。

宁波基层公共安全事务的治理模式体现了国家制度的理性化。制度的理性化在现今时代背景下的转化形态就是国家治理方式与手段的法治化，国家权力内部运作中以领导责任制、目标管理责任制为核心的责任制度，以及一系列以例会或联席会议制度为形式的协调制度，大大地提升了权力运作的规范化、制度化程度。

四 进一步推进的空间

宁波试点地区公共安全基层监管的社会治理创新已取得了初步成效，其经验具有重要的推广价值。然而，作为探索阶段的试点，其做法还存在许多需要完善和改进的地方，比如，法规政策的滞后性、工作制度的不健全以及社会组织发育不足等问题仍然是困扰着公共安全监管社会化的主要障碍。破解这些难题是公共安全社会治理体系进一步完善的关键之举。

（一）法律制度的跟进

宁波市公共安全监管的社会治理模式是经济社会快速发展对公共安全需求的产物，它受到了社会的好评和公众的认可，具备政治学意义上的合法性。但从法律角度而言，象山、鄞州在乡镇设立公共安全监督管理的实体机构，与现行体制存在冲击，面临着法学意义上的合法性问题。从法学角度而言，《地方各级人民代表大会和地方各级人民政府组织法》规定的"地方各级人民政府根据工作需要和精干的原则，设立必要的工作部门"以及《浙江省安全生产条例》规定的"乡镇人民政府和街道办事处应当根据安全生产监督管理工作的需要，建立或者确定安全生产监督管理机构，配备安全生产监督管理人员，加强安全生产监督管理工作"的条款为乡镇（街道）的公共安全监管机构的设立提供了法律依据，但是，乡镇（街道）在公共安全监管上的"大科制"与现行条块分割的行政管理体制存在冲突，其明显的表现就是"大科室"没有对应的上级职能部门。如果上级职能部门出于专业性以及部门利益的考虑不认可"大科室"，实际运作中就得完全依靠上级政府（通过安监委）的协调，否则，就会出现"下动上不动"的僵局。换言之，当前基层公共安全监管机构的运转，主要是通过地方政府首长的行政命令和干预，具有较强的人治色彩。

第二章 宁波市基层公共安全监管体系创新及其示范价值

同时,乡镇(街道)公共安全监管机构缺乏法定的监管手段和权限,目前主要是通过联系相关部门进行事故查处和对部门进行目标考核等方式来推进该项工作。尽管《浙江省安全生产条例》第57条的规定①,为宁波试点县(市、区)委托乡镇安全生产监管执法权力提供了法律依据,从某种程度上解决了乡镇安全工作有责无权、责权不对等的问题。但有些执法权受法律限制并不能委托(如行政强制、对相对人权利影响较大的一些行政处罚权等②);另外,某些垂直管理的执法权力不是属地权力,地方政府无权委托执法。现能受委托的执法权力相对于乡镇安全综合监管面临的工作任务而言,其执法手段既不够也不硬。

法律制度是安全监管工作依法行政的依据和有力武器。要根据安全生产特别是公共安全综合监管面临的新情况、新问题,修改《安全生产法》,明确安全综合监管机构的法律地位,规定其综合监管的法定职能、权利义务、监管责任及相互关系等。同时,要完善涉及安全监管的一系列法律法规和规章,考虑为基层安监机构设定诸如事故调查权、对安全生产违法行为必要的行政处罚权以及行政强制权等过硬手段,使基层公共安全综合监管工作真正落到实处。

此外,我们还应在法律层面规定社会(组织)在公共安全监管体系中的法律地位,可以政府规章的形式适时出台《社会组织参与公共安全监督和管理的办法》,明确社会(组织)在基层公共安全监管中的参与方式、地位、作用、职责以及与政府机构的关系,以及工作人员的工作要求、具体标准、相关政策、完成期限和

---

① 该条规定了县级以上安全生产监督管理部门可以委托符合《中华人民共和国行政处罚法》第19条规定条件的安全生产监督管理机构实施行政处罚。

② 如宁波慈溪市规定试点镇(街道)在取得执法委托情况下,对行政区域内安全生产违法行为实施综合执法,并定期报告执法情况;对违法事实确凿并有法定依据,可依法实施简易处罚程序:对违法个人处以50元以下罚款,对违法生产经营单位处以1000元以下或者警告的处罚。超出这一限度的行政处罚只能报告相关职能部门处理。

培训工作、福利待遇、工作经费拨付办法、考核办法等内容。这样，既通过政策法规来推进公共安全社会化管理的进程，又为社会组织开展活动提供依据，从而保证公共安全监管社会化运作过程有法可依。

（二）工作制度的健全

由于基层公共安全监管体系的建设在我国还是一个新的领域，各项工作制度和规范还处于探索阶段，尚没有形成相对成熟的规章、制度、工作程序和标准。因此，基层公共安全监管工作制度、流程、标准需要进一步具体化，使其更具操作性，以此来提高公共安全监管工作的规范化、系统化和科学化水平。其中，重点应加强如下工作制度的建设。

建立公共信息平台。公共安全监管必须建立在公开、统一、标准的信息基础之上，因而必须有信息报告和发布的公共平台。目前各部门都有自己独立的安全信息管理系统，但由于缺少统一的规划和要求，重复建设，标准不一，没有形成公用信息平台和基础数据库，不能实现公共安全信息和资源的充分共享和优化配置，致使难以对公共安全危机进行全面的监测预警，难以在安全事故预防与应急机制中为决策指挥及信息传递提供更有力的支撑。

健全公共安全预警机制。预警机制体现在公共安全监管中的关口前移，强调排查和信息搜集工作。预防为主的原则，是常态与非常态管理相结合，强化风险管理的重要途径。应做好风险隐患普查和整改，加强各类预警系统的建设。应研究制定科学、统一的风险隐患分级分类标准，做好风险隐患普查数据的统计和分析，逐步建立对危险源的分级、监控和评价工作机制，逐步完善各类公共安全事件的监测网络，实现规范统一管理。

建立调查评估机制。调查评估是科学评价监管绩效和切实履行问责制的前提，是落实公共安全监管组织网络监管职责的基础性工作。调查评估应加强对政府监管能力的综合性评估。综合性评估是以改进管理效果为目的，以科学的评价指标体系为依据，从公共安全事件的事前、事中和事后全面评价公共安全监管的能力，以便查找监管工作中的问题和薄弱环节，有效监督、检查和推动日常监管工作的开展。目前这类评估无论是在理论研讨上还是在实践中都是非常缺乏的，也是最需加强的。

（三）社会参与范围的拓展

公共安全作为一项公共事务的管理应贯彻社会治理的理念。社会治理的过程实质上就是一个通过社会公共权威的力量，对社会各个部分和社会成员进行协调和规范的过程。公共安全监管的社会治理，不仅强调发挥政府的主导作用，还要求最大限度地调动社会资源，拓宽社会参与渠道，形成全民动员、集体参与、上下联动、网络应对的综合治理格局。目前，虽然宁波的基层监管组织网络触角已经伸向了村（社）和企业单位，个别地方也动员了社会志愿者，但整体而言，社会参与的广度和深度均还有很大的开拓空间。有效的公共安全监管需要政府、企业、市场组织、社会公众等多元主体的共同参与和相互支持。

目前被动员和吸纳到公共安全基层治理体系中来的主要是村（社区）组织，其他社会（中间）组织的作用发挥仍然很不够，行业协会对行业自律的作用还很有限，第三方力量对生产经营单位的安全工作之社会监督严重缺失。因此在公共安全治理体系的创新过程中，各级政府应十分重视社会组织的力量发展，注重培育各种社会组织。安监局和安委会应制订政策，推动注册安全师协会的成立，促使其成为安全监管的专业力量。各级政府应投入经费，成立各种专门的培训学校，鼓励公共安全工作人员（包括生产经营单位主要负责人、安全生产管理人员、特种作业人员等）参与各种培训，以提高公共安全管理能力。

已经整合到公共安全基层治理体系的村（社区）组织在参与的广度和深度上还可进一步拓展，比如：通过建立工作机制，将责任区民警、安全协管员、义务安全员等骨干力量纳入公共安全监管网络；落实企事业单位以法人代表为主的公共安全责任制，建立企事业单位内部的公共安全监管网络；通过校地、企地、路地公共安全联防和共建等形式，在学校周边、企业周围、铁路沿线等边缘地区建立公共安全联防共建机制；将包括民兵组织和治保组织等社会自治组织纳入公共安全监管体系，充分利用物业管理、保安服务公司等市场组织来填补转型期公共安全监管体系构建过程中的缝隙与空白点。

现代社会越来越复杂，也越来越碎裂化，但多元的社会要素之间相互依存的程度也越来越高。公共安全监管任务繁重，光凭政府的力量已无能为力，通过社会治理的手段把各种社会子系统编织进公共安全基层监管体系之中，使之发挥作用，是现代社会管理的必然要求。

第三章 宁波市政府重大决策咨询机制建设研究[①]

建立政府重大决策咨询机制是政府依法行政的重要内容，也是政府决策民主化和科学化的必要环节。近年来宁波市经济社会的快速发展，对整个政府系统的决策质量又提出了更高的要求，因而政府决策咨询机制的建设已具有突出的紧迫性。全国许多兄弟省、市纷纷建立了由专家、学者组成的决策咨询委员会，并制定了保障政府决策咨询的相关制度和程序。相比而言，宁波党政系统虽不乏较多分散的各类决策咨询或政策研究机构，但在全市范围内至今尚未建立起统一的决策咨询委员会（除在政府的各局、委一级已有了各类决策咨询委员会外），同时也没有建立将政府决策咨询纳入制度化、程序化和规范化的约束机制。然而，宁波近年来经济社会各项事业的快速发展，对整个政府系统的决策质量和政府能力提出了更高的要求，在这样的背景下，宁波政府决策咨询机制的建设已具有突出的紧迫性。

为促进政府决策能力的提高和政府工作层次的提升、更好地发挥专家学者对宁波政府决策的智力支持作用，本文拟从理论和实务相结合的角度对政府决策咨询作出界定，进而实证分析宁波政府决

[①] 本章内容为宁波市政府发展研究中心课题"推进宁波市政府决策咨询机制建设研究"的成果。课题研究得到了宁波市政府发展研究中心阎勤主任和张华处长的指导；宁波市发展与改革委员会、宁波市政策研究室和宁波市社会科学院为本课题研究提供了调研方便，在此一并表示谢意。

策咨询的现状，最后探讨整合现有政府决策咨询资源和建立政府决策咨询机制的对策。

一 政府决策咨询与政府决策咨询机制

（一）政府决策咨询的内涵及范围

本文所指的政府决策，是指政府，同时也包括党委的宏观决策领域在内的党政领导运用公共权力制定政策、法规、规章或其他决定的活动。现代政府决策因其专业性、民主性和信息性等特点，离不开专家和学者的咨询研究。政府决策咨询是保障政府决策质量的重要环节。所谓"政府决策咨询"，是指专家和学者对政府拟作出的项目决定或政策规章的科学性和可行性，所独立进行的研究和论证，以及对这些决策的实施效果进行跟踪调查和评估分析；同时也包括直接给政府决策创设政策议程，提供政策、法规和规章等决策方案。

但现实中并非一切政府决策活动都需要严格和规范的咨询论证程序，许多简单或影响面较小的决策出于行政效率的考虑，往往只需领导个人凭其知识和经验随机进行。那么，需要遵循决策咨询论证程序的政府决策包括哪些方面呢？我们认为，根据《中华人民共和国行政许可法》和国务院公布的《全面推进依法行政实施纲要》及其他有关法律、法规和规章的精神，凡是事关经济和社会发展的全局性问题和涉及群众切身利益的重大问题的决策，在决策前都必须进行决策咨询论证。关于哪些领域的决策属于重大决策，下文再详细论及。

（二）政府决策咨询机制的内容框架

政府为保障决策咨询活动的规范化和法制化，就得建立决策咨询的组织机构、制度规范和工作程序，这便是政府的决策咨询机制。通常来说，政府决策咨询机制应包括机构、制度和程序等方面

的内容。符合现代政府决策要求的咨询机制的基本架构必须是:

1. 为领导决策服务的专业化机构

这种专业机构一般称为"专家委员会",或"决策咨询委员会"。从其他兄弟城市已建立的该类机构情况来看,其人员构成以专家学者为主,也包括政府及其职能部门的主要领导。也可吸收一些有丰富实践经验的退休老同志或来自民间机构的民意代表加入。这样的组织结构体现着领导思路与群众需要相结合、权力与智慧相结合、理论与实践相结合的新型决策理念。

2. 反映民情民意的组织系统和制度

政府决策立足于民众的要求,这是人民民主理念的现实体现。现代政府决策咨询机制中,一方面,必须存在收集和表达民意民情的大量民间性机构,比如学术性机构和利益性团体。它们围绕着政府决策项目和市民普遍关心的问题开展社会调查和民意研究,为政府决策提供的咨询服务和民意信息,既是无偿的,又是准确的,因而具有官方研究机构难以做到的效果。另一方面,还须存在便于公民政治参与的制度通道,比如定期的民主恳谈会,大型的政论节目等。这种制度化的论坛和座谈会形式直接地在政府与市民之间架起了沟通的桥梁,而且收到的信息广泛,反映的意见真切。

决策的科学化和民主化,离不开这种体制外的反映民情民意之机构、功能的培育。将这些社会资源、民间组织整合到政府决策咨询系统,可以由其承担许多"政府做不了"或不适合做的民意收集和调研工作。

3. 决策实施的社会评议与专家评估制度

从广义上讲,决策过程应当包括决策的执行、决策的评估。而后者常常被忽视,也最容易出问题,其制度建设就更显得重要。决策咨询也应该延伸到决策实施阶段。重大政府决策实施中,要组织专家对决策效果进行跟踪评估,对决策实施过程中可能出现的问题及时提出修正意见。决策执行机构对提出的修正意见是否被采纳,必须作出明确答复;对存在问题的决策事项,必须作出是否停止实施、延期实施、修正实施的决定。同时，要建立和健全对决策及其执行效果的社会评议机制，通过互联网或者有关媒体定期听取公众对政府决策及其执行效果的评价，作为改进工作的依据。

4. 决策咨询的程序性规则

在制度体系中，程序主要是规定"该怎样做"的问题，在管理过程中，在明确了"该干什么"和"不该干什么"之后，必须严格规定"该怎么干"的程序。在一般情况下，严格执行程序规定可以防止出现大的失误，因此，程序规定是制度建设中十分重要的内容。决策过程中决策方案选择性、系统性和基础性的程序规定是提高决策科学化水平的重要措施。

各级政府及其部门除应急决策和日常政务决策以外，所有重大行政决策，必须经过民主化程序，以法律、法规为依据，按照法定的权限、程序进行决策，一般要遵循以下基本程序：①重大政府决策的申报立项；②咨询委员会和有关部门机构的前期调查研究；③政府法制办对决策咨询意见的合法性论证，以及必要时由人大、政协、各民主党派、人民团体及其他有关专家的咨询论证与审议；④对事关人民群众切身利益的重大决策，应在决策出台前进行公示或听证。公示和听证情况作为决策的主要依据；⑤重大行政决策的论证和审议意见形成后，由政府全体会议或常务会议讨论集体决定；⑥评估及修正。

5. 决策责任追究制度

决策评估与责任追究制度相联系，只有建立了以执行结果为导向的决策责任追究制度，才能使决策者认真负责地行使决策权，才能防止一些部门和个人决策的专制独断。按照"谁决策、谁负责"的原则，建立决策责任制，明确决策实施前和实施中各个环节的责任单位、责任人以及需承担的相应责任；建立决策责任追究制度，对于未经认真调查研究、未经决策咨询论证等超越权限或违反程序决策造成重大损失的，要严肃追究有关人员的责任，做到决策权与决策责任相统一。近日某专家调查显示，目前全国约70%的市县两级政府建立了政府决策责任追究制度。赣州某县在招商引资项目用地上违规决策,市政府对有关决策领导和其他责任人按过错给予处分。①

(三) 政府决策咨询机制建设的必要性

政府决策咨询的发展程度是衡量政府决策科学化的重要标志,也是政府决策民主化的现实体现。为了保证政府决策的科学化和民主化,必须建立一个现代化的政府决策咨询机制。

1. 现代政府面临的日益复杂化的决策环境之要求

要在复杂多变的社会大系统中作出科学的决策,尤其是重大的战略决策,任何决策者都会受到自身精力、知识、经验不够的局限性。只有充分发挥政府决策咨询的作用,实现"谋"与"断"的合理分工,才能保证政府决策的科学化。

2. 多元利益主体意愿的平衡和妥协之需要

随着各部门、各行业、各学科的联系越来越紧密,政府的任何一项决策,都会涉及众部门、行业的利益和不同学科的知识,因而任何决策都可谓是具有很强综合性的"大学科"、"大经济"、"大工程"。政府决策的复杂结构不仅要求决策体系在知识上具有大学科的视野,而且要求决策体系具有表达不同利益主体意愿的平衡机制。

而决策咨询所体现的政府决策者、各类专家学者和广大民众的互动关系不仅实现了不同背景的知识大融合,而且促成了多元利益主体的商谈和妥协。

3. 社会主义民主政治建设的重要内容

只有建立决策咨询机制,才能保证政府决策灵感来自于民众的启发,政府决策意图反映民众的要求,政府决策思想体现民众的利益。同时,它也是政府与民众沟通的桥梁,是政府获得民众支持和

---

① 《我国行政决策新机制逐步完善》,载《人民日报》,2007 年 8 月 7 日。

信任的制度装置。

二 宁波政府决策咨询的主要问题

(一) 领导决策咨询意识淡薄

当前政府决策咨询机构大都没有实质地发挥其为决策出谋献策的功能。由于受传统决策观念的影响，加上政府决策咨询的组织、制度和程序建设的滞后，整体而言，宁波政府决策者咨询意识还不是很强，决策必须经过专家咨询论证的硬性约束尚未形成。从现行的领导运用咨询机构为其决策服务的目的而论，基本上可分为三种情况，第一种情况：领导决策思路确定且意图明确，领导旨在通过咨询的环节使决策合法化；第二种情况：领导决策意图明确但思路不明，领导利用咨询机构仅为其起草方案；第三种情况：领导决策思路不明且意见存在分歧，利用咨询机构为其展开调研和论证。

领导者对咨询机构的上述不同态度，决定了决策咨询的实际功能。就第一种情形而言，咨询者只需为领导人已经拍板的政策提供注释和寻找论据，或为领导者个人意志作注解。这种"咨询论证"并不需要开拓性和创新性，其实质就是"御用咨询"；就第二种情形而言，决策咨询者必须顺应领导者意图，咨询者并不必要为决策提出有价值的创见，其不过是充当领导的"应声虫"而已。所以这两种情况中的决策咨询基本上流于形式。只有在第三种情况下，咨询机构才能自由地充当"谋士"的角色，真正地发挥着为决策者提供智慧和进行谋划的实质功能。

(二) 决策咨询机构分散和职能交错

宁波市一级党政系统的决策咨询机构，包括市委政策研究室、市政府发展研究中心、市社科院尽管它们的职能重点和服务对象各有不同，但它们都在实际上发挥为党委、政府决策咨询服务的作用。尤其是三者下设的职能处室具有相似性，例如：市委政策研室有 3 个处分别承担不同领域的调查研究和文件起草工作,其具体分工为,1 处负责经济发展中长期规划,2 处负责社会发展,包括文化、科教、农业和农村工作,3 处负责党建、意识形态和群团工作。而市政府发展研究中心也有 3 个处分头负责不同领域的决策咨询工作,其具体分工为,研究 2 处主要承担全市经济社会发展形势调研工作和决策咨询,研究 3 处主要承担"三农"等方面的研究和提供政策建议,研究 4 处主要承担科技、教育、文化、政法及民主法制、社会保障、社会稳定等方面的研究咨询工作。而市社科院下设经济研究院、社会发展研究院和文化研究院,分别为党委、政府及有关部门提供不同领域的咨询服务。由此可见,这些决策咨询机构下设处室在职能上都具有很大交叉性和重复性。

同时,市政府的各职能部门也都有自己的充当决策咨询功能的机构,如综合处、办公室或调研处。政府系统内部的决策咨询机构存在混乱,重置现象,这样就造成了决策咨询资源分散,决策咨询能力不强和决策研究"重复劳动"等局限。

表一　　宁波市政府下的部分局、委的决策咨询机构之状况

局、委名称	内设决策咨询机构	备　注
发改委	经济规划研究院	
财政局	财政科学研究室	
劳动社保局	政策法规处	
统计局	政策法规处	
物价局	政策法规处	市发改委下设价格管理处;价格监测监督处,为市商品价格政策制订的专业性和技术性的咨询机构
经贸委	调研处	
交通局	政策法规处和综合规划处	市发改委下设交通运输处,为市交通运输政策制订的专业性和技术性的咨询机构

续表

局、委名称	内设决策咨询机构	备注
卫生局	规划财务与审计处	
工商局	法制处	

(三) 民情民意反馈机制功能不强

目前政府决策咨询在系统构成上存在不合理倾斜，现有的决策咨询机构大多是隶属于各级党政部门的体制内思想库，其次是隶属于高校、科研院所的咨询机构，而民间的咨询机构极少，政府决策咨询存在严重的"官方化"倾向。这样产生出来的决策，必然会有如下后果：其一，因决策研究和决策咨询渠道单一、缺少同业竞争，决策咨询的效益和效率很难实现。其二，因决策咨询方式局限于政府体制内的循环，政策议题难以反映利益团体和公民的意愿，这样出台的政策难以获得市民的满意和支持，容易造成被动局面。诚如某学者所言："需要解决的是，决策者到底倾听的是哪一种声音，形式上的、表面上的，还是客观的、准确的事实。"

(四) 决策的民主、监督机制尚未形成

2007年8月7日《人民日报》刊登了《我国行政决策新机制逐步完善》一文，该文所作调查显示：目前全国超过70%的市县政府出台了规范行政决策方面的专门规定，明确决策权限和程序，并建立了政府决策公开听取公众意见制度；超过50%的市县政府建立了政府决策跟踪反馈和评估制度；约80%的市县两级政府建立政府决策合法性审查制度，即对关系国计民生、涉及群众切身利益等以政府名义作出的重大决策，必须先通过政府法制部门的合法性论证；约70%的市、县两级政府建立了政府决策责任追究制度。

而宁波市至今还未建立这些方面的制度、程序和规则。据了解，虽然宁波市政府的各局、委近年来陆续组建了各自的决策咨询委员会，但市政府一级仍缺乏统一的决策咨询委员会的组织，这在

第三章　宁波市政府重大决策咨询机制建设研究

很大程度上制约了宁波政府决策咨询机制的形成。同时，宁波市至今也尚未出台诸如《宁波市政府决策的专家论证办法》或《宁波市重大政府决策的程序规定》等法规文件，因而，宁波市政府决策的民主化、法制化和规范化的硬性约束尚处于空白状态，这不可避免会导致决策的随意化和无序化。

三　宁波政府决策咨询机制建设的具体对策

针对宁波市政府决策咨询中存在的如上问题，为推进政府决策进入规范化、制度化和法制化轨道，逐步建立和形成一个公众参与、专家论证和政府依法决策相结合的决策咨询机制，必须在组织、制度和程序等方面进行系统建设。

（一）整合现有力量，建立政府决策咨询的组织机构

如上已分析到，宁波政府系统不乏各级各类的决策咨询研究机构，但尚缺乏一个由市政府直接领导的由各方面专家组成的为政府决策服务的市决策咨询委员会。这样的不利结果是，决策咨询资源分散，决策研究重复劳动，政府重大决策的咨询缺少组织依托。而纵览全国各兄弟省、市政府，近年来大多数都纷纷成立了决策咨询委员会。

1. 有关城市的决策咨询委员会概况

成都市咨询委员会由市政府直接领导的非常设决策咨询论证机构，委员会设主任1人，由市政府秘书长担任，副主任3—5人，由市政府聘任；咨询委员会下设办公室，设在市政府研究室，具体负责市咨询委员会的日常工作。[①]

杭州市新成立的决策咨询委员会共分为综合组、经济组、文化

---

① 《成都市重大行政决策事项专家咨询论证办法》，成都市人民政府第14次常务会议讨论通过，自2004年5月1日起施行。

组、社会组、政治组、城市组。此外,还聘请了包括经济学家吴敬琏、作家余秋雨、艺术大师韩美林等著名专家学者为决策咨询顾问。

金华市决策咨询委员会是市委、市政府的决策咨询机构,在市委、市政府直接领导下开展工作。市决咨委以委员制的形式组成,设秘书长1名,主持委员会日常工作,委员会下设办公室(挂靠市委办公室),分工业经济、农村经济、市场发展、城乡建设、科教文卫五个专业小组。市决咨委活动以各小组承担课题为主,采取集中和分散、集体和个人相结合的方式开展工作。委员会原则上每年召开一次全会,各专业小组则根据工作计划和所接受的课题,每季至少集中活动一次。

从这几个所成立的市决策咨询委员会的情况,我们可以发现,决策咨询委员会受市委市政府直接领导,并有下设的具体机构承担决策咨询工作的服务、管理、组织和协调职责。同时,为决策咨询的专业化起见,咨询委员会通常设立若干专门委员会。

2. 建立宁波市决策咨询委员会的构想

根据宁波市现有决策咨询和研究机构的资源实际,我们认为,应在已有的组织框架基础上,尽快成立宁波市决策咨询委员会。为充分利用和整合现有资源,决策咨询委员会吸收现有政府系统及其下属各职能部门的咨询机构人员,并加入大量专家的力量。

市咨询委员会下设若干专业委员会。为体现重大决策的综合性和全局性特点,防止狭隘性和眼前性的思考障碍,各专门委员会的设立不对应市委市政府所属部门单位,也不按照具体的单一学科设立,而是按大的学科门类综合设立,如财经委员会、文教委员会、科技委员会、政法委员会、城市委员会等。每个专门委员会涵盖相互交叉联系较密切的若干具体学科。[1]

为便于决策咨询委员会工作,应设立其领导小组及办公室,领

---

[1] 张庆玺:《关于把专家咨询列入重大决策必经程序的建议》(http://www.bjpopss.gov.cn,2004年6月16日)。

第三章 宁波市政府重大决策咨询机制建设研究

导小组建议设在市委办公厅或市政府办公厅，可吸收市政府发展研究中心、市委政策研究室、市发展改革委员会的经济研究院、市社科院、市社科联、市科协、市科委、市社科规划办等单位参加。①领导小组主要负责确定政府决策重大课题及组织协调研究力量。决策咨询委员会下设办公室，建议设在政府发展研究中心，具体承担决策咨询中的日常工作，其职责主要是：编制和执行《决策咨询工作计划》；协调联络市委市政府及所属部门单位与决策咨询委员会、科研管理系统之间的关系；加强决策机关与专家学者的联系；组织开展决策咨询论证活动，定期开展通报会、恳谈会、研讨会；根据某项具体决策的进展情况，组织开展调研活动，召开说明会、研讨会、论证会；参与重大决策咨询研究项目成果转化工作；建立咨询信息网络等。②

（二）界定重大决策事项范围，将重大决策咨询论证制度化

1. 什么是重大决策事项？

根据《行政许可法》和《全面推进依法行政实施纲要》等有关法律规范的精神，对公众利益涉及面广且影响大，或是专业性、技术性较强的重大事项的决策，都必须组织专家或委托专业研究机构进行必要性和可行性咨询论证。但到底什么事项的决策属于重大决策，法律规范并未提供明确的判断标准。许多城市政府在有关规范性文件中，结合社会经济生活的实际，都尝试将"重大决策"事项作出列举式的界定，并明确规定所列举事项的决策必须经过咨询论证的程序。兹将大庆市政府制定的《行政决策程序暂行规定》③为例，其列举出的属于重大行政决策的事项包括：

---

① 张庆玺：《关于把专家咨询列入重大决策必经程序的建议》（http://www.bjpopss.gov.cn，2004年6月16日）。

② 同上。

③ 政府文件：《大庆市人民政府行政决策程序暂行规定》（http://law.lawtime.cn/d345591350685.html/pos=2）。

（1）经济、社会发展战略的确定或调整。

（2）年度或中长期经济社会发展目标的确定或调整。

（3）年度财政预算（草案）的确定或调整，以及重大项目资金的安排。

（4）与经济社会发展密切相关的工业、农业、电子信息业、环保、商贸、旅游、科教文卫、城建等重大建设项目的确定或调整。

（5）土地、草原、水等有限资源的开发和利用。

（6）涉及区域性重大改革措施的出台。

（7）城市总体规划、分区规划、各类专业规划的确定或调整，大规模的城市改造规划或重要街区、路段的改造规划以及城市公共管理职能的确定或调整。

（8）环境功能区划和自然保护区域的确定，对影响环境和危及人身安全的特定物品或动物采取的禁止或限制性措施。

（9）为保护公共安全和公共利益，维护社会治安秩序和社会稳定采取的辖区范围内长期限制措施。

（10）涉及辖区范围内需要长期限制的重大交通管制措施。

（11）直接关系公共利益的特定行业的市场准入。

（12）关系群众切身利益的重要的公用事业价格、公益性服务价格的定价和调价。

（13）重大社会保障、福利措施的制定。

（14）其他涉及经济发展、社会稳定和群众切身利益的重大事项。

这种列举虽具有相当的全面性和具体性，但也难免挂一漏万。而另有一些城市政府，则侧重于进行概括性分类，粗线条地勾勒出重大决策事项范围，如成都市将重要的政府规章草案、宏观调控和改革开放的政策措施、社会管理事务、大型项目和关系社会稳定等定义为重大行政决策事项[①]；上海市划分重大决策事项为：关系到

---

① 《成都市重大行政决策事项专家咨询论证办法》，成都市人民政府第14次常务会议讨论通过，自2004年5月1日起施行。

第三章　宁波市政府重大决策咨询机制建设研究

全市改革、发展、稳定工作的方针政策和重大问题；关系到本市国民经济和社会发展战略与中长期规划；影响全局的专项改革方案或有战略意义的重大项目；围绕市委、市政府重点工作，对全市重大决策的实施和经济运行中出现的突出问题、或应当由政府作出决定的重大突发事件和重要紧急情况等。

从上述几个城市的规定中可发现，属于重大决策的事项通常具有战略性、或专业性、或复杂性的特点；其决策内容或是战略规划、或是法规规章、或是政府工作报告；其涉及利益通常为重大项目或资金的安排与分配、公民基本权利或公共利益的限制、公益服务或公用事业的价格提高等方面。宁波市在界定重大决策事项时，可结合以上列举式和概括式的优点进行借鉴。

2. 建立重大决策咨询论证的硬性约束机制

在走向依法行政，科学决策和民主决策的法制化轨道中，全国多数城市都将重大决策咨询论证制度化。江西赣州市政府承诺对于重大决策基本做到"五不决策"：未经调研不决策，未经专家咨询不决策，未广泛听取民意或多数群众不拥护不决策，未经合法性论证不决策，未经会议集体讨论不决策。① 湖南长沙市，政府搭建"五个平台"让公众参与政府决策——专题基层调研会；征求人大代表、政协委员意见会；专家咨询论证会；通过媒体公开征求社会意见；行政决策听证会。

宁波政府对于重大决策、重大政策、重大项目，在其制定和实施前也必须进行专家论证，并使其制度化。要做到凡是没有经过专家论证的，都不得安排上会讨论，更不得付诸实施。② 为确保这一点，须尽快出台《宁波市重大政府决策程序规定》或《宁波市重大政府决策专家论证办法》，以使政府决策有法可依。同时，加强

---

① 吴兢：《我国行政决策新机制逐步完善》，载《人民日报》，2007年8月7日。
② 北京市政府研究室：《关于完善决策咨询机制的几点建议》（http://www.bjpopss.gov.cn，2006年11月14日）。

对领导贯彻重大决策咨询论证制度的监督和检查，将是否遵循专家咨询制度作为决策者的主要考核内容之一。

（三）拓宽民意征集渠道，建立民情反映制度

1. 利用现有社会资源和民间组织收集民意

政府要充分利用现有社会资源和民间组织，将其纳入政府决策咨询系统，由其进行"政府做不了"或不适合做的民意收集和调研工作。

2. 建立社会公示和社会听证会制度汇集民意

建立和完善社会公示制度和社会听证会制度，对与群众利益密切相关的重大事项，关系群众基本生活的商品和服务价格变动等，必须进行社会公示和举行多层次的社会听证会，保证群众广泛参与决策过程，维护群众的合法权益；通过社区、村居委会、人大和政协代表、各级机关、信访部门；通过公布建议的投诉电话、书记、市长电话；通过书记信箱、市长信箱；通过各种媒体以多种联系方式广泛征求市民的意见，汇集事关不同阶层、不同方面群众的建议和意见。

3. 开辟信访媒体等多种渠道反馈民意

市政府及其组成部门要通过新闻媒体、政府网站、市长热线、信访部门、调研机构等多种载体，广泛开辟社情民意的反馈渠道，了解群众对行政决策的意见和建议。要高度重视人民群众来信来访工作，进一步完善信访制度，确保信访渠道畅通。对群众来信来访中反应较大的决策方案，要予以高度关注，并认真研究解决。要善于从群众来信来访中确立行政决策事项，完善行政决策措施。各级组织和人民群众有权对全市重大行政决策提出批评、意见与建议。对群众反映的实际问题，市政府及其有关部门要认真研究解决。

4. 发挥高校和科研机构等作用整合各种资源

积极发挥全市高等院校和科研机构的作用，支持和鼓励相关机构和人员参与行政决策咨询；积极引导民间咨询机构为全市的行政

决策建言献策。鼓励非政府机构从事省市情分析，提供各种重要的行政决策信息，对全市的重大政策进行考察和评价。鼓励代表各方面利益的机构就公共政策开展内部辩论和公开讨论；进一步整合全市的科学研究资源，充分发挥各自的优势和作用，尽快形成多层次、多学科的智囊网络，实现智力资源共享。

（四）建立和健全决策的监督和纠错机制

1. 建立行政决策失误追究制度

建立决策失误追究制度，对那些习惯于"拍脑袋决策，拍胸脯保证，拍屁股走人"的领导干部进行追究惩处，无疑会大大增强决策者的责任意识、风险意识，促进珍惜民力，科学决策，民主决策。

2. 完善重大行政决策的监督机制

对重大行政决策市政府要主动接受人大的依法监督和政协的民主监督，自觉接受舆论监督和群众监督，要按照有关法律规定，自觉接受司法监督和监察、审计等部门的专项监督，对发现的问题及时认真组织整改。要加强对决策活动的考核监督，明确监督主体、监督内容、监督程序和监督方式，定期对重大政府决策事项进行考核检查。条件成熟时，可组织对全市重大政府决策效果进行无记名投票考核，组织群众对重大政府决策进行评议，把群众的认可程度作为评价政府决策科学性的重要依据。

3. 建立和完善决策责任追究的配套制度

按照"谁决策、谁负责"的原则，建立决策责任制，明确决策实施前和实施中各个环节的责任单位、责任人以及需承担的相应责任；要建立行之有效的行政决策纠错机制，通过民意测验、抽样调查、评估审查等方法，及时发现并纠正问题；对因决策失误给国家利益、社会公益和公民合法权益造成严重损害的，要依法严肃追究决策者的责任。集体决策出现严重失误的，既要追究直接责任人员的责任，也要追究领导人员的责任。同时还要抓紧建立和完善与决策责任制相关的包括决策失误赔偿制、决策失误辞职制等一系列的相关制度。加强对决策权力的制约和控制，明确决策系统与其他系统的权力和责任，决策职能、执行职能和监督职能应相对分离，各司其职。

  毋庸置疑，政府决策咨询机制的建立和健全是政府决策民主化、科学化和法制化的必然要求，同时也是提高政府决策质量和提升政府能力的重要手段。与西方发达国家相比，甚至说与国内很多城市相比，宁波市政府决策咨询机制都还有待大力加强。尤其是，宁波经济社会快速发展的现状，显然对宁波政府决策咨询机制建设提出了挑战。宁波市政府只要能坦然面对决策咨询中所存在的问题，切实整合现有决策咨询资源，加快推进决策咨询的制度和程序建设，增强决策的民主意识和树立决策的责任观念，定能抓住机遇、掌握主动，在全市范围内形成一个政治、经济和社会和谐融合、快速发展的大好局面。

第四章 镇海区人才开发与政策创新研究[①]

人才是经济社会发展的第一资源,"这是由于在所有的资源中,只有人才资源是唯一取之不尽、不断增值的一种资源,开发人才资源可以弥补其他资源的不足。"[②] 人才在经济社会发展中起着基础性、战略性、决定性作用。党的十八大明确提出了实现人才强国的"人才优先发展战略"。创新型人才又是人才队伍中的核心力量。2014年6月9日,习近平总书记在"中国科学院第十七次院士大会、中国工程院第十二次院士大会开幕式"上讲话中指出:"创新的事业呼唤创新的人才。实现中华民族伟大复兴,人才越多越好,本事越大越好。知识就是力量,人才就是未来。我国要在科技创新方面走在世界前列,必须在创新实践中发现人才、在创新活动中培育人才、在创新事业中凝聚人才,必须大力培养造就规模宏大、结构合理、素质优良的创新型科技人才。要把人才资源开发放

[①] 本章为课题"镇海区'十三五'人才强区建设的对策研究"之成果,内容略有删减和改动。该章由本人设计研究框架并撰写核心部分内容(即"政策创新的对策"部分);研究生林英魁和汪军撰写了部分初稿(前者参与了第一、二、三部分,后者参与第四部分),最后由本人进行全面的修订。在课题研究过程中,得到宁波大学法学院党委书记方晓春副教授的大力支持和帮助,方书记多次联系政府部门课题调研事宜,并多次参与课题的讨论。宁波市镇海区人力资源和社会保障局的朱红瑾副局长及相关工作人员为课题研究提供了很多重要观点,也提出了许多宝贵意见。对以上同志的帮助,在此深表谢意,但文章中的错误与肤浅概由作者负责。

[②] 德鲁克:《管理的实践》,机械工业出版社2006年版,第196页。

在科技创新最优先的位置，改革人才培养、引进、使用等机制，努力造就一批世界水准的科学家、科技领军人才、工程师和高水准创新团队，注重培养一线创新人才和青年科技人才。"

在当前国际竞争和区域竞争日趋激烈的背景下，发达国家采取加大本土培养和积极引进人才的发展战略，发展中国家也积极采取措施吸引人才回流，跨国公司加紧全球研发布局和高端人才争夺，珠三角、长三角、环渤海经济圈等地区竞相出台创新型人才队伍建设的举措。镇海区正处在科学发展的新起点，面临着土地、环境容量对经济发展的限制，人才是推动科技创新和产业发展的核心战略资源，为获得区域发展的比较优势，镇海区必须在引才聚才方面取得突破，形成"人才强区、科技创业"的蓬勃气象。

镇海区位于浙江省宁波市境东北部，长江三角洲南冀，东海沿岸，与上海市一衣带水。镇海区陆地面积246平方公里，辖4个街道、2个镇，2014年末全区按户籍口径统计的总户数为93222户，人口231656人。镇海区目前正处在科学发展的新起点，面临着土地、环境容量对经济发展的限制。面对经济和社会变革的加速发展和产业转型升级的迫切需求，镇海区人才发展略显滞后，影响了镇海区社会和经济的变革发展。人才是推动科技创新和产业发展的核心战略资源，为获得区域发展的比较优势，镇海区必须在引才聚力方面取得突破，形成"人才强区、科技创业"的全新格局。习近平总书记指出："环境好，则人才聚、事业兴；环境不好，则人才散，事业衰。"镇海区应以全球视野、延揽人才，以生态环境、吸引人才，以配套服务、方便人才，以事业前景、感召人才，不断优化人才服务环境，打造更好的人才事业平台，力争把更多人才吸引到镇海来。

一 镇海区人才开发的基础

镇海区重视人才对经济社会发展的重要支撑作用，依据"民生为本、人才优先"的发展理念,围绕"六个加快"战略部署和"六个示范区"建设要求,通过多方式、多渠道、多载体,引进、培养、使用、关怀优秀人才的战略举措,使全区人才开发工作取得了长足进步。2013年,全区共引进各类人才6055人,增幅达11%,其中硕士以上学历人才213人,海外高层次人才30名,区属人才总量达60032人,每万人人才拥有量及增幅位居全市前列。

(一)镇海区人才开发现状

1. 人才结构不断优化

近年来,镇海区的人才结构不断优化。一是整体学历层次不断提高。本科、硕士和博士学历人才队伍梯级结构已经形成。2013年,镇海区引进博士23人,硕士生129人,本科生1700人,整体素质保持高水准。在园区人才队伍中,还拥有大量境外留学人员以及享受政府特殊津贴人士等高端人才。二是人才分布基本适应产业格局,主导产业集聚力显著。以宁波市大学科技园等创新载体为平台,人才主要集中在电子信息、新材料、光机电一体化等高新技术产业。以宁波石化经济技术开发区为平台,人才主要集中在石油化工、精细化工、化工新材料等产业。

2. 政策体系进一步健全

镇海区根据形势变化和人才工作发展需求,及时调整完善人才工作政策。制定出台了《关于大力推进人才优先开发的实施细则》、《关于镇海区人才政策的若干补充意见》、《关于鼓励柔性引进高层次人才的实施细则》等涵盖人才引进、培养全过程的政策。各专项政策体系不断健全完善,先后制定出台有关人才培养、教授专家工作室、柔性人才补贴和社会力量引才等一系列细化政策。目前政策已基本覆盖从人才引进、人才培养到人才服务等各个环节。

3. 高层次人才开发效应逐步显现

镇海区通过发挥海外引才渠道和平台作用,依托美、德、澳、日等海外招才引智平台和渠道,发挥清华校友会、海外"宁波帮"

等人脉资源优势,引荐了一批学有所得、创有所成的海外高层次人才来镇海创业。截至2013年底,全区共有国家"千人计划"人才4名、省"千人计划"人才12名、市"3315计划"个人8名、市"3315计划"团队项目4个。目前已有26个海外高层次人才创业项目注册落户镇海区。

表一　　　镇海区高层次人才发展情况（2011—2013年）

项目	单位	2011年	2012年	2013年
海外高层次人才	人	33	35	30
国家"千人计划"人才	人	—	0	4
省"千人计划"人才	人	1	3	12
省151人才培养工程	人	1	—	1
市"3315计划"	人		3	8
区属人才总量	万人	4.82	5.3	6

4. 专技和高技能人才队伍建设持续推进

通过选送优秀人才攻读硕博士、四大培训计划、创新推出企业人才网络学院"云端学习"服务等方式,培养了一批专业技术人才。相继出台了高技能人才管理办法、技能大师工作室管理办法等政策,通过发放技能津贴、创建技能大师工作室、建立企业技能人才自主评价机制、推荐优秀技能人才参加省级出国（出境）高层次培训和各级各类技能大赛等多种平台开发培养高技能人才,有效推动了高技能人才队伍建设。近三年镇海区每年新培养高技能人才千余名。

表二　　　镇海区专技人才发展情况（2011—2013年）

项目	单位	2011年	2012年	2013年
专业技术人员（总数）	万人	4.02	4.52	5.03
高技能人才（年增加量）	人	1195	1234	1312

5. 人才公共服务力度继续加大

镇海区在子女就学、家属就业、住房保障、就医等方面形成了相对完善的人才服务体系，建立了区领导联系重点人才制度。创新建立以"信息化、专职化、协同化、可持续"为特点的"镇海区高层次人才服务联盟"，通过集聚各政府职能部门、群团与行业组织的人才服务资源，重点解决人才落地、项目注册、运营发展过程中的服务问题，致力于打造涉及项目发展、人才保障的全过程服务链，为镇海区人才提供全方位服务。

(二) 镇海区人才发展的经验

1. 完善人才发展机制，奠定人才发展基础

首先，建立了区委人才工作领导小组，就人才发展工作组织和协调各部门的行动，为实施人才优先发展战略提供了组织领导保障。其次，创新了引进机制，在继续发挥各有关部门、镇（街道）园区和专业人才中介机构作用的同时，结合区域"侨乡"、"商帮故里"、"人文梓荫"的工作资源禀赋，充分激发社会力量关注、参与、推进人才工作。最后，建立了各职能部门、镇（街道）园区人才工作者联系人才科技项目制度，做好人才和项目落户后的跟进服务工作。

2. 大力推进创新创业载体平台建设，集聚各方面人才

各类创新载体为引进海内外高层次人才提供了良好的平台，已成为吸纳人才的"蓄水池"，为产业转型升级提供了人才和科技支撑。一是引进和推动包括清华校友创业创新基地、西安电子科技大学宁波信息技术研究院等五大人才科技平台建设，打造了镇海区创新驱动新引擎；二是推进高端智力服务平台建设，吸引高层次人才；三是引进重点大学技术转移中心等一批产学研人才科技合作平台。此外，鼓励有条件的企业组建技术创新团队，并面向区内特色优势产业和重点骨干企业，持续推进企业工程技术中心建设。

表三　　　镇海区人才发展平台建设发展情况（2011—2013 年）

项目	单位	2011 年	2012 年	2013 年
院士工作站	个	1	2	1
博士后工作站	个	—	2	2
市级企业技术创新团队	个	3	3	5
各级企业工程技术中心	个	29	34	20

3. 优化创新创业环境，提供人才发展保障

近几年，镇海区不断优化人才发展环境，为人才发展奠定了坚实基础。一方面，通过集聚各政府职能部门、群团与行业组织的人才服务资源，打造涉及项目发展、人才保障的全过程服务链，提高服务保障水平，以此留住并发挥好高层次人才的创新能力。另一方面，组织开展人才科技月等活动，搭建人才与镇海区互动平台，邀请专家学者等高层次人才考察镇海企事业单位，了解镇海区域优势和发展潜力，增强合作意向。此外，持续强化人才工作宣传表彰力度，通过各种方式营造全区上下尊重人才、关爱人才的良好氛围，以增强对海内外人才的吸引力。

二　镇海区人才开发问题和原因

虽然镇海的人才开发工作取得了一定成效，但在社会经济快速转型升级的大环境下，仍凸显出一些问题。

（一）镇海区人才开发中存在的问题

1. 紧缺人才竞争激烈

目前镇海区企业高层人才趋于稳定，但企业紧缺人才，包括领军人才、拔尖人才、文化产业人才和技能人才等类型人才，存在较大缺口。一方面，企业在人才激励保障、人才服务等方面工作有所欠缺，人才对企业归属感不强。另一方面，企业发展瓶颈影响人才

对企业发展的信心，使紧缺人才选择其他企业就业。

2. 企业人才开发主体作用发挥呈两极化趋势

部分大型企业对人力资源管理工作较为重视，建立了完善的人才招聘、开发、培训、薪酬管理等人才管理工作体系。而大部分企业由于对人力资源管理工作重视程度低，人才管理工作不规范，人才工作漏洞较大，导致恶性循环，导致企业招工难、留人难等问题不断出现，影响企业正常发展。

3. 人才结构调整滞后于产业转型升级需要

镇海区人才结构主要存在三个方面问题。一是学历结构不合理，高学历人才偏少，中等学历人才占较大比例。以 2013 年为例，全区企事业单位共引进各类人才 6055 人，其中，博士 23 人，硕士生 129 人，本科生 1700 人，各类大中专毕业生 2779 人。二是层级结构不合理，中级人才多，高级人才少。2013 年末全区拥有各类专业技术人员 50324 人，其中，高级 1312 人，中级 7047 人。三是专业结构不合理，传统专业型人才较多，与服务业尤其是科技服务业相关的专业人才稀缺。这些问题严重影响了经济发展模式的转变和产业结构的合理调整。

4. 人才资源开发投入不足

人才优先投入是实施人才优先发展战略的重要政策措施。近几年镇海区政府人才投入不断增长，从 200 多万元增长到 5000 多万元，对人才工作起到了重要推动作用。但随着人才需求不断扩大，人才资金投入需求持续加大，造成人才发展投入资金仍然相对不足。目前，镇海区人才投入相对于固定资产投入，其占 GDP 的比重依旧较低。2013 年镇海社会固定资产投资 235.63 亿元，占 GDP 的 72.45%，远高于经济发展水平相当的其他区域，这表明镇海物质资源优先开发的模式没有根本转变。此外，镇海区人才工作资金投入过度依赖政府，社会、企业力量发挥不足，多元化投入开发体系不健全。

5. 政府与企业人才评价标准不一致

随着镇海企业的发展，人才需求逐渐多样。政府和企业对人才的要求呈现不同评价标准，政府侧重于对人才学历、职称等方面的考核，对人才实际能力考核不够全面，导致引进人才未必能够为企业带来实际效用，无学历、无职称的人才生活保障也相对欠缺。而企业更加注重人才的实际能力，对学历职称要求则较低。不同的评价标准引起了企业和政府对人才引进标准的矛盾，如何统一人才引进标准是当前亟须解决的问题。

6. 创新型人才引进保障手段和措施不足

促进产业转型升级须依靠创新创业人才。目前镇海区人才引进的保障手段和措施都不够。一方面，甄别这类人才的切实可行的标准尚未制定，难以准确界定和识别这类人才；另一方面，对这类高层次人才的激励机制，如科技融资、海外人才的居留权制度等尚处在探索阶段，方便海外人才子女教育的国际学校至今没有建立，人才的激励性评价体系，即由行政评价转变为市场评价的体系尚为空白。

（二）原因分析

1. 人才优先开发政策有待完善

首先，人才发展政策优势逐渐丧失。镇海区在部分人才政策领域起步较早，有着一定的领先优势。但随着宁波市及其他地区的人才工作的加速开展，镇海区人才政策优势逐渐丧失，对人才的吸引力不断减少。其次，人才政策覆盖面不够宽，学历偏低的实用性人才尤其缺乏相关政策支持。镇海区人才政策主要针对高层次人才制定，而针对高级技能人才、文化创意产业人才、农村高级人才、实用型人才、社会工作人才等方面人才的政策尚未制定完备，阻碍了镇海区人才发展工作的全面开展。最后，促进人才发展的公共服务政策不够完善，人才发展服务工作开展不到位，不符合人才创新创业多样化需求，人才发展环境有待改善。

2. 人才管理体制和评价激励机制不健全

一方面，镇海区政府各有关部门的人才工作职责不清晰，未建立起有效的信息资源共享系统，缺乏有效沟通渠道，不能及时全面地掌握各产业、各行业人才资源需求及发展状况，人才服务效率低，不能科学引导人才优先开发，造成人才优先投入配置不合理。另一方面，企业人才管理体制问题凸显。除了人力资源部门以外，其他用人部门对人才引进开发工作重视程度低，和人力资源部门配合不够，影响企业人才引进工作的实效性。

人才评价和激励机制不健全。一方面，政府对高层次人才的评价机制亟待完善，人才考核体系科学性有待提高。同时，政府部门目标考核不全面，偏重于投入等量化指标考核，对人才开发质量和战略实施效果等定性目标的考核关注度较低。另一方面，企业对人才激励不够，偏重物质奖励，人才成就感和自我实现需要较少关注，缺少事业和情感激励。

3. 人才资源配置市场体系不发达

由于政府对人才流动的宏观调控与市场对人才的配置体系不协调，导致人才市场信息机制和人才流动机制不健全，市场引导人才向新兴产业和重点产业流动乏力。同时，政府未能打破人才在市场中流动的体制性壁垒和障碍，缺少鼓励和保障人才合理流动的政策措施，人才流动的服务体系不健全，缺乏在不同产业、行业、职务间有序流动的渠道，导致人才资源配置不合理。

4. 优势产业、支柱产业人才队伍建设乏力

只有充分发展区域内的优势产业和支柱产业，才能带动镇海经济转型升级，而只有具有较高创造能力的高层次人才、高技能人才和技术人才共同合作，形成合理人才结构，才能推动优势产业和支柱产业发展。但目前镇海高层次和高技能人才数量增长缓慢，在人才队伍中的比例较小，对优势产业和支柱产业发展的支撑作用不足。同时，高级人才发展的工作环境和生活环境等方面都有所欠缺，不利于人才的可持续发展。

5. 人才开发理念不够先进

经济社会发展新常态背景下，人才开发理念应当更加市场化、国际化、实效化，突出有用、高端、急需，顺应人才流动趋势，拓宽育才引才视野。目前的引才渠道以政府搭建为主，人力资源服务业尚不发达，市场人力资源配置中的主体作用未能发挥，企业的"需"与人才的"供"未能有效对接。针对国内外人才的标准，政府重学历职称与企业重能力业绩形成了鲜明差异。企业评价人才的标准是为企业创造的价值高低，但政府评价人才因传统观念和实际条件所限，主要还是看学历、职称、论文，不利于真正有用、优秀的人才脱颖而出。

三 镇海区人才开发面临的新形势

"十二五"期间，镇海区的人才工作取得了显著成效，充分发挥了人才在经济社会发展中的支撑和引领作用。但随着镇海区经济社会发展转型的加快，镇海区人才发展进入了新的历史阶段，面对新形势和新需求，人才工作面临着新的机遇和挑战。

（一）镇海区人才开发的优势

1. 区位优势明显，交通设施完善

宁波市是全国最早的沿海开放城市和五个计划单列市之一，也是我国东部沿海地区重要的经济中心城市，其经济总量、财税收入、开放度等指标均位于全省前列，是镇海区经济社会发展的重要基础。同时，镇海区具有得天独厚的区位和港口条件，随着杭州湾跨海大桥、舟山连岛工程、宁波绕城高速等一大批大型基础设施的相继建成，镇海在长三角功能规划区中的区位优势日益凸显。

2. 高新技术主导，产业基础较好

镇海是浙江海洋经济发展示范区的核心区，聚集了中石化镇海炼化分公司及韩国LG、荷兰Akzo Nobel等一大批国内外著名企业，

形成以化工新材料、装备制造、精密机械、电子电器等为主导的先进制造业产业集群和以现代物流、航运、休闲旅游、文化创意、商贸商务等为主导的现代服务业产业集群，国家级石化经济技术开发区、国家级大学科技园、宁波大宗货物海铁联运物流枢纽港等大平台建设初显成效。

3. 创新氛围浓厚，发展潜力巨大

2011—2013年，镇海区共获得市级以上科技计划立项项目316项，其中国家级、省级项目76项；累计培育和认定市级以上高新技术研发中心63家，并引进吸纳来自全国各地的技术项目549项。目前，镇海区共建有省、市级科技企业孵化器共2家，各类科技服务机构4家。这些都为镇海的长远发展打下了坚实的基础。

4. 生态环境优美，文化氛围浓厚

镇海区是"全国文化先进县（区）"和"浙江省文化先进区"。镇海口海防历史纪念馆、宁波帮博物馆等一批代表和沉淀着海洋文化的公共文化设施相继建成开放。招宝山旅游风景区、九龙湖旅游度假区、郑氏十七房文化旅游区成功创建成为国家4A级景区。镇海先后获得了全国科技、文化、体育、绿化和老龄工作先进区、国家级生态示范区等国家级荣誉称号。良好的城市环境、深厚的文化底蕴成为镇海区构筑人才强区的又一大优势。

（二）镇海区人才开发的劣势

1. 人才资源总体实力不强

从统计分析来看，镇海区现有人才队伍的总量、素质、结构与新一轮快速发展的要求相比，还有一定的差距，与周边及国内先进地区相比差距较大。一是人才总量不足。目前，镇海城乡二元结构比较明显，城区现代化、产业高端化与农村社区人口占绝大多数的现象并存，人才总量与国内先进地区相比有一定差距。二是人才结构不尽合理。高级职称人才占专业技术人才总量低，区属特色优势产业和战略性新兴产业创新型人才未能有效集聚，信息技术开发、现代服务业等战略性新兴产业急需人才仍然比较缺乏。

2. 不合理的产业结构影响了人才结构

区域经济可持续发展的关键在于培育并形成优良的产业结构。产业结构和人才结构之间是密切的正相关关系。目前镇海正处于产业转型升级重要时期，产业结构正在大力度调整和升级，有待进一步完善的产业结构极大制约了人才的引进和发展。

3. 土地资源十分紧缺

辖区内山地较多，且受到风景区、水源保护地等各项保护机制限制，经过近年来高强度开发建设，可供开发建设的土地资源十分有限，供需矛盾十分突出。大量优质项目无法落地，吸附高端人才的载体建设受到限制，限制了高端人才的引进和落地步伐。

（三）镇海区人才开发的机遇

1. 良好的外部环境

长三角地区一体化进入新阶段，已批准实施的《长江三角洲地区区域规划》中明确提出未来长三角地区要建设成为亚太地区重要的国际门户、全球重要的现代服务业和先进制造业中心、具有较强国际竞争力的世界级城市群，海内外的人才必将进一步向这一区域集聚，这为镇海区的经济发展提供了有利条件。

2. 良好的区位条件

目前，镇海港已初步建立起海、陆、空立体的集疏运网络体系，自身年吞吐能力达两千万吨，与80多个国家和地区、500多个港口实现通航。杭州湾跨海大桥建成贯通，舟山跨海大桥从镇海登陆以后，镇海全面融入沪杭甬2小时交通圈，打造镇海全新的区位格局。

3. 清晰的发展思路

在市委、市政府的关心支持下，镇海区干部群众坚持解放思想、攻坚克难，坚持党管人才原则，组织部门牵头抓总、相关职能部门各司其职、密切配合、社会力量广泛参与的工作格局基本形成。

(四) 镇海区人才开发的挑战

1. 人才工作机制能否得到健全和完善

镇海人才工作的有效开展和人才发展机制的健全和完善有着密切关系,包括能否健全政府宏观引导、市场有效配置、单位自主用人、人才自主择业的人才管理体制;能否加快人才管理改革试验区试点工作,建立适应区域发展特色和产学研用一体化战略有效实施的人才管理体制;能否加强人才发展资金投入机制,建立多渠道、多层次的人才发展投入机制以及其他重要的人才发展机制。

2. 人才发展文化氛围能否得到增强

创新创业文化氛围的形成,需要镇海区营造创业氛围,允许"试错过程",容忍失败,探索创新失败宽容机制;积极倡导创新文化,弘扬创业创新精神,把营造人才创业创新环境与城市文化建设有机融合。

通过对镇海区人才开发工作进行 SWOT 分析,可以发现:镇海区区位优势明显,产业基础较好,人才聚集程度较高,但与青岛崂山区以及深圳盐田区等先发地区相比,无论思想观念、政策支撑,还是人才总量、高层次人才数量等方面差距较大。镇海区应积极借鉴发达地区的人才开发工作经验,推进人才开发工作。

四 人才开发的国内外经验比较

(一) 国内人才发展的经验

国内很多地区都高度重视人才发展工作,特别是一些先进地区,他们在人才发展工作方面经验较丰富,非常值得去学习和借鉴。

1. 余姚市"千人计划"产业园建设经验

2012 年 9 月浙江省首个"千人计划"产业园落户县级余姚市,

"千人计划"产业园的挂牌是余姚坚持实施人才强市战略，着力构筑区域人才高地的积极成果。余姚市秉着引进一名国家"千人计划"高端人才，带来一个创新团队、催生一个新兴产业、培育一个经济增长点的理念，加快推进战略性新兴产业建设，重点培育打造一个人才特色品牌。

第一，明确的园区建设思路。余姚"千人计划"产业园按照孵化基地、中试基地和产业化基地"一园三基地"三位一体的建设思路，分点布局，同步实施。其中，孵化基地占地面积约81亩，建筑面积约10.7万平方米，重点引进企业总部、研发机构入驻。中试基地总面积约125亩，为初创期企业成长发展的加速器。产业化基地规划范围约7300亩，主要用于吸纳孵化毕业企业、研发企业部分中试产品和规模化产业项目，并承接外来符合落户条件的高科技企业。

第二，领导挂帅，保证工作小组质量。余姚"千人计划"产业园是专门面向"千人计划"专家设立的创业创新基地，余姚市委、市政府对此高度重视，特聘11位国家"千人计划"专家作为市决策咨询委员会委员，聘请领军人物担任引才大使，成立领导小组和建设指挥部，具体协调和负责园区的建设、招商等工作，专门出台《关于建设人才特区打造人才高地的意见》等政策，大力实施海外高层次人才引进"姚江英才计划"。在产业园内以新装备、新材料、新能源、电子信息、医疗器械与生物医药等五大战略性新兴产业为主导，每个主导产业均由1名国家"千人计划"专家领军人物挂帅。

第三，较为全面的奖助体系。对在产业园落户的"千人计划"专家或海外高层次领军人才创办的企业，给予最高500万元的创业扶持资金和最高500万元的创业种子资金支持，并自企业创办之日起3年内给予最高500万元银行同期贷款基准利率的全额贴息补助；对用人单位申报并列入国家"千人计划"、省"千人计划"、市"3315计划"的专家和海外人才，分别给予200万元、100万元、50万元的奖励；对引进国家和省"千人计划"专家到余姚创业、工作和服务的用人单位或中介机构、个人，分别给予20万元、10万元的奖励。对海内外高层次人才创办的带项目孵化企业，三年内企业所得税、营业税、增值税的地方留成部分给予全额补助；三年孵化期满后，地方留成部分给予第一年70%、第二年50%、第三年30%的补助。开辟高层次人才创业创新服务"直通车"，对具有世界一流水平的创业创新团队实行一事一议，在土地落实、项目立项、公司注册等方面实行特事特办、一条龙服务。强化"安居"服务，建设人才公寓，符合条件的高层次人才可优先享受人才专项房政策，并在户籍办理、医疗服务、子女就学、家属就业等方面给予优惠待遇。

第四，大力推进发挥人脉关系建设。在园区建设过程中，余姚广泛建立产业园和专家人才的桥梁纽带，不断加大海外高层次人才的引进力度。建立健全与欧美同学会·中国留学人员联谊会、"千人计划"专家联谊会等海外留学人员组织的合作机制，在美国、加拿大设立海外人才联络站，积极组团赴海外招才引智。余姚将加快制定出台余姚"千人计划"产业园的专项配套政策体系，成立专门扶持"千人计划"专家的创投基金，并在孵化基地设立集展示、接待、洽谈、会议等功能于一体的"千人计划"专家综合服务中心，为入园人才提供一站式全方位服务。

余姚和镇海同属宁波市管辖，地理位置相近，人文环境相似，可以学习余姚"千人计划"产业园领导挂帅成立领导小组和大力构建人脉关系的做法，推进镇海人才强区建设。

2. 南京人才政策制定经验

人才政策，是各级政府培养人才、吸引人才、发挥人才作用的杠杆，是配置人才、优化人才结构、提高人才素质的重要手段。近几年来，南京市先后研究和制定了一系列的人才政策，已经初步形成了较为完善的人才政策支撑体系。

一是南京人才政策的体系化、系统化初步形成。从现有的人才政策看，已经涵盖了人才培养、引进、使用的各个环节。在人才培养方面，先后制定了关于加强专业技术人员继续教育，加强青年干部、后备干部、党政领导干部培训等一整套意见和措施；在人才引进上，不仅有引进应届大学毕业生的政策，还有引进优秀人才的政策，引进海外留学人员和智力、引进博士后人员等政策；在人才使用和鼓励人才发挥作用上，针对不同类型的人才，制定了不同的选拔使用措施和规定。比如，在党政人才选拔使用方面有公开选拔党政领导干部暂行办法，有市级机关局、处级领导职位竞争上岗实施办法，有党政领导干部交流工作实施办法。在专业技术选拔使用方面有关于市级中青年拔尖人才、市级有突出贡献中青年专家、市级行业技术和学科带头人等一系列选拔管理办法。

二是人才政策的宏观指导与实际操作紧密结合。从现已出台的政策看，不仅有市委、市政府层面上关于进一步加强人才工作的意见，也有各个区县和市各系统关于加强人才工作意见、措施以及与市委、市政府的政策相配套的实施办法。不仅有从宏观角度出发的关于今后一个时期人才队伍建设发展规划、目标和任务，也有从实际工作需要角度出发的近期需要抓紧组织实施的人才开发计划和人才培养目标。人才政策的宏观调控与实际操作之间结合比较紧密。

三是人才政策涉及的领域比较周全。已经出台的政策，不仅包含了党政人才、企业经营管理人才、专业技术人才、高技能人才和农村实用人才，而且还包含了上述各类人才的医疗、子女入学、工资待遇、户籍制度、创新创业、学习、培训等各个方面。加快推进了人才工作制度化法制化进程，提升了人才工作整体水平。在工作机制上，南京市在成立了人才工作领导小组，进一步整合人才工作资源的基础上，制定了《市委人才工作领导小组成员单位职责分工制度》、《市委人才工作领导小组例会制度》、《市委人才工作领导小组成员联系优秀科技人才制度》等一系列工作意见和办法，理清了各部门的工作职责，明确了工作目标和任务，真正把党管人才的各项举措落到实处。

近年来，南京市大力制定人才政策，吸引了一大批人才集聚，镇海应该学习南京全方位、多层次的细分人才政策制定思路，弥补镇海人才政策的不足。

3. 青岛崂山区人才建设的经验

崂山区是1994年青岛市行政区划调整时成立的新区，区内汇集了青岛高科技工业园、中国海洋大学、国家海洋局第一研究所等60多家高校和科研院所，集中了海尔集团、山东电力三建等85家知名企业总部，拥有青岛农商银行、中信万通证券等190余家高端金融企业，是青岛财富管理综合改革试验区的试验田、青岛蓝色硅谷的重要增长极，以及全市旅游业发展的主阵地。

近年来，崂山区确立了以资本、人才、科技为核心的新一轮区域发展战略，力争通过加快推动经济发展模式由投资带动向资本驱动、技术驱动、人才驱动转变。

首先，更新选才观念，降低准入门槛。打破原有机制的限制，取消对户口、学历、专业、职称等的限制，把能力和绩效作为唯一标准，实行准入制度，建设人才引进"自由港"。

其次，加大投入力度，瞄准高端人才。发挥区域开放优势，加快推进人才国际化，成立专项资金，面向海内外重点用于高科技研发人才、高端金融人才和高水平旅游管理人才等紧缺人才的引进。

再次，加强人才发展体制机制建设。通过完善激励机制，探索符合推动产业转型升级，加快现代化新城区建设步伐的奖励机制。通过设立目标任务奖和工作创新奖等激励措施提高奖励实效。同时，扩大企业经营管理人员和科技人员参与利润分配投入要素的范围，逐步将知识、技术、管理等予以量化纳入，对取得良好经济社会效益的单位和个人实施奖励，激发其积极性。

最后，打造吸引和聚集人才的良好环境。一方面，优化人才生活工作环境。通过对优秀人才实施重奖和津贴补助、给予必要的政治地位等方式，提高人才的社会地位，满足其自我实现的需要。另一方面，明确目标责任，完善投入机制。形成以政府投资为导向，企业投资为主体，社会捐助为补充的人才投入机制。

青岛崂山区和镇海区在区位条件和发展机遇上非常相似。根据崂山区人才发展经验，镇海区应丰富人才引进模式，完善人才发展投入机制，重点引进高端人才。并加强人才发展体制机制建设，着重完善人才激励机制。

（二）国外人才开发的经验

国外人才强国的许多做法成功地推动了该国经济的快速发展，镇海作为一个市辖区不能完全模仿这些做法，但是这些做法中的一些先进理念是可以加以吸收利用的。

1. 德国"双元制"人才培养模式的经验

德国的"双元制"人才培养模式一直以来都被德国人自称为经济腾飞的"秘密武器"。所谓"双元制"指的是一种以私人办的企业作为"一元"，国家办的学校作为另"一元"，两者合作培养技能人才的职业教育模式。该模式要求由企业和学校共同担负培养人才的任务，按照企业对人才的要求组织教学和岗位培训，使学生能较熟练地掌握岗位所需的技术，一毕业就能很快地顶岗工作，普遍受到企业的欢迎。

首先，法规完善，保证了德国职业教育健康发展。德国职业教育立法十分完备，20世纪50年代至今，德国颁布的职业教育法规体系就有10多项，形成了一整套周密的职业教育法规体系，规范了职业学校的名称、培养目标、专业设置、学制长短、办学条件、经费来源、教师资格、教师进修、考试办法、管理制度等，以法律形式保障了职业教育的顺利进行。

其次，强调实践，坚持"产"为主导的产学合作。德国"双元制"教育模式中，企业培训与学校教育分工合作，双管齐下。各类中学毕业生如果要谋求一个职业岗位，必须首先到企业当学徒，其未来的职业岗位十分明确，该岗位的知识、能力、素质要求就是培训目标。在这种培训方式中，"产"是龙头，"产"需要什么就培训什么、补充什么，实践环节就在企业生产线上进行，理论知识则由职业培训学校承担。"双元制"模式中的职业学校直接为企业需要服务，企业需要什么，学校就教什么。企业对职业培训起主导作用。同时，产学合作的"双元制"也促使全社会关心职业教育，拓宽了办学渠道，节约了教育经费，保证了学以致用。

再次，严格要求，优化师资队伍。德国对拟从事职业教育的教师有严格的要求，不仅有一套完整的培养培训体系，而且采取严格的国家考试制度。在德国，职业学校教师的培养分为两个阶段，第一阶段是大学师范教育阶段，学习一个主修专业，并选修一个辅修专业，学习结束时参加第一次国家统一考试。第二阶段是见习，主要到职业学校见习，进行教育学、教学法方面的研讨。第二阶段结束时参加第二次国家统一考试，这次要撰写论文，要上公开教学实验课，考试通过获得教师资格证书后，这样才能成为职业学校的教师。

最后，质量为本，实现职业教育的持久生命力。一般来说，德国高职院校入学条件是宽松的，但教学要求十分严格。高职学院（专科学校）的淘汰率一般在30%左右，正规学习时间是8个学期，但实际上需要10个学期甚至更长的时间才能拿到毕业文凭。教育的高质量使德国的学历文凭在世界上一直拥有较高的声誉。

德国完善的职业教育体制为德国培养了大批高质量的技能性人才，镇海可以学习德国企业参与教育的思路，积极鼓励本区企业与学校的对接。

2. 韩国文化创意领域建设经验

韩国文化产业的发展历程并不长，大致可以分为三个阶段，20世纪60年代到90年代初的萌芽期；20世纪90年代到1997年遭受亚洲金融危机洗礼之间的这段时间的发展期；1998年制定"文化立国"战略到至今的成熟期。韩国在文化创意领域的快速崛起得益于其完善的保障措施。

（1）充足的资金投入。为了提供文化产业宽松贷款，韩国政府在1997年设立的文化产业基金包括文艺振兴基金、出版及版权基金、广播发展基金、影视振兴基金、信息化促进基金等,形成文化产业专门投资组合。韩国文化产业财政预算不断增加,2000年首次突破国家总预算的1%,进入"1万亿韩元时代",2002年通过投资组合、专项基金共融资、国家预算拨款等方式,为文化创作、基础设施建设、营销和出口、人才培养,分别投入1700亿、1870亿和1430亿韩元。到2009年,政府的预算达15856亿韩元。随着政府加大对文化产业的投入,占文化事业总预算的比例由2.2%增长到约12.1%。

(2)制定相关法律、法规与政策,为韩国文化产业发展提供法律保障。韩国政府制定各项政策和法律法规支援文化产业的发展,1998年韩国政府出台了《文化产业振兴基本法》,明确了文化产业的概念,提出了基本政策和方针,提供文化产业有效的法律保障。之后相继出台了一系列法律法规,为文化产业健康持续发展营造出良好的条件,这些法律法规有:《游戏制品法》、《著作权法》、《广播法》、《影像振兴基本法》、《演出法》等。1999—2003五年时间内,韩国按照《文化产业发展5年计划》分三步实施此计划:第一阶段主要通过加大资金、组织、法律、人才等方面的努力打好了文化产业发展的基础;第二阶段主要注意力放在发展外向型产品上,拓海外市场,增强国家知名度;第三阶段为了形成文化产业集约化、规模化的生产模式,建设一批文化产业园区,使韩国文化又好又快发展。

(3)完善的政府支撑体系。韩国是一个政府导向型国家,政府对文化产业的重视程度与其发展程度成正比。首先,韩国政府制定了"文化立国"战略。1986年在韩国第六个经济发展五年计划中,提出"文化的发展与国家的发展同步化"的政策目标,为"文化立国"战略的提出奠定了基础;1998年,韩国政府正式提出"文化立国"的战略,将文化产业作为21世纪发展国家经济的战略性支柱产业,予以大力推进。其次,设立相关管理机构。韩国政府为了支持文化产业的发展，陆续建立了文化产业相关机构和部门。1994年，韩国文化观光部成立文化产业局，并在1999年相继在文化观光部、信息通信部、产业资源部下设立"游戏综合支援中心"、"游戏技术开发中心"、"游戏技术开发支援中心"。此外，产业资源部和文化观光部还分别设立韩国卡通形象产业协会和韩国卡通形象文化产业协会，共同推动卡通形象的发展。2000年文化产业振兴委员会成立，主要负责制定文化产业发展的规划、政策、方案以及监督政策执行情况。

"韩流"的出现不是偶然，镇海要积极吸取韩国文化建设经验，设立各类分工明确的部门管理、指导镇海文化产业尤其是动漫产业的发展。

3. 以色列农业人才培养经验

以色列国土面积狭小，沙漠遍布，不仅缺水而且劳动力也很稀缺，但是在以色列建国后短短的几十年里，农业产量大幅提升，不仅满足了国内需求还可供出口，以色列在农业方面的成就举世瞩目。

（1）针对农业发展在全国设置了首席科学家办公室。首席科学家办公室由各领域权威的科学家和技术专家组成。首席科学家人选由农业和农村发展部部长提名，任期一般为4年，他们通常是在科技研发与应用推广、技术创新和风险投资等领域的领军人物和成功人士，虽然政府提供的薪水并不高，但社会尊重与荣誉巨大，每一位被提名的人选都把在首席科学家岗位上履职视为自己人生和职业生涯的最高成就。首席科学家办公室代表政府帮助社会和企业开展商业性的研究与开发，促进高新技术的发展，为科技人员实现从技术成果到产品产业化提供风险资助。

（2）完善的农业科技管理体制，尊重学术权威。首席科学家每年要向农业部首席科学家办公室提交年度报告，全国农业科技管理委员会负责依据年度报告对各项目完成的进度与质量进行评估并决定是否继续资助除农业部资助的研究项目外，对于其他部门所涉及的农业科研项目，经贸工部首席科学家办公室统筹协调，归口到农业部首席科学家办公室进行管理，如科技部和教育部资助的基础研究项目和行业协会、私营企业或其他部门资助的项目等。这种统一高效的农业科技管理体制，解决了行政与学术的脱节问题，规范和界定了行政权力与学术权力的边界，科研项目的学术价值和应用前景不再由行政说了算，而是首席科学家们依据专业知识独立进行判断，极大地维护了学术权力的权威性。

（3）重视技术推广和农民教育。以色列成立了国家农业技术服务与推广局，下设国家农技推广服务中心和区域推广服务中心。国家农技推广服务中心每年聘请相当数量资深的地方农技推广专家作为全国范围某一专业队的总顾问到国家农技推广服务中心工作；或与地方推广专家及研究单位专家一道共同组成各种国家专业队下到田间地头指导工作。区域推广服务中心共9个，负责本区域的技术推广工作和与农业科研相互衔接，直接为当地农民提供各种服务。这样的政策不仅使农民掌握了农业生产的基本技能，了解到农业科学的最新成就，而且从整体上提高了农民的知识水平与文化素养，特别是培养了农民的现代意识，为以色列农业的可持续发展奠定了坚实的基础。

（4）大力发展农业教育事业，培养农业高科技人才。农业是以色列的立国之本，可以说没有高科技农业就没有以色列。发展高科技农业必须拥有高科技尖端科研人才和推广使用的高素质农民，只有具备科学素养的尖端科研人才才能创造出优秀的科研成果，而科研成果的运用和推广则需依靠高素质的农民。因此，以色列政府非常重视农业教育以及农业科研体系的建立。以色列现已建有8所农学院和农业科研机构，为以色列培养了大批农业科技人才，提供了高端科研成果，同时承担着农业科技成果的转化和农民的培训工作。

以色列可利用土地有限，这点和镇海可利用土地面积有限很相似，镇海可以学习以色列集约化的土地利用方法，合理有效地利用有限的土地资源。

五 镇海区人才开发的政策创新对策

随着镇海区产业转型升级步伐的加快，镇海区人才发展模式必须进行转变。首先，人才发展理念由支撑产业发展向引领产业发展转变。重点通过人才结构的完善和人才政策的健全，实现人才对企业产业转型升级的引领作用。其次，人才开发工作由重引进到引进和服务并重的转变。通过做好人才服务工作，减少人才的流失。再次，人才开发对象由高技术人才向高技术和中高技能人才并重的转变。通过对中高技能人才开发的重视，缓解目前装备制造业对这一领域人才的紧迫需求。最后，人才工作主体由组织人事部门的单打独斗向各相关部门的齐抓并进转变。充分发挥各个部门的在政策制定、人才工作引进、人才工作绩效评估等方面的积极作用，实现各个部门联合开展人才发展工作，推进人才工作的科学化和合理化。

（一）优化人才结构，推动和引领产业结构的升级

人才结构与产业结构高度关联。保持两者之间的协调性，并充分发挥人才结构优化对产业结构调整的拉动作用，是产业结构优化升级和产业经济发展的基本条件。[①] 镇海区应紧紧围绕产业转型升级这一重点，调整优化人才结构，不断满足经济转型升级对人才资源配置的新需求。按照"产业升级，人才先行"的发展思路，结合大产业与大企业、大市场的关联性，培育发展引领产业发展的创新创业人才、企业的高级管理和技术人才、市场营销和电子商务等现代服务人才。

1. 围绕产业转型升级需要，引进和培育创新创业人才

结合镇海区新材料（尤其是大力培育发展磁性材料、高性能

---

① 高子平：《人才结构与产业结构协调性研究：以上海市信息产业为例》，载《中国行政管理》，2010年第7期。

金属材料和高分子合成新材料等产业的需求）、高端装备、节能环保、生物医学和新一代信息技术五大战略性新兴产业的发展需求；创意产业（重点包括对软件开发、动漫制作、工业设计和传媒等）作为特色优势产业的研发需求；传统化工产业的科技研发和技术升级的需求；传统农业的改造和现代都市农业（重点包括现代农业种植养殖、现代农业装备和现代林特业）发展的技术需求，引导企业大力引进和培养创新团队，鼓励创新要素、创新人才向新兴产业集聚，努力使人才资源开发与新型产业发展相适应。

应重点引进一批在国内外具有创新创业经历，拥有自主知识产权和发明专利，其技术水平能够填补国内空白或引领相关产业发展的创业创新人才。大力引进优秀"海外工程师"，推进企业核心技术和关键工艺研发、新产品设计制造、新材料技术开发，提升企业自主创新能力和综合竞争力。

继续深入实施省"151"人才、市领军拔尖人才、区"121"人才培养计划，精心组织各类引才活动，加大对品德能力业绩突出的拔尖人才的培养力度，加大对拔尖人才培养的政策保障和资金扶持力度，开发和培养100名以上德才兼备、开拓创新的中青年学术、技术带头人。

2. 适用企业经营和创新需要，开发高级管理和技术人才

在大企业培育方面，适应镇海产业转型升级的需要，引导企业着力引进职业经理和高级管理及技术人才，不断增强企业经营管理人才和技术创新人才推动产业转型升级的能力。

实施百名优秀企业家素质提升计划，每年选送100名潜力大、素质好、创新创业意识强的中青年企业家参加各类培训深造，培育一批精通战略规划、熟悉资本运作、善于人力资源管理、精通财会、法律等专业知识的企业经营管理人才。

实施千名企业技术和管理创新人才培养计划，每年培养300名人力资源经理、300名企业中层管理人才、300名企业专业技术创新人才和100名初创企业家。

实施海外高层次人才创业提升计划，建立创业导师制度、创业团队培养制度、创业企业培育制度、领导联系重要项目制度等，使海外留学人才尽快实现由科研人才向经营管理人才的转变，提高创业成功率。

3. 培养和引进服务业的紧缺人才，推动服务业的发展

结合镇海第三产业不发达的现状，为引领现代服务业的大力发展，必须大力培养和引进金融保险、电子商务、现代物流、船舶航运、中介服务等现代服务业的高级人才，尤其应优先发展人才服务业人才和科技服务业人才。

通过培养和引进人才服务业人才，引领和推动人才需求信息发布、人才招聘、猎头、培训、测评和人事外包等方面的人才服务产业化。通过培养和引进科技市场人才、成果转化人才和科技金融人才，推动科技服务产业化。

（二）健全人才投入机制，保障人才优先发展

人力资本投资主体的多元化是强化投资力度的保证，镇海区应建立健全人才发展投入机制，建立政府引导、企业为主、社会参与相结合的人才投入体系，拓宽人才投入渠道，使各种有效资源进入人力资源投资领域，保证人才优先投入不断增长。支持企事业单位将人才作为资本进行开发和经营。按照"谁投入，谁受益"的原则，积极鼓励社会资金和外资以多种形式投资人才培养、发展民办教育、职业教育、技能培训等，并依法享受相应权益。[①]

1. 继续保障人才发展资金的投入

区级财政优先保证对人才发展的投入，每年按不低于区本级财政一般预算支出2%的标准，用于人才引进、培养、使用、奖励等。逐步改善我区经济社会发展的要素投入结构，不断提高政府人

---

① 参见李和中：《新加坡、印度政府建立人才开发投入机制的经验及其对我国的启示》，载《湘潭大学学报》（哲学社会科学版），2009年第1期。

力资本投资。优化人才资金投向,重点用于实施人才发展重大工程、建设人才创新创业重要载体、举办人才开发重点活动、落实人才保障专项政策、优化人才发展整体环境等方面。"对企业引进的人才尤其是高层次及紧缺人才给予财政补贴。设立引进人才科研专项基金和创业扶持基金,支持高层次人才进行科学研究与创新创业。为高层次人才科研和创业提供信贷担保,缓解研发与创业资金压力。"[1]

2. 制定优惠政策引导企业投入

加大对企业高层次人才引进和培育的奖励力度,鼓励和引导企业加大人才开发投入,增强企业引进和培育人才的内驱力。制定人才培养成果奖励、知识产权保护、税收、贴息等优惠政策鼓励企业投入;鼓励企业设立企业内部的人才发展基金,将每年经营利润的一部分转入该基金,对该基金单列账户独立管理,明确该基金只能用于企业人才发展;通过提升人才数量、规定人才结构比例标准等要求,约束企业经营活动以增加企业对人才发展的投入,建立企业创新投入长效机制。

3. 吸引民间资本进入人才发展市场

为了改变企业获取外部人才发展资金渠道狭窄的局面,可根据宁波市民间融资金额不断上升的趋势,进一步放宽民间资金与人才发展投资进入的限制。引进小额贷款公司,发展私募股权投资基金、金融租赁等方式,扩大人才发展投入资金渠道,增加对引进人才、培养人才工作的资金投入。限制资金的流量和流向,运用经济杠杆、信息引导等途径,引导民间资本投资投入到重点发展产业的人才发展工作中去,防止投资失误。

4. 健全人才投入效益评估反馈机制

完善政府投入资金的绩效评价体系,建立政府人才开发项目的

---

[1] 阳立高、贺正楚、韩峰:《战略性新兴产业人才开发问题与对策——以湖南省为例》,载《科技进步与对策》,2013年第19期。

跟踪评价机制，把人才投入和效益作为人才工作考核的重要内容。强化各类引才活动绩效评估和后续跟踪服务，定期对人才投入收益进行科学的评估，及时发现问题并对项目投入进行调整，以保证人才投入获取最大收益。

（三）创新激励机制，留住高层次优秀人才

良好的激励保障机制是吸引人才、留住人才、激发人才创造力的重要手段。镇海区应参考美国和青岛崂山区的人才激励模式，坚持精神激励与物质激励相结合，按劳分配与按人力资本要素分配相结合，短期收益与中长期收益相结合，不断调整、改进镇海企业高层次人才激励方式。

1. 加强企业人力资源管理工作

针对镇海区人才流失现象主要发生在企业一线员工群体的现状，企业应配备专业人力资源部门，提升人力资源管理人员素质，加强人力资源的管理和服务，从人才规划、人才招聘、人才培训、人才薪酬等方面，全面加强人力资源工作。针对一线员工，企业应重点从员工招聘工作入手，准确甄选适合企业的一线人；同时要做好员工培训、员工福利、员工家属安置、子女入学等工作，重视一线员工反映的问题，并及时解决，实现人性化管理。

2. 完善科学的人才激励措施

实行政府奖励为导向、社会力量奖励和用人单位奖励为主体的高层次人才奖励制度，设立"杰出人才奖"，重点奖励在高新技术研发、创新成果产业化、城市建设和管理、教育卫生文化等领域中为新区作出突出贡献的人才。进一步下放人才评价权限，建立企业自主评价人才体系。探索建立知识、项目、技术、管理、技能等人力资本要素参与分配的薪酬激励体系。探索建立企业高层次人才职业年金制度，在年金权益分配上向优秀人才倾斜，增强对企业的归属感以在一定程度上鼓励和约束他们为企业长期工作。吸纳优秀人才进入企业管理和决策层，给人才干事的舞台、发展的空间。

3. 探索建立"人才特区"模式

在企业高层次人才比较集中的关键领域，如高科技新兴企业，允许探索"人才特区"模式，建立起高层次人才与企业生产经营的经济效益、资产的保值增值和经营风险相关联的激励机制，改革高层次人才薪酬制度，推进年薪制、协议工资制、期权期股等薪酬管理办法，建立特殊薪酬待遇制度，促进高层次人才薪酬激励水平与国际市场接轨，增强这些关键领域吸纳海外高层次人才的市场竞争能力。

4. 完善人才创业的投资机制

制定优惠政策，积极发展"人才创业＋民营资本"模式，贯彻落实知识产权、技术成果作为资本入股的创业保障措施。鼓励风险投资、私募基金等创业融资新模式，探索创业退出机制，加快科技成果转化和技术转移。完善海外人才、留学生创业扶持政策，发挥创业启动资金扶持、办公用房租金补助、税收优惠、财政贴息、租房补贴等的杠杆效应。

5. 提供个性化的人才保障服务

进一步创新政府公共服务，不断满足企业发展对人才智力技术项目开发的针对性和个性化需求。加强人才跟踪服务，建立一站式创新创业服务机构，为高层次人才落实特定生活待遇，为各类人才干事创业提供综合高效的保障服务。加强留学人员和回国专家管理服务，推进留学人员创业园建设。尝试举办镇海国际学校，满足海外高层次人才子女教育的需求，解决海外人才的后顾之忧。

（四）突出企业人才优先地位，拓展高层次人才的开发渠道

针对目前镇海区相关产业高层次人才引进难问题，镇海区应建立"政府宏观引导、企业自主开发、市场合理配置"的工作格局和运行机制，加强与社会组织合作，委托社会组织引进人才，管理人才。鼓励企业引才纳才，强化特色优势产业、战略性新兴产业的人才集聚力度，重点扶持高新技术企业建立研发机构，全面实施科

技创新"10+1"工程，扶持中小企业发展，引导民营企业产业集群化发展，使民营企业成为吸纳人才的重要载体。

1. 做好高层次人才引进的规划

在引进相关产业高层次人才时，应由镇海区相关产业企业的专家评审团对这些产业的高层次人才的各项指标进行严格评估，科学、准确地判断这些人才是否是镇海急需引进的高层次人才。并对需要引进的高层次人才的岗位类别、岗位数量做出具体的规划，制定引智目录，定期向国内外发布。在此基础之上做好高层次人才引进的规划工作，制订科学的人才引进年度计划，使得高层次人才的招聘具有战略性和系统性。

2. 实施"柔性引才"的新思路

坚持"不求所有、但求所用"的引才理念。按照"刚柔并举"的思路，在引进人才落户镇海的同时，坚持走"户口不迁、关系不转、双向选择、自由活动"的"柔性引才"路子，研究制定柔性人才引进的薪酬待遇、项目安排、表彰奖励、生活保障等方面的政策。

充分依托国家级大学科技园，通过共建科技创新平台、共同实施项目攻关等形式，吸引国内外高层次人才以项目合作、智力入股、兼职兼薪、成果推广转化、特聘岗位等各种形式来我区开展人才智力服务。鼓励企业积极实施"走出去"战略，在国内大中城市和国外设立研发机构，对这些研发机构实行经费支持和补助，重点吸纳国内和海外高层次研发人才为镇海企业服务。建立海外引才引智工作联络站，积极开展人才开发国际交流合作。

3. 探索"领军人才+学科团队"的引才模式

依托镇海重大创新项目和重点实验室，重点引进国际顶尖科研人才。按照"引进一个核心人才，带动一个团队，发展一门专业，振兴一个产业"发展模式，通过政策支持，重点鼓励用人单位引进石化产业等传统产业和新材料等高科技新兴产业等高层次人才团队，发挥人才引进的集聚效应。

镇海区在引进相关产业高层次人才时，应由镇海区相关产业企业的专家评审团对这些产业的高层次人才的各项指标进行严格评估，科学、准确地判断这些人才是否是镇海急需引进的高层次人才。并对需要引进的高层次人才的岗位类别、岗位数量做出具体的规划，制定引智目录，定期向国内外发布。

4. 深化"政产学研"合作的人才培养模式

加强校、企、政合作，定期选拔有发展潜力的企业优秀中青年人才到国内外知名学府或科研机构深造，深化"产学研"人才培养模式，积蓄后备骨干人才。依托"3+1"区域人才科技合作平台和"一府十校十所"等合作载体，深化与高校、科研院所、重点实验室及博士后流动站等的交流合作，建立校内理论导师和校外技术实践导师联合培养高层次创新人才的"双导师制"，促成联合培养高层次创新型人才和创新团队的共同体。

5. 全面发挥海内外镇海籍人才作用

活跃在国内外的镇海籍院士队伍庞大，在各个产业领域都不乏相关杰出专家学者。通过灵活的引才模式，充分发挥镇海籍院士等高端人才对镇海产业发展的作用，应发挥他们在化工产业、新材料产业等领域中的技术咨询专家的作用，助推镇海的产业转型升级。通过"镇海中学校友会"的平台，邀请镇海籍人才回乡参加人才大会、科技活动等方式，将相关产业信息、产业发展现状、人才政策等信息发布出去，让这些人才了解镇海发展现状和发展潜力。同时，通过柔性引才方式引进人才，充分发挥他们对镇海发展的引领作用。

6. 完善企业人才的引进标准

应尽快消除政府与企业在人才引进标准上的差异。完善人才导向引入机制。减少政府对人才流动和配置的微观操作，将工作重心逐渐转移到政策的制定、服务的支持、人才市场的建立等宏观层面上来。发挥企业主导作用，形成具有市场化运行规则的高效的人才引进体系，从制度上解决政府与企业人才评价标准不一致问题。

针对镇海目前实际情况，引入多元化评价机制，健全人才评价参与机制。建立政府与企业共同负责的人才综合评价机制，引入社会风险投资、相关行业专家等评价主体，对引进的人才进行多元化评估，不同评价主体互相补充，从学历、技能各个方面全面考核，消除评价差异。此外，还应强化人才评价反馈调控机制，持续优化人才评价标准和方法。通过对引进人才的科学绩效考核，对人才引进评价标准和机制进行进一步完善，去除不合理的评价标准和方法，进一步统一评价标准。

（五）根据实际需求，培养中、高技能人才

针对镇海区产业转型升级对中、高技能人才的旺盛需求，应重点引进和培养具有较高技能水平的专业化工人才，和将技术转化为产品能力的机械加工中心、数控车床操作工、高级钳工、精密仪器操作工等应用型人才，以及现代农业需要的能工巧匠、经营能人和生产能手等农村实用人才。

1. 实行校企合作的"双元制"培养模式

通过借鉴德国"双元制"人才培养模式，推动政府、企业与镇海区域内外高等学校、职业技术学校建立合作关系，开展"订单式"培训。为提升人才培养的针对性和实效性，企业应及时将自身对高技能人才的需求信息，反馈给合作学校，并参与学校确定人才规格、拟定课程计划和制定评估标准，指导学校合理设置专业、课程和教学内容，并提供实习实训基地，将学校科技知识与企业实训技术有机地结合起来，通过项目研究、合作开发、专题研究、课程设计的咨询、资源共享等方式定向培养企业急需的高技能、应用型人才。

同时，镇海区政府应将"双元制"模式进行推广。通过举办"双元制"人才培养模式交流会等方式，促进区内各个企业对"双元制"人才培养方式的进一步了解。同时，推动"双元制"人才培养聚集平台的打造，通过汇集各个企业对技能人才的需求，由政府牵头，与职业技术学校和高校开展合作，建立镇海技能人才培训班，实现规模化、个性化的技能人才培养。

2. 发挥企业中高端技能人才的引领作用

企业中高端技能人才作为企业发展的核心人才群体之一，应充分发挥其对企业普通技能人才队伍的培养作用。

政府和企业应为中高端技能人才打造良好平台，深入推进"金蓝领"培养计划，通过制定相关人才政策、积极推动有条件的企业建立"首席技师"、"技师工作室"制度，发挥中高技能人才的积极性，推动中高端技能人才对普通技能人才的培训，推动中高端技能人才服务整个行业的作用，缓解企业技能人才紧缺问题。

3. 打造具有镇海特色的公共实训基地

深化企业技能人才自主评价，调研周边地区技能公共实训平台，结合镇海区产业结构特点，依托区域内职校或优秀培训机构，建立集化工、机械、汽修等行业工种为一体的公共实训基地，强化职业技能培训，开发一批职业（工种）标准。进一步提升技能人才实操水平，使技能培训更贴近企业生产第一线。

4. 实施农村实用人才培养计划

适应社会主义新农村建设需要，以提高科技素质、职业技能和经营能力为核心，以农村实用人才带头人和农村生产经营型人才为重点，通过开展技术交流、学习研修、观摩展示等活动，重点培养一批能工巧匠、经营能人和生产能手等农村实用人才。

（六）重视党政人才开发，提升政府公共管理水平

高素质的党政人才队伍将为推进镇海区经济社会发展提供组织保证，在推动区域经济社会发展过程中，具有十分重要的领导作用。加强党政人才队伍建设，重点在于提高他们在新形势下领导科学发展的能力。镇海区应通过广开引才渠道、创新引才方式、强化在职培养，不断加大公共管理人才资源开发力度，推动政府公共管理水平的提升。

1. 转变人才引进理念

围绕镇海传统产业、新兴产业对人才的需求，更多地引进镇海区当前经济社会发展中急需的高素质党政专业人才，使党政人才引进紧密结合区域经济社会发展现状，为党政人才引领、推动镇海区经济社会发展打下基础，提升镇海区党政人才队伍建设的有效性。

2. 创新引才方式，拓宽引才渠道

通过采取异地选调等方式，拓宽选调范围，从机关选调扩大到企事业单位和其他社会组织，引进区域发展、城市规划、产业转型提升、社会管理等方面专家，为政府公共管理决策服务，完善党政人才队伍素质结构。

3. 强化在职培养，完善优秀干部培训制度

依托宁波高校以及省内外高校教学、师资资源优势，建立"干部素质提升基地"，定期开展干部"自主选学"，为各级各类干部提供素质提升平台。

采取"本区调研+异地受训"方式，组织后备干部、青年干部等主体班次学员赴上海、苏州、青岛、深圳等地接受培训、实地考察，采取研究式、案例式等培训方法，增强培训效果的针对性。充分利用"宁波帮"资源，拓展境外、国外培训项目，学习国际先进公共管理、城市规划、现代化乡村建设等知识，开阔党政人才视野。

（七）培育和引进社会管理人才，提升公共服务质量

1. 加强文化、教育、卫生等领域人才的培育

大力加强社会事业领域人才开发，培养造就一批专业知识扎实、实践经验丰富、具有强烈事业心的文化、教育、卫生等领域人才，为和谐社会的发展提供坚实人才保障。加快实施"四个一批"宣传文化人才推进计划，培养和集聚一批富有创意、勇于开拓、业务精通、视野开阔的宣传文化人才，让更多优秀的宣传文化人才脱

颖而出。

实施名师培育计划，实施高素质教育人才的引进与培养，通过研修培训、学术交流、项目资助等方式，力争培养各类学校教育教学骨干、"双师型"教师、学术带头人和名校长占教师总数的25%以上，建设一支高素质创新型、具有国际视野的教育人才队伍，推动镇海教育的国际化。

实施名医培育计划，培养造就一批医术精湛、知名度高的医学专家，建设一批高水平医学创新团队，加强中青年医学人才梯队建设，开展住院医师规范化培训，抓好以全科医师为重点的基层卫生人才队伍建设。

2. 大力加强社会工作人才的引进和培育

通过大力引进和培养社区、农村基层组织和新社会组织管理人才，促进社会和谐稳定，为人才发展创造有秩序的社会环境。

推行政府购买服务、推荐使用等手段，探索创建民办社会工作服务机构，支持民办社会服务机构从事社会福利、社会救助、社会慈善、社区建设等专项事务和心理疏导等社会个案服务，优化社会服务工作。

建立健全社会工作人才培养、评价、使用、激励制度，完善社会组织的扶持政策和管理方法，推进社会工作人才培育基地建设，加强社会工作人员的专业培训，强化社会工作者队伍职业化管理，培养造就一支职业化、专业化的社会工作人才队伍。

3. 推进社会事业领域人才的均衡配置

社会公共服务应均等化发展，必须推进社会公共事业人才的均衡配置。教育系统通过建立教师双向交流机制、名师送教下乡等办法，鼓励教师到乡村支教。卫生系统应采取定向招聘、政策奖励等措施，吸引大学毕业生到农村地区工作。

（八）改善人才发展环境，打造重点产业人才集聚区

优化人才生态环境对于人才开发、保持和吸引区域外人才有着相当的作用。[①] 实现人才聚集最重要的就是为人才的工作生活营造良好的氛围，提供完善的服务保障，以更加灵活、更加有效的宜居宜业人才政策来吸引人才、留住人才。要通过人才发展平台搭建、人才发展氛围营造等措施，改善镇海区人才发展环境。

1. 建立人才工作服务企业平台

政府要做深做实干部联系企业、服务企业活动，强化专家联系企业工作，经常听取企业的意见、建议，了解企业真实的需求，提高引才工作的针对性、有效性。对于企业博士后工作站，以招收吸引博士后人才为重点，灵活机制，进一步推动博士后对企业转型升级的作用发挥。

2. 加快发展人力资源服务业平台

适应更大范围、更广领域人才流动的特点和趋势，充分发挥市场机制的决定性作用。加大政策扶持和人才支持力度，培育和发展人力资源服务业。积极引进全球和国内知名人力资源中介机构、猎头公司，深入推进人力资源服务产业园区建设，实现人才的高效配置。

3. 搭建完善的综合服务平台

加强人才创新创业和服务载体建设，包括构建创业领军人才与产业资本、金融资本对接平台，打造集创业投资、产业投资、科技贷款、融资担保、基金募集和管理等多元化业务于一体的金融服务平台；整合人才服务资源，健全人事代理、社会保险代理、就业服务等公共服务平台，满足人才创新创业多样化需求。

4. 加快推进镇海特色产业平台的建设

针对镇海区产业转型升级的重点产业，镇海应有针对性地打造镇海特色产业平台，为重点产业的发展提供发展平台。结合镇海区目前重点产业平台建设现状和镇海区产业发展需求，镇海区应进一

---

① 黄梅，吴国蔚：《生态学视角下的创新人才开发路径研究》，载《科技进步与对策》，2008年第12期。

步加大对西安电子科技大学宁波信息技术研究院、国际应用能源创新研究院、清华校友创业创新基地、中科院大连化物所技术转移中心、中科院宁波材料所初创产业园等5大平台的建设。

根据宁波市产业发展规划和镇海区产业特色，宁波新材料科技城应作为镇海区重点开发的产业平台，政府应为该平台建设制定相关政策和平台发展规划，全力推动平台建设，打造镇海优势产业平台，为该领域人才发展提供平台支撑。

5. 加快创新创业载体建设

出台创新载体专项扶持政策，促进经济开发区、化工园区等重点工业园区的转型升级，加快人才承接平台建设，着力提升镇海"创e慧谷"、留学生（大学生）创业园、北欧工业园区研发孵化中心的人才集聚功能。依托宁波市大学科技园，推进与高校科研院所的人才发展战略合作，形成以科研院所及院士工作站、博士后工作站、重点实验室、产业化基地等为重点的人才创新载体。鼓励企业引才纳才，强化特色优势产业、战略性新兴产业的人才集聚力度，重点扶持高新技术企业建立研发机构，全面实施科技创新"10+1"工程，扶持中小企业发展，引导民营企业产业集群化发展，使民营企业成为吸纳人才的重要载体。

6. 营造人才创业的良好氛围

鼓励科技人才聚集的企业推进弹性工时制，并促进管理模式变革。探索针对创新型人才的特点，将相关技术决策权下放，使其感到上级主管的信任，从而体会到自己的利益与组织发展密切相关并因此产生强烈的责任感。同时，企业应给予这部分技术人才参与企业发展的决策和各级管理工作的机会，充分满足其自我实现的需要。

第五章　镇海区提升科技创新能力的路径研究[①]

我国经济社会发展进入一个新时期，已经到了"无创新，则无出路"的转折点。党的十八大提出实施创新驱动发展战略，强调科技创新是提高社会生产力和综合国力的战略支撑，必须摆在国家发展全局的核心位置，各级政府应"以全球视野谋划和推动创新"。[②]实施创新驱动发展战略，也是世界各国顺应时代趋势、把握发展机遇的共同选择。当前，全球仍处于应对金融危机的状态之中，世界经济已由危机前的快速发展期进入深度调整转型期，全球竞争正从经济竞争、产业竞争前移到科技进步和创新能力的竞争、人才的竞争。面向未来，新一轮科技革命和产业变革将是最难掌控但必须面对的不确定性因素，抓住了就是机遇，抓不住就是挑战，谁抓住了谁就将掌握发展的主动权。

镇海区隶属于副省级城市、国家计划单列市宁波市，经济社会

---

① 本章为课题"镇海区'十三五'创新能力提升的对策研究"之成果，内容作了删减和修改。本人为课题设计研究框架并撰写核心部分（即"镇海区提升创新能力的政策措施"部分）；研究生汪军撰写了其他部分的初稿，最后由本人进行全面的修订。本章写作得到宁波大学法学院党委书记方晓春副教授的大力支持和帮助，方书记全程参与了课题调研和讨论。宁波市科技局陈建章副局长、镇海区科技局李德军局长为本文写作提供了很多观点，也提出了许多宝贵意见；镇海区科技局的马金伟等同志也为课题的开展提供了大量的文献资料。对以上同志的帮助，在此深表谢意，但文章中的错误与肤浅概由本人负责。

② 参见翟仁杰：《高校科技人才服务社会的政府激励政策研究》，硕士学位论文，苏州大学，2013年。

快速发展，人均社会生产总值不断攀高，自古以来就有"院士之乡""海天雄镇"之称。镇海区在创造经济社会快速发展奇迹的同时，正面临着区域竞争日趋激烈，资源刚性约束日益增强，城市二元结构依然突出，产业结构不尽合理等带来的"倒逼之势"。和世界其他国家、我国其他城市一样，镇海区经济社会发展，已经到了一个新的拐点。

面对新的挑战和机遇，镇海区必须迎难而上、抢抓机遇，积极回应经济社会发展对科技发展提出的新要求，深化科技体制改革，增强科技创新活力，集中力量推进科技创新，把科技创新创业作为经济社会发展的战略基点。只有依靠强大的科技，走创新驱动发展之路，才能突破当前发展面临的结构不合理、质量效益不高、劳动力成本上升、能源资源和生态环境约束加剧等日益严峻的问题；只有通过科技引领，带动传统产业的提升改造、优势支柱产业的巩固发展、战略新兴产业的发展壮大、先进制造业的升级进位，才能实现镇海经济社会发展的新辉煌。

一 "十二五"镇海区创新能力建设的成效与问题

"十二五"期间，镇海区积极贯彻落实国家创新驱动发展战略，紧跟宁波市创新城区建设步伐，大力推进镇海创新能力建设，创新能力显著增强，科技综合实力进步迅速。但与此同时，和其他创新能力强区相比，镇海科技创新能力建设也反映出一些问题，并存在一定差距。

（一）主要成效

根据浙江省科学技术厅和浙江省统计局发布的《2012年度县（市、区）科技进步统计监测评价报告》显示，镇海科技产出综合评价排名第一，科技实力变化情况综合评价排名前十。2013年度，再次获得宁波市科技进步考核优秀奖，科技进步变化情况综合评价列全省第 14 位①。总体来看，镇海近年来的科技工作取得了较大的成效，科技创新能力提升幅度较大。

1. 科技研发综合实力提升较快

镇海区政府和企业都加大了科研经费的投入。首先，R&D 经费投入总量增长速度较快。2011 年镇海 R&D 经费投入总量 9.28 亿元，较 2010 年增长 46.84%；2012 年增至 11.14 亿元，增幅 21.8%；2013 年进一步以 5% 的速度增长至 12 亿元。其次，企业创新投入不断增强。例如，2014 年，预计区属规上企业 R&D 经费支出 10.6 亿元，同比增长 2.2%。上报新产品 286 个，区属规上工业新产品产值达 213.4 亿元，新产品产值率为 21.4%。企业创新投入不断增强，提升了企业的竞争力，同时带动区域整体创新水平稳步提升。全区 R&D 投入总额快速增长推动人均 R&D（按户籍人口计算的）的迅速增长，2011—2013 年镇海区人均 R&D 经费分别为 4051.3 元、5008.5 元和 5306.4 元，各年增幅 44.4%、23.6% 和 5.9%。

高层次人才引进和培养有了新的突破。2011—2013 年，镇海区每年举办多场专职招聘会引进各类人才。2011 年引进各类人才 5686 人，其中，博士 7 人，硕士及副高以上 179 人；2012 年引进各类人才 7361 人，其中，博士 17 人，硕士及副高以上 237 人；2013 年引进各类人才 6055 人，其中，博士 23 人，硕士及副高以上 243 人。截至 2013 年末，全区人才总量首次突破六万人，达到 60032 人，高端人才方面，全区共有国家"千人计划"人才 4 名，省"千人计划"人才 12 名，海外高端人才 33 名，市"3315 计划"个人 8 名。

专利授权总数快速提升。2011—2013 年全区专利授权总数 6356 件，其中，2011 年专利授权总数 1189 件、2012 年专利授权

---

① 数据来源于浙江省科学技术厅《2013 年度县（市、区）科技进步统计监测评价报告》。

总数 2360 件、2013 年专利授权总数 2807 件；2014 年专利申请量 4747 件，年均增长 39.1%，其中发明专利 1790 件。专利授权总数预计突破 2850 件，其中发明专利 290 件。专利授权数量增长表明镇海区企业自主知识产权意识不断增强，自主创新能力不断提升。这为转型发展奠定了良好的基础。

不论从科技创新能力建设的经费投入、创新人才数量还是从最具创新能力代表性的授权专利数量的增长情况来看，科技研发综合能力都得到了较快发展。

表一　　　　　　　近年来镇海区科技力量增长情况

年份 项目	2011	2012	2013	年份 项目	2011	2012	2013
R&D 投入总量（亿元）	9.28	11.14	12	较上年增长比例(%)	44.4	23.6	5.9
较上年增长比例(%)	46.84	21.8	5	引进人才数量（人）	5686	7361	6055
人均 R&D 投入量（元）	4051.3	5008.5	5306.4	专利授权总数（件）	1189	2360	2807

资料来源：镇海区科技局

2. 科技服务成效显著

自 2013 年 7 月浙江省政府提出"八倍增、两提高"科技服务专项行动以来，镇海区制订了"创新倍增五年行动计划"，开展"创新指标五年倍增计划，强化科技支撑引领专项行动"。科技服务专项行动开展以来，科技市场建设、国际创新设计大赛、科技金融和农业科技等方面均已取得显著的成效。

科技市场建设稳步推进，区域科技服务水平更趋完善。镇海区科技市场于2014年5月正式投入运行。目前为全市首个区级科技市场，被省科技厅认定为浙江省科技大市场建设试点单位。自投入运行以来，已连续举办了西安电子科技大学、宁波大学、中科院宁波材料所、大连化物所、哈工大等五个专场线下产学研对接活动，涵盖电子信息、装备制造、新材料等领域。全年促成签约项目9项，技术交易额680万元，达成合作意向13项。在线下活动的带动下，2014年通过网上技术市场发布企业难题100项，其中成交项目25项，技术交易额达到6081万元，三项数据均位列全市前三。

"镇海杯"国际创新设计大赛的举办推动了区域创新设计产业发展和创新设计人才的集聚。创新设计大赛，重点以新材料技术和先进制造技术作为核心元素，面向全球优秀设计机构征集作品。大赛吸引了许多来自国内外创新设计领域的领导和专家莅临镇海参加"镇海杯"颁奖仪式和中国创新设计论坛，同时指导并考察了镇海区创新设计产业和创新创业环境，对镇海区抢抓设计与材料创新发展的新机遇，不断提高设计制造与材料创新的知识化、信息化、网络化、智能化的总体水平起到了一定的推动作用。

科技金融有力地支持了以企业为主体的技术创新活动。2014年，杭州银行宁波镇海支行审核科技贷款59家次，累计放贷1.73亿元。成立至今科技银行已累计贷款企业93家次，发放贷款2.79亿元，带动商业贷款5.16亿元。一批科技型中小企业通过科技贷款资助，有效地支持了企业的技术创新活动，使得一批科技成果顺利实现产业化，部分项目还被上级科技部门立项。在科技贷款的带动下，一些与研发相关的科技指标增幅明显，如专利申请和授权数、高新技术产业产值、工业新产品产值、研发经费支出等，为全区科技创新能力发展提供有力支持。

农业科技创新与推广有力地推动了民生科技业的发展。以产学研合作加强农业项目储备，引导和组织农业企业与省、市农科院、浙江农林大学、宁波大学、浙江万里学院等科研院所开展技术、人才合作。积极推荐申报各类科技项目，2014年，申报市级以上科技项目36项。其中农村科技创新创业资金项目3项、农业攻关项目1项、社发攻关项目5项、自然科学基金项目4项、农业科技创新型企业1家、新农村建设科技示范村1家。共获得市级农业、社发科技经费220.5万元。组织开展2014年度区级农业、社发类项目申报工作，共上报项目55个，其中26个项目获得区级立项。

3. 企业的创新主体地位日益突出

企业是科技创新体系中最活跃的参与方，一个完善的企业，不仅掌握着大量的经济资源和人力资源，还是社会新需求的最直接接触者。企业主动进入高新技术研发和孵化领域，主动参与并引导高校、科研机构的新技术研发，充分发挥自身的优势，能够很好带动地区创新能力的提升。[①]镇海区企业拥有的各类工程（技术）中心和科技项目数量逐年攀升。2011年全区拥有企业工程技术中心66家，设研发机构的企业139家，企业研发机构设置率24.78%；2012年全区拥有企业工程技术中心95家，设研发机构的企业151家，企业研发机构设置率27.67%；2013全区拥有企业工程技术中心突破100家，达到115家；2014年，共有50家企业申报省、市、区级工程（技术）中心，其中省级5家、市级14家、区级31家。特别是以往科技创新意识较弱的建筑、航运等传统行业企业也对申报工程（技术）中心表现出前所未有的积极性，不断加大人力、物力投入，加快研发机构建设。至今为止，镇海区各类企业研究院、工程（技术）中心总数已达139家，其中省级企业研究院1家、省级企业工程（技术）中心27家、市级工程（技术）中心49家、区级企业工程（技术）中心62家，区级以上工程技术中心占规上企业比重达24.2%；此外，全年各类企业申报科技项目总数达到200多项，申报数创近年新高，其中被市级以上立项的科技项目数达110多项，全年获得市级以上补助资金2332万元，连续三年保持2000万元以上。

---

① 参见洪银兴：《科技创新与创新型经济》，载《管理世界》，2011年第7期。

同时，镇海区通过科技领航与培育"236"工程的实施，培育了一批科技型企业。现有入选高新技术领航企业 2 家（杜亚机电、德泰化学）、科技创新型标兵的企业 3 家（天衡制药、新福钛白粉、汇总粉末）以及科技成长型小微企业的 3 家（创艺信息、欧讯化学、固安力机械），它们的迅速发展为同行企业传播了依靠科技创新兴业的理念，带动了全区一批高新技术企业和科技型企业的崛起和壮大。

4. 科技创新平台特色明显、功能效应逐步显现

科技创新平台是创新体系的重要组成部分，是服务于全社会科技进步与创新的基础支撑条件。一个发展成熟的创新平台能够有效地促进知识外溢，带动这个区域创新能力的提升。[①] 镇海区重视"一府十校十所"和"三校一所"合作平台建设，积极发挥区内"三校一所"等科研资源，以中科院材料所和兵科院宁波分院等为依托大力推进新材料产业发展、以宁波大学科技学院为依托大力引进文创产业、以镇海炼化等大型国有企业的国家重点实验室为依托大力推进传统产业的转型升级。目前建立了五家院士工作站和清华校友创业创新基地、中科院宁波材料所初创产业园、中科院大连化物所国家技术转移中心宁波中心、西安电子科技大学宁波研究院和宁波西电产业园、国际应用能源创新研究院等"五大平台"，以及 13 家区级科技（科普）示范基地。

这些科技平台特色明显、功能效应逐步发挥，为企业技术需求提供直接保障。截至 2014 年，西电宁波产业园共注册企业 32 家，注册资金 2.55 亿元，以电子信息、智慧城市、系统集成、软件开发等主导产业为主的企业占 70%，园区的产业集群和产业特色较为明显。此外，西电宁波研究院共申报各类专利 17 个，达成转移技术成果交易额 400 万元。承担宁波市级项目 2 个；中科院宁波材

---

① 参见孙庆，王宏起：《地方科技创新平台体系及运行机制研究》，载《中国科技论坛》，2010 年第 3 期。

料所初创产业园园区地块已交付使用,镇海区政府已落实首批垫付改建资金1200万元、运行经费200万元;中欧国际应用能源研究院成功获得国家"863"计划项目(参与单位);大连化物所国家技术转移(宁波)中心在江浙沪区域的技术转移合同金额总计约为5400万元;清华校友创业创新基地已有清车电气、云道智造、发现之旅、厚载资本等企业入驻。这些特色平台建设为镇海区创新能力建设提供强大动力。

5. 科技孵化器建设成效显著

镇海区积极发挥宁波石化经济技术开发区、宁波市大学科技园两家国家级园区的创新龙头作用,增强创新要素的集聚和辐射效应,推动高端研发机构的集聚、科技创新企业的孵化、高新技术的产业化,促进了创新驱动能力的较快提升。目前,镇海区共建有省、市级科技企业孵化器共2家。截至2013年末,全区科技孵化器面积15.6万平方米,在孵企业的数量180余家。

6. 高新技术产业发展迅速

高新技术产业发展迅速,业已成为镇海经济发展中最强劲、最活跃的增长点,成为镇海工业经济的核心推动力。2011年全区拥有高新技术企业40家,民营科技企业235家,当年引进高新技术项目35项;2012年全区拥有高新技术企业53家,科技型企业89家,当年引进高新技术项目38项;2013年全区拥有高新技术企业72家,科技型企业115家,当年引进高新技术项目42项。

2011—2014年各年高新技术产业产值分别为397.9亿元、410.3亿元、493.9亿元、545.98亿元,占规上工业总产值的17.3%、18.7%、20.7%、21.8%,年平均增长9.4%。其中,2011年全区高新技术产业增加值达到49.66亿元,占工业增加值的12.9%;2012年全区高新技术产业增加值达到47.31亿元,占工业增加值的14.47%;2013年全区高新技术产业增加值达到54.4亿元,同比2010年增长39.7%,年平均增长13.2%;2014年镇海区上报新产品286个,区属规上工业新产品产值达213.4亿元,新产品产值率为 21.4%。

表二　　　　　镇海近三年来高新技术发展情况

年份 项目	2011	2012	2013	年份 项目	2011	2012	2013
高新技术企业数(家)	40	53	72	高新技术产业产值(亿元)	397.9	410.3	493.9
新引进高新技术项目(项)	35	38	42	高新技术产业产值占规上工业比重(%)	17.3	18.7	20.7
高新技术产业增加值(亿元)	49.66	47.31	54.4				

资料来源：镇海区科技局

7. 政策的支撑和引领作用初步显现

镇海区加快制定了促进科技创新发展的政策文件，加快了企业创新创业的技术创新平台建设，推进了科技金融服务体制创新。先后有《关于进一步加强党管人才工作的实施意见》《镇海区人才政策若干意见》和有关"121"人才培养、教授专家工作室、柔性人才补贴等一系列细化政策，此外还有专门针对创新能力建设的高新技术企业评审制度改革、科技市场建设以及工业设计大赛规范化建设等一批措施的出台。这些政策法规尽管不够完善，但初步发挥了推动创新的制度保障作用。

(二) 存在的问题

不可否认，"十二五"期间镇海区创新能力建设有很大的成效，为"十三五"创新能力提升打下了坚实的基础；但仍然存在不少问题，甚至与创新强区相比，还有一定差距。

1. 整体科技创新能力有待进一步提高

区内企业高水平创新能力不强，能发挥支撑作用的骨干企业和知名品牌较少。科技创新产出能力不强，高新技术产品不多。科技创新能力总体水平仍然不高，创新能力亟待从量的扩张向质的提升转变。

2. 科技经费投入总量难以满足创新需求

2011—2013年，镇海区全区财政科技经费投入总额4.49亿，余杭区2012年区财政科技经费投入总额就达到3.58亿元。2012年镇海区R&D经费11.4亿元，企业R&D经费8.42亿元，余杭区分别为14.68亿元和14.58亿元。2012年余杭区的财政科技普及经费为238万元，镇海区仅仅为90万元。通过对比可发现，镇海区政府和企业对科技经费的投入虽然增速较快，但是投入量偏小。

金融部门对技术创新项目有一定支持，但支持力度仍然不够，科技信贷投入也较少。杭州科技银行从成立至今发放的贷款只有2.79亿元，只占企业和政府投入总额的12%。其他非科技类的金融机构的投入更少。因而，金融部门也未能从根本上改变科研经费不足的问题。

3. 科技孵化器的孵化功能未充分发挥

前面已述，镇海区科技孵化器建设成绩明显，截至2013年末，已有省、市级孵化器2家，面积15.6万平方米，在孵企业180多家。但即使这样，与其他创新强区相对，在绝对数量上仍相差较大，如杭州余杭区2013年已有科技企业孵化器6家，总建筑面积59万多平方米，在孵企业207家，累计毕业企业40家；苏州吴江区有孵化器4家，孵化器建设面积累计达到34.4万平方米，累计入驻企业352家；青岛崂山区已经建成高新技术创业孵化器14家，另外在建两家，累计孵化中小科技企业600多家，成功毕业企业100多家。孵化器作为科技成果转化为生产力的重要辅助工具，镇海目前已有的孵化器的孵化作用却很有限。

4. 科技创新人才队伍建设水平仍需进一步提升

镇海区每年都举行多场专职招聘会，引进各类专业人才。人才数量从绝对数量上讲并不少，但从事生产、科研第一线的高层次专业人才短缺，尤其是缺乏具有研制开发能力的创新型、复合型人才，以及学术学科带头人员。而且，现有的科技创新人才队伍也不稳定，每年都存在"进多出多留少"，即大批引进，又大量离去的问题。这种的人才现状严重制约了镇海科研创新能力提升。

5. 科技扶持政策覆盖不周，且缺乏连续性

镇海区近年来出台了一系列扶持政策，包括鼓励企业自主创新政策、高端人才保障政策和知识产权保护政策等，但这些政策扶持重点在文创产业和项目引进方面。目前，对科技型企业及其培育的扶持政策较少，即使在重点扶持的科技项目引进方面，也存在引进数量多，但规模偏小，品质不高等问题。镇海区在推动科技创新方面还需要制订包括鼓励中小企业技术创新、促进产业转型升级、规范科研创新经费使用、推动技术标准实施、保障领军人才队伍建设和鼓励风险投资建设等各个方面的配套政策。

除上述所列镇海区的个性问题之外，还存在全社会对科技创新引领经济社会发展的重要性认识不够、科研成果应用推广力度不足以及管理服务机制不够完善等诸多共性问题。

二 "十三五"镇海区创新能力建设的环境分析

（一）面临的机遇

1. 国家创新驱动战略持续推进

党的十八大提出了创新驱动发展的国家战略，此后，党和国家领导人多次在不同场合强调要突出创新发展、推动大众创新万众创业。国家创新驱动战略已成为全社会的共识，其深入实施必是大众所望、大势所趋。"创新驱动发展，最根本的是增强自主创新能力，最紧迫的是破除体制机制障碍。"[①] 镇海区积极对接国家创新驱动发展战略，早在2013年就提出了强化企业自主创新地位、加

---

① 黄林莉：《"科改"大幕重启》，载《中国经济和信息化》，2012年第11期。

快发展高新技术产业、深化产学研合作和积极配合筹划宁波新材料科技城建设等四大举措。两年来,镇海紧紧围绕四大举措开展工作,取得一定成效。"十三五"期间,镇海关于国家创新驱动战略的部署将进一步展开。这是镇海区科技创新能力建设的有利天时。

2. 新材料科技城建设即将启动

宁波新材料科技城建设即将启动,计划在"十三五"期间建成投入使用。新材料产业将以高端化、国际化和产业化为发展方向,服务和引领中国经济新常态。新材料产业是最具创新能力的产业,能够很好地带动一个地区创新能力的提升。宁波市新材料产业基础良好,2014年全市新材料产业产值突破1000亿元,占全市高新技术产业产值近四成,2016年将有望超过2000亿元。镇海新材料科技城作为宁波新材料科技城的主城区,具有得天独厚的优势。"十三五"期间,镇海新材料科技城的建成与投入使用,必将为镇海科技创新能力提升再添一把火。

3. 科技平台作用逐渐得到发挥

镇海区目前建有的"五大平台"以及一家区级科技市场,建成时间很短,有的是刚刚运行,虽然有一些企业入驻,也取得了一定的成效,但是作为一个"新生儿",带动作用目前毕竟有限,在"十二五"期间很难体现。但是,"十三五"期间,这些创新平台的运行模式和管理体制将更加完善,运营流程也将更加流畅,这些创新平台的后续效应的发挥,将会很好地带动镇海科技创新能力的提升。

4. 战略性新兴产业发展优势明显

"依靠科技创新培育战略性新兴产业,激发经济增长的内生动力,是走出危机、实现新一轮经济繁荣的根本途径。"[①] 战略性新兴产业代表着未来科技与产业发展的前沿,早在2009年,温家宝

---

① 吴忠涛,张丹,龚艳:《西安高新区战略性新兴产业创新能力评价研究》,载《统计应用研究》,2014年第11期。

总理要以国际视野和战略思维来发展战略性新兴产业。镇海区紧跟国家战略发展步伐，积极布局、培育和发展战略性新兴产业，尤其是海洋装备制造业和电子信息技术产业。镇海濒临沿海的地理位置和强大的制造业基础等区位条件为镇海海洋装备制造业的发展抢得了先机，宁波智慧城市的建设以及一批电子信息研究院的成立，有力推动了镇海电子信息技术的发展。"十三五"期间，这些战略性新兴产业的发展壮大，将带动镇海产业结构的调整和优化，推动产业结构的不断升级。

5. 传统产业提升空间大

浙江是全国的制造业强省，宁波是全省的制造业强市，镇海是全市的制造业强区。[①] 一直以来，镇海传统产业的发展都占据主导地位。这些传统产业发展基础好，一批大的传统产业企业拥有充足的资金、先进的技术和很高的市场占有率。然而，这些企业大部分又都处在产业价值链的底端，是镇海创新能力总体水平不高的主要拖累者，提升空间巨大。现在，镇海区对这些传统产业的智能化、信息化和技术化改造力度加大，并将有大项目进驻和启动运行。"十三五"期间，传统产业转型升级的持续推进已是定势。

（二）面对的挑战

1. 社会对镇海环境存在偏见

镇海炼化是镇海最大的企业，也是镇海经济的支柱，其前身是1975年建设的浙江炼化厂。其产品主要有 PX、PP 等石油化工产品，然而社会的普遍认识是，炼化厂的生产经营活动会产生大量的废气、废水以及固体废弃物，会严重地影响人们的居住环境。镇海炼化的存在，使人们普遍认为镇海的居住环境很差。对于高端人才来说，他们不愁去处，收入也高，对居住环境的要求非常高，基本

---

① 邵慰：《浙江加工制造业与装备制造业协同发展的耦合机制研究》，载《华东经济管理》，2012年第4期。

不可能长期居住在镇海这样的地方。这样的偏见影响了镇海对创新人才的吸引力，阻碍了高端人才的聚集。

2. 可利用土地面积狭小

镇海区内的工业基础较好，维持着镇海经济快速的发展。但是，从镇海的具体的区位条件来看，陆域面积狭小、常住人口少等特点，在一定程度上限制了镇海经济总量的大小。2014年，镇海全区 GDP 总值只有 645.55 亿元，这样一个体量的经济总值，决定了镇海政府财政收入有限。科技创新首先需要的就是资金的支持，政府的科研经费的投入作为全社会科研经费投入的三大支柱之一，在很大程度上影响着科技创新能力。镇海狭小的土地面积，不仅限制了政府的用地，也限制了政府财政收入，成为"十三五"期间镇海创新能力提升的重要瓶颈。

三 创新能力建设的国内外经验比较

（一）国内创新能力建设的经验借鉴

镇海区作为宁波市的一个辖区，是近代中国第一批对外开放的城市，自古以来就非常重视"海纳百川""博采众长"，坚持以积极的态度汲取一切优秀事物，发展壮大自己。今天，镇海区虽然创新能力建设取得了长足的进步，但是和杭州市余杭区、青岛市崂山区、苏州市吴江区以及国外一些发达国家相比，镇海区在创新能力建设方面仍有许多方面亟待改进，学习借鉴别人经验。

1. 杭州余杭区

余杭区不仅是浙江省的科技强区，也是全国有名的科技强区，科技部授予其2013年全国县（市）科技进步考核先进区，探究余杭区创新能力强的原因，主要亮点在于以下几个方面。

一是注重理念的创新。所谓理念决定思路，思路决定出路，余杭区在过去的创新能力建设中，始终坚持以理念创新为先导，以余杭实际为基础，成功企业经验为方向，探求一条适合余杭需要的创新能力建设之路，并取得了积极的效果。继2012年提出"产业余杭"之后，余杭区政府又提出打造创新产业园，突破原来科技孵化器在培育高新技术企业的不足之处，成为培育和支持中小微企业的"特区"，要在三年内实现"创新余杭"的"余杭梦"。

二是注重区校合作。如今大学已经和研究院一样成为重要的科研机构，大学里集聚着一批有才能有想法的高端人才，但大学毕竟不是营利性组织，科研经费有限，如果政府与其合作，给予经费支持，定会有一大批科研成果产出。余杭区政府深知这一点，积极贯彻"借脑生财"战略，目前已经和香港科技大学、浙江大学、上海交通大学、浙江理工大学等一大批高等学府建立合作关系。这也是余杭区创新能力迅速提升的重要动力。

三是注重扶持科技型中小微企业。浙江经济的一大特点就是以民营经济为主，也可以理解为是中小微企业撑起了浙江经济的一片天。余杭区紧紧抓住这一实际，大力扶植科技型中小微企业，建立创新园区这一以政府为主导，集政策支持、镇（街）企联动、融资服务、风险投资、中介牵线等为一体的新型服务体系模式。中小微企业在创新领域的突破是余杭创新能力提升的又一重要动力。

四是注重金融服务风险投资能力建设。科技创新需要投入大量资金，并且回报周期长，甚至没有回报，这样的风险不论是金融机构还是企业往往都是很难承受的。余杭区积极创新，成立了区科技担保公司，降低企业贷款研发的风险，提升企业创新动力，推动余杭区创新能力进一步提升。

镇海区和余杭区是同属浙江省的经济强区，具有相似的经济形态和文化背景，因此镇海可以学习余杭的经验，解放思想、创新理念，重视"借脑生财"战略的实施，突出以中小微企业在创新中的支柱地位，重点加强全区金融风险投资能力建设。

2. 青岛崂山区

崂山区作为山东省的一个创新强区，其创新综合实力之强，从其万人专利拥有量居全省首位可见一斑。其创新能力建设的主要做法有以下几点。

首先，重视"特事特办"。一个地区专利数量的多少是这个地区创新能力强弱最重要也是最直接的指标。一直以来，崂山区都非常重视专利的数量及产业化水平。崂山区在科技发展资金中设立专利专项资金，采取以奖代补的办法，对获得国内授权的发明、实用新型和外观设计获得其他国家与地区授权的专利予以资助，解决专利申请中的资金短缺问题。同时对有创新能力的企业尤其是专利成果，采取优先安排科技项目和扶持科技经费的办法，促进企业专利成果转化，使全区专利实施转化率达到83.98%。

其次，充分发挥政府尤其是各级领导的号召力。崂山区政府定期协调专家主动走访区内海大、青大、青科大、海尔集团、海信网络、汉缆集团、保利抽纱等知识产权工作基础较好、有发展潜力的高校、高新技术企业，宣传专利政策，解疑释惑，提高他们对专利在企业科技创新中作用和地位的认知度。

再次，注重培训工作的价值。培训在当今社会各行各业中作为提升企业职工素质、增强创新能力的一个重要手段，得到了崂山区各级领导的重视，比如，崂山区区委、区政府定期组织知识产权专家对区内高新技术企业进行专题培训，增强企业对新技术、新产品的专利保护意识，提升自主创新能力。

最后，重视对有限资源的整合利用。崂山区经济总量有限，因此区政府在科研投入上的经费相对欠缺。从2005年开始崂山区就在全省率先开展了政府财力投资项目库管理信息系统的建设，引入并严格执行财力投资项目咨询评估和概算审核程序，有效解决了项目概算虚高的问题，同时拓展财力项目"代建"模式，突破原有旧体制的束缚。崂山区通过抓住政府投资项目实施的关键环节，创新体制机制，规范全程管理，真正把有限的财力资金用在了"刀刃"上，最大限度地实现了节约财政资金与提高项目效益效率的"双赢"。

崂山区与镇海区同样是沿海港口城区，两者在经济布局方面有很多相同之处，镇海可学习崂山区的经验，积极发挥政府的号召力，重视对区内企业和有关人员的培训，提升创新意识，同时改革财政投入和使用管理机制，有效利用有限的财政经费，开展"特事特办"，使有限制的财政投入发挥最大的效用。

3. 苏州吴江区

苏州市吴江区东接上海，南邻浙江，连续多年位居全国百强县前十位，这在很大程度上要归功于吴江区强大的创新能力。吴江之创新能力建设的主要经验有以下几个方面。

第一，敢为人先的魄力。吴江区很早之前就强调以提高能源利用效率为核心，完善节能监管体系和节能激励政策，加快产业结构和产品结构的调整，加大节能领域的技术创新。早在全球金融危机爆发前吴江就已开始进行产业结构调整和技术创新，具有一定的前瞻性和战略性。

第二，注重人力资源服务体系建设。人才是一个地区创新能力提升的最重要的催化剂，因此人才政策是任何一个地区在创新能力建设中不可忽视的一部分。吴江区委、区政府对人才服务极其敏感，近年来全区以创新人力资源服务为就业工作的指导思想，以科学获取、开发、配置和利用人力资源为主线，立足吴江实际，完善政策，创新路径，构筑城乡一体化公共就业服务体系、市场经营性人力资源服务体系、行业化人力资源服务体系三大体系。

第三，完善的政策扶持体系。吴江区委、区政府很早就出台了《关于进一步推进名牌战略的实施意见》等一批支持创新的扶持政策，坚持巩固一批、储备一批、培育一批、发展一批的品牌发展策略。近年来更是根据创新能力建设的需要全方位出台扶持政策，涵盖品牌建设、知识产权保护、产业结构升级调整、科技经费使用、人才引进和风险投资等各个方面。如今，吴江区已经基本构建了完善的扶持政策体系，重点内容连续，特色鲜明突出，有力地激发了非公有制经济活力和创造力。

吴江区最为江苏省的一个创新强区，其很多做法具有独创性。

吴江区敢为人先的精神，眼光超前的视野以及突破体制机制限制，完善政策体系和创新人才服务体系，努力培养人才，推动科技创新的做法对镇海区具体有重要的启示。

（二）国外创新能力建设的经验借鉴

1. 美国

美国是全球最大的经济体、军事强国和政治大国，也是全球最强的科技大国。美国企业在很长时期以来一直引领世界科技发展的潮流，许多最新的科技成果都出现在美国。美国高度重视创新能力建设，并积累了丰富的实践经验。

首先，较完善的投融资系统。与美国创新活动密切相关的是较完善的私募融资系统，该系统为公司成立之初提供了必要的资金支持，尤其是风险资本市场对高新技术领域的支持。除此之外，美国还通过公开发行股票的方式来作为补充风险资本的另一融资渠道。在构建多样化融资渠道的同时美国也注重构建多样化的退出路径，这一机制为美国经济注入了新的活力，推动了美国创新能力提升。随着技术的发展，美国开始借助垃圾债券和天使投资方式使许多高科技行业的产品创新和应用得以顺利实现，完善的股权交易市场进一步放大了天使投资的活跃程度和健全了美国的投融资体系。

其次，明确的创新战略。创新战略是一个地区创新能力建设的风向标，美国在创新能力过程中制定了明确的战略目标。美国的创新战略包括重视对创新基础架构建设的投入、促进创新市场化、鼓励国家重点优先领域的发展和突破，最终达到为持续增长和高质量工作进行创新的目标。由此，美国形成了一个呈层层递进、上下呼应，以企业机构为创新引擎、以政府为创新推动者的金字塔式的创新动力结构，不断推动美国创新能力迅速提升。

最后，注重本土人才的培养。美国是世界最大的移民国家，来自世界各地的高素质人才为美国创新能力的提升做出了不可磨灭的贡献，但是美国政府很早就认识到，完全依靠引进人才来维持美国的创新能力而本土的工程师和科学家的竞争力太弱是不足以维持美国未来竞争力的。因此，美国从克林顿政府时期就开始注重这一问题，并采取了多种措施加以扭转。具体措施包括加强初级教育作为国家的一个重要任务和在高等教育上努力加强对本土理工科人才的培养等一系列措施。

美国完善的科技投融资系统、明晰的创新战略和规划意识以及培养重视自己"土著人才"的战略眼光，是镇海区建设"创新城区"必须学习的宝贵经验。

2. 日本

日本第二次世界大战后几乎成为一片废墟，然而在短短的时间内，日本一跃成为世界第二大经济体，日本的家电和汽车等产品迅速占领了世界市场，甚至在美国市场引起了美国的恐慌，不得不佩服日本的创新能力。

第一，注重专利政策的与时俱进。日本创新系统的良性发展依赖于其良好的创新环境。这主要体现在日本与时俱进的知识产权保护上。在日本经济开始腾飞的时期，由于与国外先进技术水平相差过大，日本采取了"弱专利"保护政策，例如限制专利保护的范围等做法，这些做法为日本企业吸收外国的技术，进行反向工程，实施"专利外围战略"等提供了制度上的便利。之后随着经济的发展，本国科研能力的增强，日本开始改变专利政策，实施"强专利"保护政策，通过在立法、行政等多个方面的努力，强化发明者主体地位，迅速提升日本的创新能力，成功地将日本打造成了"技术创新型"国家。

第二，"领头羊"模式的创新集群网络。日本创新集群建设的一个突出特点就是其基本构建了"领头羊"模式的创新集群网络。在创新集群内，由具有优势创新能力的领先公司牵头，吸引众多中小型企业加盟，以领先公司的重大创新为主导，以中小企业的协同创新为支撑建立联盟。领先公司通过与其他企业之间的协作促进集群内部创新资源的共享，以自身为中心来设计、建构各种复杂的联结关系。领先公司的这种技术示范效应促进了集群网络学习；领先企业的技术权力嵌入带来技术竞争效应，加速创新集群的演化进程，大大地提升了整个创新集群的创新能力。

第三，日本特色的创新人才培养模式。大量高素质人才是支撑日本创新能力提升的坚实基础。日本对自己的学生在其求学阶段就注重培养他们的"创新精神"和"创新理念"，坚信只有根深蒂固的创新理念和实践能力才能培育出根深叶茂的创新成果。另外日本还创新性地提出了政府主导的"产学官"合作模式、弹性人才培养模式、合作人才培养方法以及国际化人才培养路径这样"四位一体"的人才培养模式，充分利用全社会的资源、多方式、多渠道地培养具有日本特色的"人才"。

日本制定的与时俱进、适合自身需要的专利保护政策，积极构筑的"官产学研用"合作模式，"领头羊"式的创新集群建设的经验，为镇海区在科技政策、机制创新提供了新的视角。

3. 德国

德国是一个创新能力极强的国家，德国的许多产品在世界上具有很强的竞争力，处于世界领先水平，这不仅归功于德国人民的聪明才智，同时也应归功于德国特有的创新激励模式，其主要做法如下。

一是对内整合、对外聚合的良性互动机制。德国创新政策的制定注重发挥多元主体的作用，将政府、企业界、科技界以及其他社会力量全部纳入创新网络。通过紧密合作和信息共享实现创新知识的产品转化，各个创新主体各司其职，共同致力于创新驱动发展。同时，随着创新资源在国际范围内的高速流动，德国政府致力于通过广泛科技合作筹措全球创新资源。与西欧国家和北美国家采取尖端合作科研、大型科研基础设施联合建设以及青年科学家培养与交流的合作模式，而与独联体国家、中国、印度和南美等国家的合作旨在吸引发展中国家具有创新潜能的留学生来德国学习并留住他们，为德国创新能力提升提供保障。

二是突出企业的创新主体地位。德国在实现研发投入占国内生产总值3%目标的进程中企业是最重要的主体，承担着德国近75%的研发支出。过去的十几年里，企业显著地增加了其自身研发投入，从1999年的334亿欧元增加至2012年的512亿欧元。连续的科研经费投入，企业已经成为技术创新的主力军。不仅如此，德国政府也推出了一系列的政策措施增强企业的创新主体地位。例如在2012年2月，联邦政府决定继续拓宽德国创新型初创企业的融资途径为德国企业募集更多的风险资本。

三是重视创新中心的建设。德国联邦政府在要求社会各界进行创新的同时也在不断探索创新渠道的创新，创新中心的建设就是德国创新渠道的创新。80年代起，建设创新中心成为德国地区和区域科技政策中最普遍的手段之一。在1983年，德国成立了第一个创新中心——柏林创新中心，之后将近200个城市先后建立了类似的中心。这些创新中心不同于工业园区和一般的孵化器，而是一种特定区域的产业群落，它具有占有期有限、大学参与程度低、政府支持力度大等特点。

德国全球范围内的创新资源的整合机制和战略眼光，充分发挥企业创新主体地位的激励机制，以及独有的创新集群即创新中心的建设，使德国在世界科技创新领域独占鳌头。镇海区积极主动地学习德国的经验，加强区内外、国内外的科技合作，创新平台建设方式，推出政策措施、依靠市场机制发挥企业为主体的创新作用。

四 镇海区提升创新能力的政策措施

镇海区在打造"创新城区"、提升创新能力建设中，应当结合上级政府的精神和战略规划，根据镇海区自身的实际需要，全面贯彻落实中共十八大、十八届三中、四中全会和习近平总书记系列重要讲话精神，主动认识新常态、适应新常态、引领新常态，牢牢把握创新驱动主旋律，坚持"创新引领、统筹资源、提升产业、支撑发展"的方针,以继续实施科技领航者"236"工程、高新企业"100"工程和科技项目培育工程为抓手,以企业为主体、市场为导向,强化科技支撑引领作用,创新区域创新体系,健全体制机制,优化资源配置,弘扬创新文化、营造创新环境,加快创新平台建设,大力培引各类高层次人才,加快科技成果转化,大幅度提高产业技术创新能力,全面推进创新城区建设。

镇海区依靠资源的外延式增长已达到极限,今后必须走内涵式的、以创新能力为驱动的可持续发展道路。但相对经济社会发展要求来说,其创新能力综合水平仍然不足,"十三五"期间镇海区应该结合未来几年创新能力建设的目标和国内外城市创新能力建设经验,探索建立符合自身发展特点的政策体系,推动创新能力建设更上一层楼。

(一)完善区域创新体系,引领"大众创业"和"万众创新"

1. 完善科技管理体制

进一步完善科技工作网络,完善健全乡镇(街道)科技领导小组运行机制,稳定基层科技管理工作队伍;进一步完善科技计划体制,更加突出创新环境营造、创新平台建设、创新人才培育;实施科技管理信息化工程,开展科技统计,建立企业、项目信息管理系统和数据库,促进科技工作管理水平科学化、规范化。

2. 健全科技创新政策

应明确政策导向,引领科技创新。要强化以科技投入、企业为主体的研发和技术创新、高新技术产业发展、企业研发中心建设、公共科技服务平台建设等领域为重点的政策导向作用,逐步构建完善的区域政策体系。

要参照国家、省、市三级政策体系,统筹整合科技资源,修订完善体现区域特色的政策,在科技市场建设、科技孵化器建设、科技合作等方面安排专项资金;做好科技成果登记,开展科技进步申报、推荐、评审、奖励,落实好企业技术开发费加计抵扣、高新技术企业税收优惠等政策，降低企业创新成本；完善和落实乡镇（街道）、部门科技进步目标责任制。

3. 建立领导责任制，营造全民创新氛围

实行区政府领导联系基层、定期带领专家走访基层和企业，开展交流会、进行"敢冒风险、大胆创新和宽容失败"的科技创新理念宣传活动，营造有利于创新的社会环境和文化氛围，激发"大众创业、万众创新"的全民创新意识。

按照省市对县（市）区党政领导科技进步目标责任制考核要求，分解任务、明确领导责任，加强日常督促，促进各项工作落实。

4. 改革科技补助体制，奖励全民踏实创新

要查补漏洞，克服弊端，完善现有科技补助政策，充分发挥科技奖助政策的激励效应。例如技术开发费150%抵扣所得税、高新技术企业部分房产使用税、土地使用和水利建设基金减免等系列政策，其对于全社会进行科技创新有很大的激励作用，但许多企业机构或者个人以科技创新为由，"挂羊头卖狗肉"，从政府拿的资金却没有真正用于科技创新。

改革科技补助体制，实行补助—收益挂钩机制。具体来说就是放开科技创新申请限制，但对申请补助的企业和个人建立一套完善的档案，根据档案记录的数据进行分析，对于符合条件的单位和个人按实际需求给予补助，并规定一个合理的研发期限，到期对申请的单位进行考核，根据不同的科研成果分档次给予不同的优惠，对那些欺骗政府资金的单位或个人不仅要追回补助，还要给予惩罚。

5. 促进协同创新，优化创新生态

制定促进创新驱动发展"1+N"系列文件，促进技术、产业、金融、管理、商业模式创新的跨界融合。推进"科技+金融""科技+文化""科技+物流""科技+民生""科技+生态"融合发展的新模式，强化技术、产业、资本和应用的协同创新。

（二）实施技术创新工程，促进产业转型升级

镇海过去一直以临港大工业为主要产业，主要依靠以消耗大量

资源为代价来推动发展，鉴于资源的紧张和环境的恶化，如今这一模式的发展空间受到极大的限制，必须进行产业的转型升级。

1. 促进传统产业和新兴产业发展

围绕镇海区战略性新兴产业主要领域，将战略性新兴产业发展与海外人才、领军人才和其他高端人才的引进和创业结合起来，探索多元化的技术路线和创新方向。一是新材料产业。宁波市以宁波大学、宁波诺丁汉大学、中科院宁波工业技术研究院等科研机构为依托，大力发展新材料产业，在全国新材料领域处于领先地位。镇海要紧紧利用宁波新材料科技城核心区位于镇海的优势，积极发挥宁波在新材料领域的技术领先优势，大力引进国际知名投资机构和孵化品，培育发展磁性材料、高性能金属材料和合成新材料等产业，全力打造成为镇海新的经济增长级和产业转型升级的关键平台。二是战略性新兴产业。全面优化空间和产业布局，加快推进高端装备、节能环保、新一代信息技术、生物医药和海洋性战略新兴产业的前沿技术科研攻关及高科技产业化项目，打造新的经济增长点。三是石化产业。石化产业是镇海传统工业中最重要的组成部分，因此镇海传统产业转型升级必须以石化产业的转型升级为先导。要以宁波石化经济技术开发区为主要依托，引进一批高端人才，建立石油化工技术研发中心，为区内化工企业进行技术改造提供技术支撑。要以循环经济为指导，进一步完善传统石化行业产业链，使之搭上新兴的新材料工业的列车，实现升级，进入战略型新兴行业。

推行"互联网＋传统产业"的产业升级模式①。如今，互联网已经"入侵"到各行各业，任何一个行业想摆脱互联网的影响而

---

① "互联网＋"："互联网＋"是创新 2.0 下的互联网与传统行业融合发展的新形态、新业态，是知识社会创新 2.0 推动下的互联网形态演进及其催生的经济社会发展新形态。"互联网＋"代表一种新的经济形态，即充分发挥互联网在生产要素配置中的优化和集成作用，将互联网的创新成果深度融合于经济社会各领域之中，提升实体经济的创新力和生产力，形成更广泛的以互联网为基础设施和实现工具的经济发展新形态。

独自发展都不可能。创新互联网和传统产业融合已经成为促进传统产业转型升级，应对经济新常态的有力"武器"。

2. 巩固五大创新平台，构建三大特色创新平台

镇海化工产业一直是全国领先，宁波市国家大学科技园为文创产业提供强有力的支撑，宁波新材料科技城核心区位于镇海，未来镇海要以化工、文创和新材料为主导产业，构建特色产业创新平台，引领产业转型升级，同时继续充实原有的五大创新平台，为"三大"特色创新平台建设提供支撑，最后在宁波市政府"4+4"规划下，结合大市范围内的兄弟县区新兴产业的选择，错位布局本区的新兴产业，由此发展一批新型经济业态，推动创新，在镇海形成"3+5+X"的"金字塔"式的创新平台支撑体系。最终镇海建成"以产业转型升级引领创新平台建设，以创新平台建设推动产业转型升级"的创新能力建设新格局。

3. 培育一些大型知名企业，带动集群创新能力提升

浙江经济的块状特点很明显，镇海也不例外，但是镇海的块状经济大多以产业为基础，是某一产业的许多生产企业的集聚，这在一定程度上降低了生产成本，提升了竞争能力，但是以产业为基础的产业集群不足以推动集群的可持续发展。经过多年的发展，镇海以产业为基础搭建的集群优势逐渐消失，部分需要产业集群的转型升级。可以吸收日本的经验，重点培育或者引进一批行业龙头企业，以龙头企业的科技创新为带动，吸引一批配套的中小企业集聚，形成以技术创新为基础的新的产业集群，即打造镇海产业集群的升级版——创新集群。在创新集群内可以充分发挥大企业的技术外溢效应，带动整体创新能力的提升。

（三）完善政产学研用的合作体制，促进科技成果转化

一个地区创新能力的提升，除要有创新成果的出现外，还要有将已有的科技成果转化为新的生产力的转化机制。这就要求大力发展科技服务业，促成科技成果的转化能力。具体来说，有以下

举措。

1. 成立区级创新创业综合服务中心，整合区内资源

镇海区域内有"三校一所"的科研资源优势，今后应充分发挥这一优势在创新城区建设中作用。应努力打造一流的政产学研用合作促进平台、科技资源统筹转化中心和科技创新综合服务基地，有效促进科技信息共享化、科技服务集成化、科技交易市场化、科技资源商品化和科技成果产业化，实现科技要素的聚集、内外资源的聚合、科技优势向创新优势、产业优势、经济优势的聚变，在创新型城区和区域经济发展中发挥辐射带动和示范引领作用。力争到2017年，技术市场引进技术成果交易额达到3.15亿元，集聚科技服务机构30—50家，其中培育重点技术中介机构7家，培育技术经纪人16人。

2. 办好工业创新设计大赛，营造创业氛围

镇海区已成功举办九届工业设计大赛，在行内已形成一定影响。要通过"工业创新设计大赛"的品牌活动，面向全球优秀设计机构征集作品，推动设计人才的集聚，营造创新创业氛围；尝试策划组织由参赛选手、设计机构（企业）、高校院所、制造企业、风投机构等多方参与的产业对接、资本相亲等活动，同时可以考虑实施"政府买设计"计划，针对镇海区制造企业提出的工业设计和创意需求，成功完成对接的项目，给予一定补助。

3. 探索创新产品产业化的补贴机制，鼓励研发产品投放市场

针对科技产品定价难的技术交易难题，创新科技产品进入市场的机制。探索政府对购买方的补贴机制，鼓励企业和社会力量积极购买高校和科研机构的科技成果；尝试制订支持本区创新产品产业化的补贴政策，对本区创新产品出卖方按出售价格的一定比例进行奖励。政府通过这样的激励机制，激发市场主体的交易主动性和积极性，可大大减少企业的交易成本，促进科技成果转化为现实生产力。

4. 完善科技市场建设，强化专业化的特色服务

科技市场的建立是推动科技服务业发展的重要举措。镇海区要实现"八倍增、两提高"的目标，必须以建立科技市场为重要抓手，创新和发展科技服务体系。一是建立 B2B 的第三方交易平台，强化技术交易的信用体系建设；二是提供专业化的特色服务，强化特色服务，树立品牌优势，强化核心服务内容，如由于技术商品的特殊性，考虑采用更适合买卖双方互动交流的私下单独议价方式而非拍卖形式；三是培育科技服务的示范企业，推广优质服务。

（四）加强科技孵化器建设，提高创新资源的整合力度

科技孵化器一直以来都是新兴产业发展的重要推动力，是科技成果转化为生产力的重要平台，镇海要打造创新城区，必须完善科技孵化器资源整合体系。

1. 实行孵化器的专业化分工

根据实际情况拓展孵化器概念，率先出台支持科技企业孵化器发展的政策措施，对不同的孵化器进行不同的功能定位。具体来说，结合镇海区高新技术产业、战略性新兴产业、文化创意产业等发展布局，各园区根据自身条件，合理规划功能定位，重点围绕培育电子信息新产业、新材料、新装备等战略性新兴产业，建设一批专业孵化器，吸引集聚一批同一专业技术领域的创业企业，形成产业链和产业群。如西电产业园、中科院材料所初创园可以专注于电子信息新产业及新材料专业孵化器；宁波市国家大学科技园重点发展软件信息、工业设计、生物医药等为主体的创意产业综合性孵化器；镇海高层次人才创业创新基地可以定位于大学生创业孵化和高层次人才项目培育，各镇（街道、园区）结合自己块状经济特点发展小微企业集聚区。

2. 探索新型的科技孵化器运营模式

天使投资和科技孵化器具有很多相似之处，可以推动两者相互融合，构建"天使投资 + 孵化器"的新型科技孵化器运营模式，

该模式很成功的例子是美国硅谷的 Y Combinator，该孵化器成功吸引了众多的天使投资人来此投资，推动了美国创新能力提升。镇海可以仿照美国的做法，建立新的科技孵化器运营模式。设立专门资金建立起天使投资的软硬件条件，积极与国内外知名的天使投资人建立合作关系，在已有的科技孵化器中选择一家条件成熟的科技孵化器，试点"天使投资＋孵化器"的新型孵化器运作模式。

3. 成立小微企业创新园

小微企业尤其是科技型小微企业的发展能够很好地带动一个地区创新能力的提升，但是这些小微企业往往是设立时间不久、资金不充足，抗风险能力弱。政府要发挥小微企业在科技创新领域的支柱作用，就需要打造小微企业政策扶持高地，给予小微企业更加优惠的政策，帮助小微企业生存发展。除继续实施以项目、天使投资和科技贷款等途径支持"创新性初创企业"的优惠政策外，还可以尝试借鉴余杭区的做法创办科技创新园，采取政府投资、镇街返租、企业创办等模式建设，不同于孵化器对企业的单一支持政策，而是在政策之外还有中间牵线、融资服务和风险投资等在内的一系列特殊政策，扶持一部分有发展潜力的小微企业，带动其他小微企业的发展。

（五）深入实施"知识产权战略"，提升自主创新能力

知识产权战略始终以科学技术的创新为核心，无论是知识产权的创造，还是知识产权的管理、实施和保护都依赖于技术创新。[①] 企业创新动力不足的主要原因是知识产权制度不完善和企业自主创新收益低。要建设创新驱动型城区，必须加强知识产权的创造与保护。当前重点探索开展服务外包、文化创意产业、商业模式创新等领域的知识产权工作。

---

① 袁宇，傅建祥：《山东省农业科技创新主体研究》，载《科技与经济》，2014年第5期。

1. 实施以企业为主体的知识产权战略

加快培养一批国家、省和市专利、商标试点（示范）企业。开展对科技型中小企业的自主创新产品论证，对产品创新性、产品质量、产品安全性能等多因素论证通过后的产品，予以标识和宣传。培育一批能将自主专利技术与技术标准有机结合的骨干企业。鼓励企业、行业协会、高校和科研院所以自主知识产权主持或参与国际标准、国家标准和行业标准的制订，推动标准和块状经济标准化示范建设，建立优势产业技术标准体系，推进知识产权管理标准和专利技术标准化。

2. 完善知识产权质押贷款政策

建立知识产权质押贷款风险补助专项资金，鼓励金融机构依法开展专利、商标等知识产权质押贷款业务，积极向金融机构推荐中小企业自主知识产权项目，促进知识产权资本化、商业化。

3. 加大鼓励专利产业化的管理体制改革

加大科技管理体制改革力度，把专利授权量和专利质量作为立项、验收、评奖、考核的重要指标，鼓励专利产业化。研究制定鼓励校企知识产权对接政策，实行专利提值，增加专利补助，奖励发明补助，提高双方开展战略合作的积极性。

4. 大力打击知识产权侵权行为

健全镇海区知识产权（专利）执法队伍，完善执法网络，规范执法行为，切实保护企业和科技人员的自主创新成果。积极探索行政执法与刑事司法部门有效合作，建立联合调查、联合办案、联席对接等合作机制。

5. 推动专利服务业的发展

重点引进和培育几家专利服务代理机构，为企业和科研机构申报专利、专利转让和专利保护与维权进行代理。成立知识产权托管中心，强化知识产权托管。

（六）完善金融服务体系，构建多元化投融资渠道

提升城区的创新能力需要巨额的资本投入，稳定而充足的资金支持。只靠政府有限的财政支持是绝对不够的，这就需要我们构建多元化的投融资渠道，完善金融服务体制，集聚所能结合的力量，推动镇海创新能力建设。

1. 发挥政府的引导作用，带动多元主体的积极性

政府应充分认识科技创新与科技金融协同发展的重要性，"从提升科技创新产出和市场科技金融投资绩效两方面着手，促进科技创新与市场科技金融协同发展，进而提高政府公共科技金融投资绩效，实现全面协同。"[①] 要发挥政府的引导作用，带动多元主体投资积极性。积极发挥市场在资源配置中的决定性作用，政府主要扮演"服务员"角色，坚持"以政府投入为引导，企业投入为主体"的创新能力建设理念。要通过大力发展互联网金融这一新兴业态促进企业融资的成本的降低，扩大企业科技贷款的资金来源。

应继续巩固"以政府投入为引导，企业投入为主体"的科研经费投入保障机制。落实宁波市《科技创新管理条例》要求，确保区财政投入占区经济性收入3%以上，撬动银行、保险、证券、股权基金等资本要素资源投向科技创新；强化投入支持政策的服务导向，重点扶持产业关键共性技术攻关、公共服务平台建设、创新人才引进培养和劳动者技能培训。强化投入支持政策的企业导向，加大对科技型中小企业、战略性新兴产业的企业以及高新技术企业的扶持力度。

2. 巩固区级信贷风险池，减轻企业贷款难度

巩固与市级财政建立的风险池联动，由市、区两级政府"代偿补偿"，撬动银行资金对企业的贷款，有效改变资源配置效率低、银行放贷紧的局面，实现10倍以上的财政资金杠杆效应，实现科技与金融的无缝对接。制定重点扶持企业名录，对企业名录内

[①] 王宏起，徐玉莲：《科技创新与科技金融协同度模型及其应用研究》，载《中国软科学》，2012年第9期。

的企业在科技银行的贷款进行担保,减轻科技银行的贷款风险,提高企业贷款的便利度。

3. 发展风险投融资渠道,巩固天使投资方式

加强同宁波市建立"天使投资基金"的联动,尝试股权性质方式投资,促进天使投资发展集聚区建设。大力宣传天使投资方式,鼓励有经济实力的人成为天使投资人。同时搭建线上与线下相结合的天使投资平台,为天使投资人和创业者提供一个可以交流的平台,促进交流与合作。努力形成"产业化平台 + 天使投资机构 + 开放式创新"的天使投资模式,为中小企业发展提供社会融资渠道。

4. 尝试建立科技保险机制,降低企业创新创业风险

创新创业有风险,政府可探索建立科技保险机制。鉴于保险公司不关心保费而只关心理赔的问题,可由政府出面与保险公司沟通,协商设计险种和理赔方案,解决理赔运行中的难题。区政府通过补贴部分保费的政策,激励企业参保。

(七) 发挥科技对社会发展的作用,促进科技惠民

科技发展应该立足于人民,服务于人民,大力发展科技惠民工程是构建和谐社会的需要,也是一个地区提升创新能力的必然要求。镇海区要积极贯彻科技部《科技惠民计划管理办法(试行)》和浙江省全省"送温暖"惠民大行动的精神,制定出符合镇海实际情况的科技惠民发展规划,指引镇海科技惠民工程建设。

1. 确认民生领域的技术需求

实施科技惠民工程的前提是了解民生领域的技术需求。要以能源、水资源、海洋资源、土地资源可持续利用、公共服务、公共安全、重大疾病防治等民生领域为重点,梳理其技术成果需求状况,形成项目清单,并对项目的可行性进行论证。

2. 制定科技惠民工程建设规划

制定镇海区科技惠民工程建设战略规划,从政策层面指引镇海

未来科技发展的方向。战略规划包括长期发展规划和短期发展规划，长期规划是从宏观上指明镇海区科技惠民工作最终目标，确保政策的持续性，短期规划需要对科技惠民工作的近期目标进行明确，指明短期时期内镇海科技惠民工作的重点、难点。

3. 提供科技惠民服务

首先，要认真宣传科技惠民工程，尤其是要宣传科技惠民工程的有利之处，让全体镇海人民都有积极参与科技惠民工程的意识。其次，继续落实已设立的民生科技惠民计划专项经费，夯实科技惠民工程服务平台，为惠民科技的转化提供载体。再次，利用科技市场建设和孵化器建设的机遇，推动科技成果向民生工程的推广。最后，完善激励机制，鼓励社会资本向科技惠民领域投资，壮大融资渠道，为科技惠民工程建设提供充足的资金。

4. 深入推进科技富农和创新强农

中国传统的农业以小农经济为主，在镇海这样一个经济发达的地区，传统的农业经营模式已经不再适应。镇海面积狭小，人口众多，城市化水平高，经过多年快速的发展，人均收入水平的显著提高，这些条件为镇海发展现代都市农业提供了条件。大力推进镇海现代都市农业发展，积极出台《镇海农业现代化管理办法》，指导农业现代化发展，以"一带三区五基地"建设为重点，结合区域生态林带提升工程，加快"粮食功能区""农业产业园区""生态农业休闲区"转型升级步伐，以高新技术带动传统农业技术升级，促进都市农业发展。继续加强农业科技创新型企业和研发机构等载体的培育力度，发挥农业科技特派员等力量的服务作用，进一步增强农业综合生产能力和市场竞争能力。

5. 实施重点人群科学素质行动

科学素质工作要多措并举，各《纲要》成员单位要对照五大人群，利用"科普宣传周""全国科普日"等活动载体，充分发挥部门优势，做好结合文章，有的放矢出实招，扩大参与度，提升覆盖面，实现主题活动出特色，品牌活动出影响。各成员单位要将科学素质工作当作一项系统工程，齐抓共管，实现纵向到底，横向到边的大联合、大协作。确保2020年我区公民具备基本科学素质比例达到15%目标实现，确保我区全民科学素质工作走在全市前列。

第六章　宁波市文化事业管理体制机制创新研究

　　文化事业是人们在文化艺术、新闻出版和广播影视领域从事的具有一定目标、规模并对社会发展有重要影响的经常性活动。文化事业不仅包括有关这些领域的思想理论、价值准则、精神形态等主观内容，还包括这些内容的载体、传播方式、文化设施和文化组织机构与管理体制等客观因素。文化事业管理就是对文化领域具体活动和事务的管辖、调控和处理。在经济体制和政治体制改革发展到一定时期，建立和健全与社会主义市场经济体制相适应的现代文化事业管理体制和机制，繁荣有中国特色的社会主义文化建设，具有十分重要的意义。

一　文化事业管理体制机制改革的概述

　　我国的文化事业管理体制，随着社会经济条件的变化、政治体制与经济体制的调整和文化事业自身的发展，也经历了一个不断演变、适应和发展的过程。20世纪80年代初，转变经营方式，承包制被引入文化事业单位。80年代中期以来，我国又改革了文化单位的领导体制，实行艺术家负责制、总编负责制和团长院长负责制，由行政一把手负责处理本单位内行政、人事和经营管理中的重大问题。90年代，配合国家行政机构改革，为消除机构林立、臃肿等突出问题，文化事业单位通过合同制用工、成立文化艺术人才中心和离退休人员服务中心等多种形式,努力合并文化事业单位,精简机构,淘汰冗员,并制定各种措施鼓励各类文化事业单位的相关人员"业余兼职""停薪留职"或"人才交流",走出单位大门,从而促进了各类文化事业单位人才的合理流动。一些基层文化单位尝试改革"大锅饭"的分配模式,合理拉开了文化工作者的收入差距。进入21世纪以来,文化事业领域深化体制改革,培育产业主体,初步形成多种所有制并存的文化事业发展格局。改革开放以来,宁波市在社会主义市场经济体制改革的背景下,在文化事业管理体制的创新和机制的转变方面也进行了许多探索,并积累了丰富的经验。

(一) 文化事业管理体制机制改革的历程回顾

1. 1978—1991年:从"一统化"到"多元化"

十一届三中全会以来,以农村家庭联产承包责任制的农村经济体制改革为起点,改革之风吹遍神州大地。从贯彻"计划经济为主、市场调节为辅"到"有计划的商品经济"的提出,我国以城市为重点的经济体制改革在"七五"期间全面实行。经济体制的改革直接影响着我国文化观念的更新和文化事业的改革和发展。1981年以来,宁波突破了单靠国家拿钱办文化的"一统化"格局,开始走上多元的发展之路。20世纪80年代,宁波文化的"多元化"发展主要表现在以下方面。

20世纪80年代初,宁波开始了以承包经营为内容的文化体制改革的探索。早在1981年,宁波各艺术表演团就开始实行体制改革,市越剧团等实行"经济承包责任制"。1983年,市越剧二团试行体制改革,组成两个演出承包队,并和团部签订为期一年的承包合同。"经济承包责任制"成了宁波文化事业单位进行体制改革的初步尝试。一方面,它反映着宁波文化萌发了市场观念,认识到文化产品的经济价值,开始走上面向市场、面向观众办文艺的发展之路。另一方面,承包中的"责任制"也反映着改革开放后文艺工作仍肩负着社会主义精神文明的建设任务，体现着当时宁波文化系统在搞活文化市场的同时，抵制和反对见小利而忘大义、一味追求金钱而搞精神污染的作风。至20世纪80年代后期，宁波剧团体制改革的探索跨出了新的步伐，承包经营的方式，逐渐向独立的社会主义艺术生产经营实体这一改革目标靠近。譬如，1988年上半年，奉化越剧团演出情况极不景气。7月，剧团在上级主管部门的重视和督促下，向社会公开招标，落实"团长经营承包负责制"。即规定在剧团的体制性质不变、补助经费定额不变、演出任务不变的前提下，给予承包者人员招聘、工资资金和节目选排上的充分自主权。① 这一承包机制又将文化体制改革向前推进了一步。

多年来，由于受文化体制单一性的僵化模式影响，全民所有制文化事业单位吃国家的"大锅饭"，养成"有多少钱就办多少事"的"等、靠、要"的思想，缺乏"造血"能力，不适应商品经济的发展。改革开放后，随着经济体制的改革，一些文化事业单位开展了"以文补文"的文化经营活动。"以文补文"的实质是面向市场办文化，通过有偿服务项目和文化市场使文化产品获得经济效益，从而使文化事业单位适应商品经济发展的形势，走上良性发展之路。在20世纪80年代，这种经营方式助推着宁波文化事业单位的经营不断走向市场，增强自身机制的活力。譬如，1986年2月宁波民乐剧场改建为可供放映电影、小型演出，还能举办音乐茶座的多功能娱乐场所，面向市场进行多种经营。1988年7月，在文化部、财政部联合召开的全国文化事业单位"以文补文"经验交流会上，宁波市群艺馆还荣获全国"以文补文"先进单位称号。这一年，市越剧团与民乐剧场搞联营，也走上"以文补文"的发展之路。②

20世纪80年代还出现了一种由各种社会力量创办或资助文化

---

① 本报记者：《我市剧团改革跨出新步伐》，载《宁波日报》，1988年9月12日。
② 同上。

事业的现象，我们称之为"多业助文"。当时一些乡镇企业迅速发展壮大，这就出现了由企业出资支持城乡群众文艺事业发展的新气象。1988年余姚剧团与余姚第一棉纺厂"联姻"，寻找企业的经济依托。剧团负责工厂文艺队伍的培训和产品宣传，厂方向剧团交付一定数量的经费。随着文化体制改革的深入，社会力量创办了规格更优、等级更高的文化事业。1988年7月，"宁波市经济技术开发区歌舞团"在艺术表演团体制改革中诞生。这是宁波市第一家由社会力量创办的市级艺术表演团体，由市经济技术开发区一次性投入20万元作为建团基金。剧团在开发区注册、立户。经济上实行独立核算、自负盈亏、自主经营。剧团对本单位的管理和表演人员全面实行聘任合同制。[①]"多业助文"还出现一种具有宁波地域特色的"捐赠文化"现象。这主要表现为宁波文化名人、海外"宁波帮"捐资、捐物，支援家乡文化事业的发展。从1984年起，以香港环球航运集团主席包玉刚先生等为首的海外"宁波帮"，热情关心和资助家乡的建设事业。在投资创办宁波大学之后，包先生又捐资500万港元兴建包玉刚图书馆，1987年10月2日图书馆举行奠基仪式，并于1988年9月20日竣工。宁波大学和包玉刚图书馆的建立成为"宁波帮"造福桑梓、资助宁波文化事业发展的标志性事件。

这个时期宁波还开始探索竞争性的考评机制，对全民所有制剧团进行分级管理。1988年12月浙江省文化厅对全省全民所有制剧团进行定级考评。等级考评的目的是对全民所有制剧团实行分级管理，政府财政重点扶植一级剧团，放手二级剧团，解散三级剧团。这样有利于在文艺单位引入竞争机制，有利于文化管理部门整合多种资源，优化投资项目，调整文化结构与布局，建立适应商品经济发展的文化队伍。在这种考评机制下，宁波市甬剧团脱颖而出，于

---

① 本报记者：《我市第一家社会办市级艺术表演团体在改革中诞生》，载《宁波日报》，1988年7月1日。

1990年11月晋升为浙江省一级剧团。

2. 1992—1999年：群众文化走向"市场化"与"产业化"

在党的十四大上，江泽民同志指出："加快我国经济发展，必须进一步解放思想，加快改革开放的步伐，不要被一些姓'社'姓'资'的抽象争论束缚自己的思想和手脚。"[1] 要"积极推进文化体制改革，完善文化事业的有关经济政策，繁荣社会主义文化"[2]。在十四大精神的鼓舞下，宁波文化工作者解放思想，创新观念，积极探索宁波文化建设和发展的新路子。

这个时期宁波开始探索建立多元的"文化投资体系"。一些有识之士提出，要大胆利用外资、侨资、台资以及社会各方面力量，"多形式、多渠道筹资并进一步发挥国家、集体、个人力量兴办文化产业。变单纯依靠国家的无偿投资为有偿与无偿相结合的文化投资体系，把有限资金重点投向文化经营型项目"[3]。这种认识为推进宁波文化体制的进一步改革和文化产业的发展打下了良好的思想基础。1992年7月，宁波海曙区成立"社区文化联谊会"，由辖区内78家大中型企事业单位联合组成，宗旨是文化工作面向基层，为开展群众文化活动和发展经济服务。这种文化合作形式实现了文化投资体系的多元，当时在全市尚属首创。1993年"宁波市戏曲艺术发展基金会"正式成立，基金会采取会员制形式，吸纳社会各界资金，通过生息办法，用于戏曲艺术活动和鼓励补助，总额不少于200万元。这也是"多业助文"在宁波文化事业中的创新与发展。

党的十四大后，宁波在群众文化市场化改革方面迈开了较大的步伐。建立社会主义市场经济是党的十四大提出的我国经济体制改革的目标。因此，有人提出："群众文化要适应市场经济的挑战，

---

[1]《江泽民文选》（1），人民出版社2006年版，第225页。
[2] 同上书，第238页。
[3] 裴明海：《文化设施大变迁》，载《宁波日报》，1992年10月31日。

必须面向市场，面向社会。把群众文化的成果作为商品进行交换，在坚持社会效益的前提下获取尽可能好的经济效益。"社会主义市场经济体制的建立，给群众文化带来严峻考验和挑战的同时，也提供了广阔的发展天地。宁波必须以强烈的紧迫感和危机感，抓住时机，加速改革。因此，文化行政部门一是要加快转变机制，转变职能，给文化单位更多的自主权；二是改革人事、分配制度，使干部"能上能下"，人员"能进能出"，专业职称聘任"能高能低"，分配上拉开档次，体现按劳分配的原则；三是面向社会，广开财路，要引进企业和商业的手段搞文化经营，如股份制、风险抵押承包制、租赁制等，舞厅和录像等经营项目可向社会招标承包。文化企业也可进行所有权和经营权分离；四是扩展文化阵地，把文化设施建设硬件建设搞上去。[①] 1992年7月，宁波市群艺馆试行干部、人事制度改革，实行行政领导任期目标责任制，全体员工合同制和考核奖惩制等；11月，宁波市委同意将部分事业单位转为企业，文化系统转为企业的有市新华书店、市电影公司及下属电影放映单位。这些举措都反映了宁波为建立适应社会主义市场经济发展的文化体制迈出了新的改革步伐。

1992年12月，宁波市根据全国加快第三产业发展工作会议精神，召开了"宁波市加快第三产业发展工作会议"，提出"以港兴市、以市促港"的战略主张。"以港兴市"，即以港口来带动城市经济和社会发展。"以市促港"，就是以市场和第三产业发展，建立相应的金融、科技、教育、文化、卫生等一整套服务体系，来促进港口的繁荣和发展。尽管当时还未明确提出要发展"文化产业"，但是提出要加快第三产业发展，就意味着这座城市已在酝酿着一个新的产业，这就是文化产业。实际上，当时宁波已经启动节庆文化活动，这是宁波开始发展文化产业的一个重要信号。1998

---

① 李长贤：《群众文化要与社会主义市场经济接轨》，载《宁波日报》，1992年12月5日。

年初，市文化局在工作部署中强调了要从思想上和工作安排上早作准备，以三年后事业单位全面实行自收自支为目标，开始开源节流，发展文化产业；年中又召开专题工作会议，进行了关于发展文化产业的再发动，这使发展文化产业的意识深入人心。1999年6月成立"市属电影企业体制改革领导小组"，市电影公司等7家单位整体改建为"宁波电影股份有限公司"。与此同时，社会兴办的文化产业发展迅猛，全市已有娱乐、演出、艺术教育等九大市场的6600多家经营单位。① 文化产业呈现积极上升的喜人势头。

1996—1999年，宁波市文化建设的重点是对文化管理运行机制和文化经济政策的完善。1997年，在党的十五大报告中，江泽民要求"全党必须从社会主义事业兴旺发达和民族振兴的高度，充分认识文化建设的重要性和紧迫性"②。为此，宁波市委结合宁波文化发展的实际，首次制定了《宁波市文化发展纲要》（1996—2010），提出：经过5—15年的努力，形成与建设社会主义现代化国际港口城市相适应的，具有宁波历史文化内涵和鲜明时代特色的港城文化。根据这一目标，宁波开始调整文化工作的战略定位，真正把文化工作放到一个副省级城市、国家计划单列市和国家历史文化名城的要求上来，努力适应经济建设的发展、城市地位的提升和人民群众对文化的需求。根据市委、市政府提出的"一改二上三结合"③的指导方针，市文化局激励文化系统的各级干部群众"想大局，算大账，迈大步，创大业"，用港城精神建设港城文化。1997年宁波市文化市场管理工作以完善市场机制、规范市场行为为重点，在认真总结经验的基础上，强化了法规管理、规划管理、

---

① 编委会：《按照"三个代表"要求大力推进宁波文化建设、宁波文化发展研究与思考》，宁波出版社2000年版，第121页。
② 《江泽民文选》（2），人民出版社2006年版，第33页。
③ "一改"，即加大文化体制改革力度；"二上"，努力实现专业文化上档次、群众文化上规模；"三结合"，走文化活动与企业商贸活动相结合、与大众传媒相结合、与群众性精神文明建设相结合的路子。

网络管理、综合管理。注重提高文化经营户的法制意识和管理水平。根据《纲要》的精神，宁波市积极探索文化体制改革，推进文化的产业化。1997年5月，宁波市以专业剧团的乐队为基础，组建了松散型、无编制、训练和表演相结合的"布利杰"民族乐团。鉴于文化系统长期以来重质不重量，基本上没有成本核算的概念，宁波市于1998年推出了文化系统"三大类、十项经济指标考核制度"，即在经济质量上考核经济增长率、经费自给率、收支积余率、人均劳动率、收入完成率；在资本构成上考核资本总量与负债率、还贷率、社会集资率、人员与事业支出比率；在经营管理上考核国有资产增值率、财务管理指标。这些做法在全省尚属首次推行，得到文化各界的重视。

3. 2000年以来：文化事业管理体制机制改革的进一步推进

"十五"期间，宁波市各级政府以"三个代表"重要思想为指导，积极开展宁波文化大市建设。党的十六大召开后，宁波市委、市政府认真学习中央文件，在省委省政府的统一部署下，提出了"六大联动"① 发展战略和加快"两个转变"，建设文化大市的总体要求。十六届四中全会召开后，宁波市在科学发展观的指导下，全面提高文化工作的发展水平，并取得了积极的成效。这一时期，宁波的文化事业管理体制机制的改革也取得了一系列成就。

这时期，宁波市不断深化文化事业单位内部机制改革，理顺职工和单位之间的关系。主要内容有：实行全员聘用合同制，变身份管理为岗位管理；扩大事业单位分配自主权，实行档案工资与岗位工资分离的工资制度，实行按岗位定酬、按任务定酬、按业绩定酬的分配制度；同时，在社会保障制度上，积极做好社会失业、养老、医疗保障制度基本完善的内部配套措施。2001年原市属5家电影公司，整体实施产权制度改革和劳动用工制度改革，组建成一

---

① "六大联动"，即为城乡联动、产业联动、港桥海联动、内外联动、生产生活生态联动、经济社会发展联动。

家新的国有独资电影有限责任公司。通过公平竞争、双向选择，逐级聘任聘用公司领导与员工，并签订新的聘任协议和劳动合同，真正建立独立运作、自负盈亏、面向市场的现代企业制度。同时，局属单位内部机制改革全面推进，在市越剧团试点的基础上，各单位全面试行了"档案工资与实际工资分离""以岗定酬、以贡献取酬"的分配制度改革，建立重实绩、重贡献的与市场经济体制相适应的分配机制，为深化改革打下了较好基础。

在"分类指导、整体推进"的原则的指导下，宁波市改革体制机制，整合资产资源，以进一步增强文化系统的创造和经营能力。2002年宁波市按照"做精做大做强、出人出戏出效益"的目标，将市属三个专业剧团、文艺学校、艺术研究所合并组建为演艺集团——宁波市艺术剧院。这使宁波的演艺资源得以整合和优化配置，并激活了潜在的艺术生产力，促进了精品创作和艺术生产。2003年8月宁波市艺术剧院成立了由艺术剧院控股、经营者持股、职工参股的宁波市歌舞团有限责任公司。2003年9月又成立了由宁波艺术剧院控股、经营者持股的股份制艺术院团——宁波市大地艺术团。以上公司实行企业化管理和企业化运作，建立了适应市场经济体制的现代企业制度，增强了经营能力和艺术生产力。

"十五"期间，政府进一步转变职能，使之由"办文化"向"管文化"的角色转变。2002年宁波市段对新闻出版局和宁波出版社实施"局社分开"，将新闻出版局与文化局合并；2004年又将宁波出版社划入宁波日报报业集团。2005年4月，以文化市场综合执法机构改革为契机，实行市广电局与市广电集团相分离，以及县级广电系统"局台分开"，在此基础上新建了市、县两级文化广电新闻出版局和统一的文化市场综合执法队伍，从而进一步推进了管办分离。新机构以新的思路和理念开展工作，并取得初步成效。

"十五"期间还改革了政府对文化事业的投入方式。宁波市政府在保持对文化事业投入逐步增长的基础上，逐步从对文化事业单位及从业人员的一般投入转变为对文化项目投入，政府财政主要用于文化基础设施建设和文化事业发展；逐年减少固定投入比例，增加动态投入比例，提高了资金的使用效益；同时，改变和完善了政府采购制度，对政府有特殊要求和重点支持的文化活动、文化设施建设、科研课题实行招投标制度和中介评估制度。政府对文化事业投入方式的改革，加快了宁波文化基础设施的建设。"十五"期间，市本级安排的文化、广电、体育事业经费从2000年的4888万元提高到2005年的1.08亿元，年均递增在17%以上，超过同期生产总值的增长幅度。全市对文化设施建设的总投入将近45亿元（其中市本级达20多亿元）。以"三江文化长廊"为重点的文化基础设施建设成果斐然。除政府对文化事业的投入方式进行改革外，宁波还探索了多元投入模式，以加快文化基础设施建设。2001年宁波各县（市、区）引导社会力量多渠道投资兴办文化实体，取得了较好的效果。如象山建立了电影股份有限公司、象山半岛演出公司和张德和根雕艺术馆；余姚市文化馆、科技馆、青少年宫、工人文化宫等4个单位实行资产重组，组建新的科技文化艺术中心，实施企业化管理和运作；慈溪市吸引社会资金建造中国乡村古旧家具博物馆；鄞县石碶镇与企业合作投资2500万元兴建了镇文化艺术中心。

"十五"期间，宁波市创新了"送文化下乡"的机制和方式。市文化局、各县（市、区）文体局都积极开展丰富多彩的送文化下乡活动。如鄞州区举行的"文化进百村"活动，往往历时数月，活动覆盖率达到全区行政村总数的50%以上，直接享受文化人数达到40余万，有力地推进了基层文化建设。但是，这种传统方式的送文化下乡，往往是由政府财政出资"埋单"的。文化体制改革后，宁波送文化下乡的机制和方式已发生了很大变化。2005年宁波市采用政府采购、公开招标、社会资金补充、群众选择节目的方式，组织开展"万场电影千场戏进农村"活动，大大丰富了宁波市农民的文化生活。同时，进一步创新工作思路，将传统的"送"文化发展为"种"文化。"十五"期间，宁波举办了活动内容丰富，形式多样的"农民读书节""农民文化艺术节"等。这些活动既体现着宁波落实"城乡联动"发展战略，促进农村文化发展的一面，又充分发挥了农民在文化节中的主体地位，让农民在新农村文化建设中唱主角。

这个时期，宁波的文化产业也得到了扎实的推进。2006年7月宁波召开了全市文化体制改革工作会议，贯彻落实中央、国务院印发的《关于深化文化体制改革的若干意见》，提出：通过实施"四个扩大"，有效增强"四个力"，努力实现"六个形成"的目标。① 这为宁波文化体制改革指明了方向。在实施"十一五"规划的开局之年，宁波正式出台了《2006宁波市高雅艺术演出补贴办法》，按照"政府扶持，社会参与，市场运作，群众享受"的思路，探索出一条市场经济条件下高雅艺术演出的成功之路；对于文艺院团，宁波坚持"一团一策"，分类指导，创新管理体制和运作机制，拓展演出市场；此外，还积极探索大型文化设施的管理体制和运营机制，力图走出一条文化产业发展的新路子。2006年宁波大剧院按照"企业化管理、市场化运作"的目标，组建经营有限公司，大力开拓演艺市场。宁波逸夫剧院则采用演出补贴、企业冠名、市场促销等办法，大力繁荣演出市场。"十一五"时期宁波文化产业呈现出良好的发展势头。首先，宁波国有文化产业的两大龙头——宁波日报报业集团和宁波广播电视集团实力和竞争力都有稳步的提升。2007年，两大龙头集团继续深化内部机制改革，加快

---

① "四个扩大"，是在试点工作的基础上，把改革从现有的10家改革试点单位扩大到全市所有宣传文化单位，从市本级扩大到11个县（市、区），从新闻出版、广播影视、文化演艺扩大到整个宣传文化领域，从存量改革扩大到用新的体制机制发展增量。"四个力"，即深化宏观管理体制改革，进一步增强文化发展调控能力；创新公益文化事业运行机制，进一步增强公共文化服务能力；发展壮大文化产业，进一步增强文化产业竞争实力；健全领导体制和工作机制，进一步增强文化体制改革整体合力。"六个形成"，即形成科学有效的文化宏观管理体制，形成方向正确、富有效率的文化生产和服务的微观运行机制，形成涵盖全社会的比较完备的公共文化服务体系，形成以公有制为主体、多种所有制共同发展的文化产业格局，形成统一、开放、竞争、有序的文化市场体系，形成以科学创新为手段、内容创新为重点的文化创新体系。

资源整合，探索跨行业多元化发展，持续实现了两位数以上的增长，实现了跨越式发展。其次，民营文化产业继续发展。2006年象山县引进杭州宋城集团，合作建设中国渔村旅游项目；宁波远望华夏置业有限公司租赁经营北仑凤凰山主题公园。最后，会展产业成为具有宁波品牌效应的文化产业。宁波在继续围绕自身优势产业开展节庆和会展活动的同时，不断增强节庆、会展活动的文化创意内涵，使会展业成为宁波最富有发展潜力和影响力的文化产业之一。

（二）文化事业管理体制机制的体系构成

体制与机制是既相联系又不完全相同的两个概念。体制侧重于上下之间有层级关系的各种组织之间的权力与利益结构，它引导事物发展的方向；机制侧重事物内部各部分的相互关系。机制包含在广义的体制之内，是体制的一个有机组成部分。对于文化事业而言，体制是文化事业中带根本性、全局性的组织制度，机制则是这种组织制度的内部构成、因果联系和工作原理。文化事业的体制改革，是指对文化事业的转企改制，以此而改革其与政府、其他组织的权力利益关系；而机制改革则是在体制不变的前提下，对文化事业的内部运行机制进行改革，以此提高其运行效益。在改革中，机制运作要服从体制的宗旨，体制建设要综合、兼顾到机制的要求，使各种机制能够有效地整合于文化事业的体制中。

1. 改体制还是改机制之论争

围绕文化事业的改革到底是改体制还是改机制形成了最激烈的争论，而对这个问题的回答又是确定文化事业管理体制机制体系构成的前提。强调意识形态属性的人认为，只能改机制，一旦改体制就可能导致意识形态失控；强调市场属性的人认为，不改体制，机制改革很难成功。应该看到，我国的文化事业改革发展进程中障碍重重，这种局面主要是由现行的文化事业体制和机制造成的，必须进行改革。目前，我国文化管理体制机制上问题主要有四个方面：

一是管理体制上的问题。我国较好的文化资源和文化人才基本上集中在国有文化事业单位。按传统和现行的管理体制，条块分割，上下分割，部门分割，资源分散，行政干预过多，使得文化产品和文化服务供需不平衡，文化事业发展水平不高。文化事业的产权几乎清一色国有，社会资本很难进入，投入产出率低。二是管理方式上的问题。受意识形态建设的影响，文化事业在管理方式上管办不分。在改革开放过程中，担心在市场经济条件下，文化企业听命于市场而非听命于政府，导致在改革中迟迟迈不开步子，就是迈开了，也是且行且止。非文化事业尚且这样，国家对文化事业更是统包统揽。三是在管理主体上的问题。管理主体的问题主要表现为党政不分、多头管理、各自为政。以传媒业为例，目前国家级行使管理职能的有中宣部、文化部、广电总局、新闻出版总署等，各地区也相应地设置行政机构。在实际操作中，各部门的职能界定不明，要么政出多门，难以适从；要么推诿扯皮，效率低下；要么缺乏市场竞合，关联度低。四是运行机制上的问题。现在很多的文化事业组织，无论是文化事业组织还是非文化事业组织，国家投入不足，运行机制僵化，缺乏生机与活力。内部运行机制，包括决策机制、约束机制、激励机制、分配机制、保障机制等，特别是用人制度和分配制度，需要大胆创新，锐意改革，才能实现大的突破。

那么，文化事业管理的改革到底改什么？党的十六大回答了这个问题：文化事业组织的改革以"增加投入、转换机制、增强活力、改善服务"为重点；非文化事业组织的改革以"创新体制、转换机制、面向市场、壮大实力"为重点。也就是说，党的十六大明确了文化事业组织重点是进行机制改革；而非文化事业组织应该是既要创新体制又要转换机制，其重点是体制改革。从体制与机制创新的角度而言，因文化事业改革只涉及机制，而非文化事业改革则既包括体制也包括机制两方面，故文化事业管理体制与机制的体系应有文化事业的机制和非文化事业的体制和机制两个层面。

第六章 宁波市文化事业管理体制机制创新研究

2. 文化事业管理的机制：外部机制与内部机制

文化事业管理的机制可以分为外部机制和内部机制。

外部机制主要是指文化行政管理部门与文化事业组织的关系。外部机制改革是指文化行政管理部门如何进行文化事业的管理，也包括文化事业组织社会保障制度的改革。要通过外部机制改革，使文化行政部门实现对文化事业管理方式的转变，建立较为科学规范的文化事业目标规划机制、社会化运作机制、项目考评机制和社会保障机制，最大限度地提高政府管理文化事业的水平，保证公众从文化事业获得最大的收益。

内部机制是指文化事业组织的内部关系，主要涉及内部治理、用人分配诸方面形成的关系。文化事业组织的内部机制改革，是以转换机制、增强活力、改善服务为着力点，重点内容是推进内部治理、用人机制、分配机制的改革，切实增强公益性事业单位内在动力和活力，降低运行成本，提高管理和服务水平。第一，内部治理。内部治理是指文化事业组织的产权制度、治理结构、组织构架等。文化事业组织的内部治理体系，决定着它的组织使命，战略目标及其基本权力的实现。一个好的组织内部治理体系，可以使该文化事业组织能够充分利用内外的资源，实现其组织宗旨，从而实现组织自身的可持续性生存与发展。[①] 第二，用人机制。文化事业组织肩负着传播文化的职能，用人机制是保证其职能实现的重要基础。要在加大人力资源的开发、将优秀人才引入文化事业组织的同

---

① 传统公益性文化事业组织是计划经济的产物，以上级计划、命令为主。因此，公益性文化事业组织的内部治理体系并不十分重要。但是，在公益性文化事业组织利益主体多元化、监督主体多元化的大环境、大背景下，关于公益性文化事业组织的内部治理自然而然地摆在人们面前。它要求现代公益性文化事业组织根据影响组织结构的各种因素，设计最适合自己的内部治理。以中国博物馆为例，当政府加大对博物馆的投入，博物馆的资金状况改善后，博物馆内部治理必须进行相应的改革，否则将严重影响到它们的公共服务质量。我们可以借鉴国外博物馆的董事会、监事会制度，遴选关心公共文化事业的本地居民组成监事会，每年对各个博物馆的公共服务质量提出评估报告，督促博物馆方面不断改善。相关的政府主管机构，也应以多种方式对博物馆等公共机构的服务质量进行定期评估，尤其是吸收第三方独立机构的评估。

时，推动用人机制的改革，调动文化事业组织中人的潜能。从某种意义上讲，用人机制比引进人才更重要，因为人才引进后如果没有好的用人机制，人的作用就难以发挥出来。有了好的用人机制，人人都可能在合适的岗位上成为人才。第三，分配机制。传统的分配机制下，文化事业组织的分配机制是按行政级别、专业技术职称来进行分配的，基本上不考虑员工的绩效。文化事业组织为了调动工作人员的积极性和创新精神，首要条件就是要打破传统的平均分配方式，实行以岗位、以绩效为主的分配方式，即按需设岗、竞争上岗、按岗定薪、按绩付酬、奖优汰劣。

3. 非文化事业管理的体制：外部体制与内部体制

非文化事业的体制包括外部体制与内部体制两部分。

非文化事业组织的外部体制指的是政府与非文化事业组织的关系。非文化事业的外部体制改革主要指政府转换管理方式和加强对文化事业剥离企业的监管。政府对非文化事业组织的管理方式主要有以下三个方面的内容：第一，政府在非文化事业发展中的角色定位，即政府是"办文化"还是"管文化"的角色定位。第二，政府对非文化事业的管理格局，即政府是"大一统"的管理格局还是分权型的管理格局。政府以往从上到下直线式的大一统管理格局，造成了非文化事业的单一发展。为形成市场竞争和整合各非文化事业门类和组织的技术、资金、人才，就要积极调整、改革非文化事业的大一统管理格局，精简管理机构，简化审批手续，便于非文化事业组织之间的兼并重组，通过建立健全研究、咨询和中介机构，从而形成非文化事业生产、流通、消费、研究、咨询、中介的完整结构，使之呈现网状联系格局。第三，政府对非文化事业的重点扶持。一是扶持非文化事业中高雅文化事业的发展。二是扶持中小型文化企业的发展。

非文化事业的外部体制还包括政府对文化事业剥离企业的监管关系。文化事业剥离企业，是指从所有事业组织中剥离出来的文化企业，包括从文化事业中剥离出来改制为企业的部分。政府对剥离企业的监管，主要是指主管单位和出资人要按照有关法律法规和政策规定，切实加强对剥离企业的经营方向、资产配置、重大决策、重要经营管理人员配备的监理，其实也是管理方式的转变。对文化事业组织剥离企业的监管还包括对外向型企业的监管。在重点扶持、鼓励有条件的文化企业成为跨国公司时，要加强监管，使之既能与国际接轨，扩大中国文化产品和文化服务在国际上的覆盖面和影响力，又能保证非文化事业的根本宗旨不发生变化，在提高效率的同时不忘记效益这一根本。

非文化事业组织内部体制是指非文化事业组织的内部关系。非文化事业组织内部体制改革主要是规范非文化事业组织的转企改制和重塑文化市场主体。改革开放以来，许多非文化事业组织走上了"事业单位企业化管理"的发展道路，部分地实现了与市场的结合。在这种模式中，政府对非文化事业组织的经营活动承担无限责任，"自负盈亏"实际上是只负盈不负亏，非文化事业组织缺乏市场竞争力和市场约束力，无法面对激烈的市场竞争。因此，必须在文化体制改革的大潮下，规范非文化事业组织的转企改制，使非文化事业组织成为真正独立的法人主体，以扭转这种局面。规范非文化事业组织的转企改制，还要在明晰产权关系的基础上，完善法人治理结构，从而建立现代企业制度。

4. 非文化事业管理的机制：外部机制与内部机制

非文化事业管理的机制与文化事业管理机制一样，可以分为外部机制和内部机制。其外部机制主要是指文化行政管理部门与非文化事业组织的关系。包括文化行政部门为建立科学规范的非文化事业目标规划机制、社会化运作机制、项目考评机制和社会保障机制等管理方式。内部机制是指非文化事业组织的内部关系，涉及的内容也是内部治理、用人机制、分配机制等形成的管理关系。因非文化事业管理的机制与文化事业管理机制的内容框架一致，故在此不赘述。

二 宁波文化事业管理体制机制改革的现状分析

宁波市自开展文化体制改革以来，抓住宏观和微观两级层面、事业和产业两大领域、国办和民办两方面力量，积极稳妥、扎实有效地开展试点工作，取得了改革发展的阶段性成果。2003年以来，先后制定了《关于推进文化大市建设加快社会事业发展的决定》《关于加快推进文化大市建设的实施意见》《关于支持国有文化单位改革试点的若干政策意见》《关于推进文化产业发展的若干意见》和《关于市属生产经营服务型事业单位改制的意见》等。2006年7月，为切实贯彻落实中共中央、国务院《关于深化文化体制改革的若干意见》，制订了《宁波市全面推进文化体制改革实施方案》，对全面深化文化体制改革作出重要部署。随后，11个县（市）区和5个市级宣传文化单位也都制订了各自的实施方案。宁波市的文化体制改革从此进入了全面深化的新阶段。宁波市在文化事业管理体制机制改革的实践中，围绕文化大市建设目标，遵循文化发展规律，大胆开拓、勇于创新、彰显亮点，走出了一条符合宁波实际、具有宁波特色的文化体制改革之路。

（一）文化事业管理体制机制改革：主要实践与经验

1. 政事的分开和管办的分离

宁波市在文化领域不断推进政府职能转变，实行政事分开、管办分离，把政府管理重心转移到政策调节、市场监管、社会管理、公共服务上来；努力建立健全党委领导、政府管理、行业自律、企事业单位依法运营的文化管理体制。市广电局与市广电集团相分离，县级广电系统"局台分开"。在此基础上新建了市、县两级文化广电新闻出版局和统一的文化市场综合执法机构，进一步推进了管办分离，理顺了政府与文化企事业单位的关系。广电系统初步实现了由"办"向"管"，由管微观向管宏观，由主要管理直属单位向管理全社会的三个转变。与此同时，从制订"三定"方案、简化审批程序、创新管理手段等方面入手，逐步实现从办文化向管文化、从管微观向管宏观、从直接管理向依法管理、从单纯强调管理向管理服务并重的转变。

2. 国有文化资产考核制度的探索

为加强对国有文化资产的有效管理，2004年经市政府批准，宁波日报报业集团和宁波广电集团被纳入国有资产授权经营范围。从2005年起，市委宣传部会同市国资委、市委组织部、市文化广电新闻出版局，建立了国有文化资产考核工作小组，制定了"社会效益优先，并和经济效益相统一"的考核原则，在考核办法设计中，由市委宣传部牵头的定性年薪考核占51%，由市国资委牵头的经营年薪考核占49%。这一考核监管制度中，其工作机构的组成体现了"管人、管事、管资产相统一"的原则，确保在党管媒体不变、坚持正确舆论导向不变、党和人民喉舌性质不变、党管干部不变（简称"四个不变"）的前提下，推进两大传媒集团资产保值增值、实力发展壮大。

3. 文化事业的经营部分和经营性文化单位的转制

据中央关于加快文化体制改革试点工作的要求，2003年8月《东南商报》被宁波市文化体制改革试点工作领导小组确定为改革试点单位。2004年初《东南商报》以"四个不变"为前提，将报纸的经营部分和采编部分相分离。经营部分引入社会资金，开始组建规范化的股份制企业。2004年5月成立的宁波东南商报经营有限公司实行董事会领导下的总经理负责制，全权负责《东南商报》的广告、发行等相关经营业务。公司总资产1亿元人民币，其中宁报集团占股55%，雅戈尔集团为45%。新体制运行中，《东南商报》仍保留原来的编辑部和编委会，在宁波日报集团党委和编委会领导下，负责采编任务及对新闻舆论导向的把关。广告、发行等与报业相关的经营业务由公司负责，进行规范化市场运作。在新闻媒体方面，除对采编工作考核机制和人才培养机制进行内部改革之外，还进一步将广告、印刷、发行、传输网络以及影视剧等节目制作与销售部门，从事业体制中剥离出来，转制为企业，进行市场运作，为主业服务。

在科学界定宁波市现有文化事业单位的不同性质和功能的基础上，对不同类型的单位实行不同的改革要求。政府兴办的图书馆、博物馆、文化馆（站）、科技馆、群众艺术馆、美术馆等为群众提供公共文化服务的单位，为公益性文化事业单位。党报、电台、电视台、新闻网站和时政类报纸，承担政治性、公益性出版任务的出版单位，具有较高艺术水准并传承地方特色文化的艺术院团，实行事业体制。其他艺术院团以及新华书店、影剧院、电视剧制作单位和文化经营中介机构等，逐步转制为企业。如宁波日报报业集团抓好所属印务中心的改革，与民营企业宁波利时集团共同组建了报业印刷发展公司。改革后，新体制、新机制的活力逐步显现，从2005年5月新公司组建到当年年底的8个月内，新公司实现利润907万元。市电影公司与上海联和院线联手组建宁波联和电影有限责任公司，实施镇海电影院的产权改革，组建了股份制的镇海电影有限责任公司，票房收入和利润有较大幅度增长。对全市新华书店也全面实行转企改制；对市新华书店、宁海新华书店等已转企的单位，要理顺职工劳动关系，组建为国有独资企业或在国有控股的前提下，吸收多元资本进行改制；对尚未转企的有关县（市、区）新华书店，要转为国有独资企业或在国有控股的前提下，吸收多元资本进行改制。其他单位如宁波有线广播电视网络传输中心、宁波剧院（宁波市演出公司）、宁波广播影视艺术中心、民乐剧场等，按照成熟一个推进一个的原则，逐步转制为企业。

4. 民营文化产业的大力发展

民营文化经济是发展文化产业的新生力量，宁波市注重发挥民营资本投资活跃、经济实力雄厚的优势，积极推进民营文化产业发展，呈现出良好势头。一是鼓励民营资本参与文化体制改革，如雅戈尔集团参与了《东南商报》的"两分开"改革，利时集团参与了《宁波日报》报业集团印务中心的股份制改革，西格集团经营管理市游泳健身中心等取得了合作共赢；二是引导民营资本投资文化产业，如象山县政府引进宋城集团合作建设中国渔村旅游项目，台资企业宁波远望华厦置业有限公司租赁经营北仑凤凰山主题公园等，欧琳集团投资兴办千玉水晶有限公司进军高端工艺礼品市场；三是发展一批特色民营文化产业，"十五"期间，宁波结合区域特色，大力扶持和发展文体用品制造销售业、古旧家具生产加工业、包装印刷业、根雕制作业等一批特色民营文化产业。出现了以贝发、广博、三A等民营企业为龙头的宁波文具业，年产量占全国的1/5，出口占全国的1/3，宁波因此成为名副其实的"中国文具之都"。

在深化改革进程中，宁波市党委政府加强组织领导和统筹协调，积极开展前瞻性、战略性重大问题的研究，及时了解和把握改革发展面临的新情况，切实解决改革发展中的实际困难和问题，充分体现"有形之手"的作用。同时，注重发挥市场机制在资源配置方面的基础性作用，使文化生产遵循价值规律的要求，适应供求关系的变化，调节文化产品和文化服务的生产、流通和消费，实现文化生产资源的合理配置，充分发挥"无形之手"的作用。

5. 公益性文化单位的综合改革

宁波市在公益性文化事业单位的改革实践中，着重通过转换内部机制来增强服务能力。《东南商报》采编部门、海曙区文化馆等单位，率先实行了聘用制度和岗位管理制度，建立起以"干部能上能下、人员能进能出、收入能高能低"为目标的内部管理新机制，充分调动各方面积极性；建立健全财务管理制度，加强经济核算，降低运行成本。宁波市文化事业单位先后都在推行这种行之有效的内部机制改革举措。

公益性文化事业单位的另一重大改革是投入方式的转变。宁波市按照"增加投入、转换机制、增强活力、改善服务"的要求，加大公共财政投入力度，实行重心下移，大力推进公共文化服务体系的建设。至今已陆续建成了大剧院、音乐厅、美术馆、图书馆、游泳健身中心、宁波博物馆等一批标志性文化设施，东部新城文化广场、宁波书城、宁波帮博物馆等重大设施正在加紧建设；以"东海明珠工程""15分钟文化活动圈"和"广播电视村村通"为重点，大力加强基层文化设施建设；通过开展"万场电影千场戏剧进农村""利时之约"大型公益演出季、"活力宁波"系列群众文化活动等，实现和保障广大人民群众的基本文化权益。与此同时，还鼓励具备条件的公益性文化单位积极探索事业办企业的路子，既确保公益服务职能的有效行使，又以产业的不断壮大来支持事业的可持续发展。如海曙区为保证区文化馆更好地履行公共文化服务职能，对文化馆事业编制人员的基本工资及各类社会保险给予保障，对要求文化馆承办的各类文化活动经费以政府定向采购的方式予以投入。政府在公益性文化投入上（不包括举办大型活动）达到了160万元，比改革前翻了一番。同时，文化馆还投资兴办了注册资金为500万元的国有独资文化企业，大力发展文化产业，2005年该企业有70万元左右的产业收入反哺公益文化活动。

6. 运行机制和管理体制的健全与改革

宁波市在推进改革进程中，注重充分调动经营者和广大职工的积极性，激发文化单位的经营活力和发展能力，解放和发展文化生产力。如市歌舞团组建了多元投资的演艺公司，其演出业务均由该公司按市场经营模式运作，实行独立核算、企业化分配，极大地促进了演出市场的开拓。歌舞团有限责任公司全面推行全员聘任制度和岗位管理制度，确保"人员能进能出，干部能上能下"，形成了"绩效挂钩，多劳多得，优劳优酬"的收入分配机制，初步实现了演艺资源的整合和优化配置，在"出人、出戏、出效益"方面取得了较好成绩。甬剧《典妻》获得多项全国大奖，3名演员先后获得梅花奖。对市大地艺术团有限责任公司，引入民营资本，改组成为民营艺术团体，实现自主经营、自负盈亏、自我发展，在筹建和运作初期，在政策许可范围内给予积极扶持。

第六章　宁波市文化事业管理体制机制创新研究

与此同时，还加强了文体场馆的管理体制改革。按照"所有权与经营权相分离"的思路，对大型公益性文体场馆，主要以委托管理的形式，探索建立新的管理体制。如宁波游泳健身中心以公开招标的形式，将经营管理权委托给美国西格集团公司，目前运作态势良好。2005年该中心在充分发挥公益服务功能的基础上，共接待健身、游泳来客28.2万人次，实现销售收入960万元，取得了社会效益和经济效益的双赢。

（二）文化事业发展中面对的挑战和问题

在取得上述成绩的同时，宁波市文化事业发展中还面临着许多挑战和问题。这些挑战和问题也是文化事业管理体制机制进一步改革的障碍。

1. 政府管理文化事业的职能尚欠明确

在社会主义市场经济条件下，政府逐步由过去办文化向管文化过渡，政府职能也发生了根本性转变。在这一过程中，政府的作用不是减弱了，而是比以前更重要；对政府工作能力的要求不是降低了，而是比以前更高。可以说，在社会主义市场经济条件下，政府的组织管理机制在文化发展中的作用至关重要。宁波的文化产业刚刚起步就迅猛发展，这就更需要政府的积极引导和政策的强力扶持，需要在全社会形成合力。尤其是在宁波，民营资本投资文化产业对政府的宏观调控和监管水平提出了严峻挑战。

但宁波文化事业在体制机制上尚缺乏职能分明的政府管理。这主要表现在文化管理体制不合理，还没有完全摆脱计划经济条件下的管理体制和运行机制，导致机构设置重复，职能交叉，各部门的文化产业促进职能不明确，兼有文化行业管理、发展文化事业和促进文化产业的三重职能，还存在事实上的政资、政事、政企不分现象，背离市场经济原则和运行规律。文化管理体制衔接不畅、工作机构不对接，存在条块分割的现象，在一定程度上影响了工作效率，也造成了一些文化市场主体没有完全纳入到政府文化管理的范围。

2. 公共文化设施管理运营机制不够畅通

发展公共文化事业，完善公共文化设施，直接或间接提供丰富优质的公共文化产品与服务是各级政府的重要职责。但从当前宁波公共文化建设看，一方面，公共文化事业建设按行政区域或行业条块分割设立，使原本就极为有限的公共资源因为管理权的分离而被人为浪费和闲置；另一方面，虽然建立起了大量文化设施，但是由于管理监督不够到位，其利用率不高，效益并不明显。有关部门调查结果显示，在"东海文化明珠"工程中，只有1/3左右发挥着应有功能，在获得省、市两级的"东海文化明珠"工程中，有近10%的室内面积被挪作他用。一些乡村文化站被挤占、挪用现象屡有发生，村文化活动室的总体使用率不到30%，部分文化站管理手段落后，服务功能单一。一些图书室藏书量少，少有更新，以致借阅人数寥寥。

宁波当前很多公共文化设施仍承袭传统的"谁投资、谁管理"的方式，镇级和村级文化设施基本由镇乡文化站和村委会负责管理，这种事业或准事业管理方式，集社会职能与资产管理职能于一体，通常存在职责不分、管办不分的问题，管理运营中往往注重应付上级的考评检查，而不是以服务对象为中心、以群众的文化需要为动力，严重影响了公共文化服务的效益。而市场化运作的公共文化设施，则普遍存在着缺乏约束和规范等问题。公益性文化设施外包托管，必须要对管理运营单位进行严格的监管，才能保证其公益性和效益，但目前宁波政府对运营单位的监管还存在很大问题：一是监管主体缺位，没有明确监管部门；二是对管理运营单位的服务，如公共文化设施开放或不开放、什么时候开放、提供什么服务、如何提供服务等缺乏必要的约束和规范；三是对管理运营单位缺少绩效考评，对管理单位的工作如何、群众满意与否、群众参与度如何、效益怎样等缺少一个考核环节。由于缺少约束和规范管理，管理方为了追求经济效益的最大化，或将文化设施挪作他用，或改变用途来谋取利益，最终导致公共文化服务福利缺失，公益效益大打折扣。

3. 公共文化服务的市场化程度仍不够高

公共文化产品的生产和提供的方式问题，经验证明，如果完全由政府投资提供，就会回到计划经济的老路上，出现效率低下的"政府失灵"，而如果主要由市场投资提供则又会出现"市场失灵"问题。从国外经验看，无论是自由主义还是干预主义，都既不否认政府和公共部门的作用，也不否认市场机制配置资源的基础性作用，只不过二者在不同时期强调的侧重点不同而已。同样，公共文化服务也没有单一的生产者。公共文化服务的提供是解决谁投资、谁付费的问题，政府提供公共文化产品和服务，但是不一定必须介入生产事务，可以采取政府采购、委托私营部门生产等多种方式，还可以在不同公共机构之间展开竞争来降低成本，提高服务的数量和质量。因此，在市场经济条件下，公共文化服务在具体的运营形式上必须要有更大的灵活性。

目前，宁波市公共文化服务体系建设在借助社会力量、采用市场化运作方面作出了积极探索，改变了过去单纯依靠政府拨款举办活动的局面，但这种努力还刚刚起步，公共文化服务的提供和实施仍主要由政府和文化事业单位承担，非政府组织的作用还没有得到充分发挥；公共文化服务在具体运营形式上灵活性还不够高，市场化运作还不成熟。这种状态造成公共文化服务的社会效益不够高，限制了公共文化产品和服务的多元化、多样化发展，阻碍了改革文化服务市场化的步伐。

4. 公共文化服务能力与群众需求间存在较大差距

公共文化服务体系建设的根本目的是满足人民群众的文化需求，保障文化权益。人民群众是公共文化建设的中心。宁波市在提供满足群众文化需求的公共文化产品，提升公共文化服务能力方面有很多的创新之举，其社会效果也较明显。但由于忽视对公共文化产品样式与服务内容生动多样性的深入研究，造成公共文化产品数量见长但精致度不够，文化活动数量增加但魅力不足，文化服务项目增多但质量不高等问题，导致公共文化服务能力与较好地满足群众多样化文化需求的目标仍有较大差距。

问题的核心在于公共文化产品的供需关系还没理顺。目前的基本状况是，政府提供什么样的文化服务，老百姓就消费什么服务。政府送去的"文化大餐"不一定适合基层群众的口味。还有一种情况是，服务提供的方式不切合群众利益，存在形式主义问题。如把村图书室建在村委会，看上去好看，但群众去借阅图书并不方便，图书室的利用率自然不高。而且图书室的管理还需要专门的人力和财力，这也是一个负担。相反，如果把图书室建在小卖店，既可以节省管理费用，又方便群众借阅图书。

5. 公共文化建设缺乏法律体系的有力支持

目前，我国除了《公益事业捐赠法》和《公共文化体育设施条例》两部法律法规外，其他有关文化管理和文化产业发展的规章，基本上都是由政府的不同行政主管部门制定并以政府的名义发布的，效力层次较低，无法形成对公共文化建设的有力支撑。近年来，宁波市根据国务院《公共文化体育设施条例》的基本原则，制定《宁波市公共文化设施管理条例》和《宁波市促进民办非营利文化组织发展条例》等专门的法规或措施，进一步规范公共文化设施的管理与利用。

但总体上而言，宁波市在公共文化建设上还缺乏配套的政策和法律体系。如对公共文化服务体系建设总体规划还有待完善；公共文化服务建设投融资体制不够健全，政策措施不配套，民营资本进入公共文化服务领域的门槛过高；在文化产业的发展方面，虽然出台了一些政策，但政策体系还不够完善，有些政策过于原则性，缺乏实施细则，相关配套政策和措施也没有及时到位。在税收、土地、政府补贴、社会融资及建立多元化投入机制等方面还没有完善的配套政策。

三 服务型政府建设对文化事业
管理体制机制创新的要求

服务型政府是在借鉴西方国家政府改革先进经验的基础上,结合我国具体国情而提出的新的政府治理模式和政府管理理念。构建以民为本的服务型政府是新时期对政府管理创新提出的要求,也是政府管理创新发展的必然方向。只有通过政府管理体制机制创新,才能实现服务型政府的目标,才能最终建成服务型政府。在公共文化事业管理领域,服务型政府建设要求以追求社会公平和自身效率作为价值目标,以构建公共文化服务体系作为切入点,不断创新公共文化事业管理体制机制,最终建立有利于提升公共文化服务能力的管理和运行机制。

(一) 以追求社会公平和自身效率作为体制机制创新的价值目标

文化事业的目的是无偿为社会提供文化产品和文化服务。现代经济学表明,文化产品和文化服务具有公共物品的属性特征。公共物品的属性特征包括非竞争性和非排他性。所谓非竞争性是指该商品消费上的共享性,即某人的消费不影响别人的同时消费。所谓非排他性是指公共物品的产权是属于社会的而不属于个人。从这个角度看,文化事业与市场属性、产业属性往往是不能兼容的,它的最大特点是公益性,而其社会效益的获得也总是建立在这一特性的基础之上。

文化事业具有公共物品的属性特征,但并非不能经营。在中国,大部分文化事业单位也开展经营业务,但不以营利为目的。在市场环境中,文化事业组织借鉴产业组织的经营管理方式,适当开展经营活动,既可解决发展中国家公益事业财政投入不足的问题,又可以提高文化事业的运行效率。例如,许多文化机构拥有门票收入（主要经营收入），但政府的财政拨款和社会捐助仍然是文化事业组织的主要经费来源，门票收入只能弥补财政拨款的不足。当然，必须加强对文化事业单位的监管，防止借经营活动、借公共资源获取个人或小集体的利益。

现代社会，公众应当公平地享有文化事业权。文化事业追求的是最大范围、最大限度地为公众带来文化享有的公平，不能以营利、更不能以利润最大化为目标。文化事业必须以公众公平地受益为目标，以人的全面发展为目标，这是所有文化事业必须始终恪守和实践的宗旨。文化事业的本质特征说明，文化事业组织的改革并不是改变文化事业的公益性本质，即不能进行体制改革，只能进行机制改革。

文化事业有着双重追求：一是社会公平；一是自身效率。在现代社会，文化事业不断满足公众的文化需求，是实现社会公平的有效手段。为了有效实现社会公平，文化事业必须提高自身效率，尽可能满足公众不断提高的需求。对于文化事业而言，要以实现社会公平为根本，提高效率是为了更好地实现社会公平。因此，文化事业的机制改革也是它追求社会公平和自身效率的回应。

应当看到，文化事业的效率是维护社会公平（文化权的公平）的基础和条件。文化事业旨在促进人的发展，但这还只是美好愿望，能否实现这种愿望，则有赖于它自身的强大。显然，只有在文化事业本身的运行机制达到高效率的情况下，文化事业才会强大起来，才能让公民真正实现公平地享有文化事业权。由于不理解这两者的关系，中国的文化事业没有效率观念，甚至以为讲效率会削弱其公平性。

营利是要追求效率的，经营一般也是要追求效率的，但不营利并非不追求效率。文化事业，无论经营与否，其非营利性是没有争议的，但非营利性并不意味着文化事业不必追求效率。文化组织没有效率的观念就没有发展的动力，没有发展的动力肯定难以发展起来，自然无力承担其历史使命。

(二) 以构建公共文化服务体系作为体制机制创新的切入点

文化事业是一个庞大的社会系统，随着文化事业管理体制机制改革的不断深入，文化事业组织改革在组织结构、性质职能上的变化似乎是最小的，它既不会像非文化事业组织那样转企改制，也不会像行政执行类文化事业组织划归政府部门。

文化事业改革已经有二十余年了。过去，改革更多地关注如何调动职工的积极性，总是聚焦于改革内部管理结构，这当然没有错。但这种改革忽视了文化事业公共文化服务的定位，所以每次改革成果仅局限于对组织结构和管理制度的优化调整，从未从根本上明确文化事业的存在和功能，也未解决文化事业提供和需求之间的矛盾。因此，文化事业机制改革应该寻找新的切入点。

在公共服务理念风靡全球的今天，市场经济发达的国家兴起了新公共管理运动，其主要内容就是在传统的、政府主导的公共服务领域引入市场机制，即分离政府作为公共服务购买者和供给者的职能，引入其他非营利机构和营利性机构，通过一种竞争性的机制实现资源的有效配置，改进和提高公共服务的质量。一些发展中国家和经济转轨国家也在不同程度上实施公共服务的市场化取向的改革。

我国文化事业的机制改革基于"出乎其外"的理念，可以借鉴国外新公共服务体系构建的成功的经验，构建具有中国特色的文化事业公共文化服务体系。但还要"入乎其中"，构建文化事业公共文化服务体系不能简单地借鉴国外新公共服务体系构建的经验，简单地依赖市场。因为当文化产品和文化服务完全依靠市场机制来提供，就会因为服务和产品的稀缺而导致公共文化服务受众负担不起的情况出现，从而背离文化事业公共文化服务理念。文化事业公共文化服务体系的构建只有通过国家和市场两种机制的有效结合，才有可能达到满意的结果。

在强调政府和市场两种机制有效结合的时候，我国文化事业组织应该责无旁贷地肩负起提供公共文化服务的责任。在新一轮文化事业机制改革大潮中，文化事业组织应凸显公共文化服务意识、提高公共文化服务质量。文化事业组织在这轮大潮中必须明确其自身的定位，以构建优质高效的公共文化服务体系为切入点，全面推动体制机制改革。

（三）建立有利于提升公共文化服务能力的管理和运行机制

1. 要培育高效的公共文化服务提供主体

公共文化服务的主体包括各级政府及其所属的文化服务单位。各级政府在公共文化服务体系建设中承担着主体角色和主导责任，在公共文化产品和服务的提供过程中肩负着公共政策制定、公共财政支持、宏观文化管理等职能。同时，特别要指出的是，要关注文化基金会、社会组织和民间力量在公共服务中的作用，培育和支持这些公共文化服务主体的发展和壮大，发挥其独特的作用。

2. 建立科学合理的公共文化服务保障制度和监管体系

这些制度包括公共文化服务的投入机制、人才保障机制、各类文化单位服务机制、公共文化政策制定的决策机制（例如通过召开文化政策听证会、公布咨询文件等方式，吸纳专家及公众参与公共文化服务的决策及文化产品和服务的提供）、公共文化产品和服务通过市场提供的机制以及相关政府文化管理机构统一提供公共文化产品和服务的协调机制等等。

3. 强化文化服务单位的服务能力

按照中央关于文化体制改革的精神，国家兴办的文化事业单位，是构建公共文化服务体系中体现政府导向和实现群众文化权利的主体。加强公共文化服务要求政府实现职能的转变。目前，我国一般将政府职能定位为"经济调节、市场监管、社会管理和公共服务"四个方面。实现公共文化服务均等化，首先要从文化服务单位入手，转变服务观念，创新服务方式，明确服务标准，提高服务能力和水平，为群众提供优质高效、均等的公共文化服务。

4. 探索科学的绩效管理和考核制度

绩效管理是考察公共文化服务社会效果的方式与方法，它在公共文化服务体系中占据了重要的位置。这些制度包括对公共财政资金投入公共文化服务领域的监管和审计制度，文化单位提供文化产品和服务的报告（如剧院上座率、博物馆参观人数、图书馆借阅率等）和考核制度，公众、社会团体、新闻舆论等机构通过一定程序和途径，直接或间接、正式或非正式地评估政府以及公益性文化服务单位文化服务的制度，等等。

四 宁波市文化事业管理体制机制创新的路径选择

宁波市在推进文化事业管理体制机制改革方面已取得了明显成效，为全面开展文化体制机制创新奠定了良好的基础。宁波市文化事业发展面临的问题和挑战也为文化体制机制的进一步创新提出了迫切的要求。以建设服务型政府为理念，以推进文化大市为目标，探索宁波市文化事业管理体制机制创新的路径有着重要的现实意义。

（一）服务主体创新：鼓励和促进公共文化服务的民营化

当前宁波公共文化事业发展不平衡的问题依旧存在，边远山区、城乡基层和农村外来务工人员中间，文化生活还比较贫乏，他们的基本文化需求还远远没有得到满足。要从根本上解决基层群众文化生活贫乏的问题，除了政府加大投入，加快基层公共文化服务体系建设，扩大基层公共文化产品和文化服务供给外，更重要的是发挥基层群众自身在文化建设中的主体作用。政府应该鼓励和促进公共文化服务的民营化，吸纳民间力量和民间资本参与公共文化服务。

首先，要大力促进民营文艺表演团体的发展。民营文艺表演团体来自于民间，成长于民间，服务于民间，他们长年活跃在乡村集镇、城市社区，创作表演内容生动、形式活泼，为广大基层群众所喜闻乐见的剧目，赢得了良好的社会效益和经济效益。尽管存在着资金微薄、经营粗放、艺术水平不够高等不足，但却以灵活多样的办团方式、特色鲜明的地方特色、充满生机的营销机制、不畏艰苦的创业精神等优势，赢得了市场，赢得了观众。他们在基层文化建设中起到了国有院团所无法起到的作用。政府必须加大政策扶植力度，促进民营文艺表演团体发展。具体而言，可采取如下三个方面的措施：第一，加大政府对民营文艺团体节目的采购力度。在政府举办或采购的送戏下乡项目和各类重大节庆文化活动中，选择民营文艺表演团体承担演出任务，并对优秀剧节目和演职员予以表彰和奖励。第二，建立县乡文化馆（站）、社区文化中心与民营文艺表演团体联系制度。鼓励文化馆（站、中心）免费或低价为民营文艺表演团体提供排练和演出场地，或邀请民营文艺表演团体与文化馆（站、中心）一起举办文化活动。第三，政府文化部门设立民营文艺表演团体专项扶持资金，对优秀民营文艺表演团体实行以奖代补措施。推荐有特色、高水准的民营文艺表演团体参加对外演出和国际文化交流活动，对参加政府组织的对外文化交流项目的民营文艺表演团体，给予奖励。

  同时，要鼓励民营博物馆发展壮大。博物馆最重要特点就是凸显地域文化特色，它通过在本地区收集到的自然环境及社会变迁的物证，在深入研究考证基础上，采用展览的形式提供给观众可靠的历史、文化、艺术、科学等信息，最能充分反映本土历史文化的精髓和内涵。在保护民族文化遗产、弘扬传统文化、陶冶情操、丰富群众文化生活等方面发挥着极其重要的作用。宁波作为七千年河姆渡文化发祥地，古代"海上丝绸之路"始发港，历史人文资源丰富，应在加强国有博物馆建设的同时，积极扶持民营博物馆的发展壮大。具体而言，可采取如下措施：第一，将民营博物馆作为政府文化建设项目的重点进行扶持，列入社会公益事业范畴。研究出台宁波市关于鼓励促进民营博物馆发展的立法，制定有关民营博物馆建设用地、资金补助、城市配套、经营税收、用水用电等方面的优惠政策，让民营博物馆享受政府补贴。充分调动社会各界兴办博物馆的积极性，以吸引民间资本投资创办博物馆，扶持民营博物馆的发展。第二，创新民营博物馆建设模式。大力推广鄞州区"企业＋博物馆""景区＋博物馆""生产基地＋博物馆"的建设模式。民营博物馆要与当地的旅游、商贸、餐饮等社会服务产业有机融合，这样既解决了博物馆建设中的资金难题，又推动了地方文化经济的发展，有利于建立民办博物馆良性发展机制，同时使文化遗产得到有效保护和修缮。充分发挥博物馆"收藏保护、宣传展示、社会服务"的三大功能。第三，政府文化行政部门要做好民营博物馆建设的规划工作。应根据宁波实际和文化资源现状，确定博物馆数量和布局，确定国有、民营博物馆的发展方向，避免重复建设和资源浪费。要根据宁波经济和社会发展水平、文物资源条件和公众精神文化需求，在全市范围内统筹兼顾，优化配置。鼓励优先设立填补博物馆门类空白和体现行业特性、区域特点的专题性博物馆，努力形成以国有宁波博物馆为龙头，各类专题性博物馆和行业博物馆作为两翼，多种体制形式并存的宁波博物馆体系，推进文化大市建设。

（二）服务制度创新：公共文化服务供给的市场化

进入新世纪以来，公共文化服务建设已经成为我国文化领域关注的热点，各级政府越来越重视公共文化产品的生产供给和服务。但在操作层面，政府仍习惯性地把国有文化事业单位作为公共文化产品生产供给的主体。这些在计划经济体制下形成的国有文化事业单位，在市场经济背景中明显呈现出体制性疲态。"伸手要投入、投入无产出、产出无需求"的状况迫切需要在公共文化服务部门的制度改革过程中，引入市场经济的竞争机制，运用市场机制实现公共文化资源的有效配置。

鄞州区在公共文化服务供给方面进行了大胆的制度创新，其经验可为宁波市其他地方借鉴。其率先引进市场运作模式，为实施"天天演"文化惠民工程组建了"鄞州区和盛文化艺术发展公司"，按照"公司运作、政府监管"的原则进行运行管理，改变了公共文化产品单纯依托政府的制度模式，在公共文化服务制度方面进行了有效尝试，并已取得初步的明显成效。全市其他各县市区也可结合本地实际，尝试组建具有公司性质的公共文化服务制度——公共文化有限责任公司，公司可以由国有文化事业单位转制为国有独资的公共文化有限责任公司，也可以组建混合所有制（国有、民间资本共同投资）性质的公共文化有限责任公司。这样，公共文化有限责任公司成为新颖的公共文化服务部门，一方面，将所有权与经营权分离的公司原则引入公共文化服务领域，以市场方式进行公共文化资源的配置和运行，增强了公共文化服务部门的生存能力、服务效率和竞争活力；另一方面，公司通过政府文化行政部门的市场监管和行政指导等方式，引导公共文化服务部门顺应市场经济的发展轨迹，在文化经济市场中扮演着文化物品的供给角色，以弥补营利性文化企业在社会文化物品供需关系中出现的"市场缺失"。同时，公共文化有限责任公司采取市场化的配置方式，将营利性文化企业的商业化经营技术、公司制组织形态等因素引入公共文化服务部门的制度设置之中。这种改革创造了一种非营利组织采取营利性经营服务的新路子。

为加强公共文化产品生产和供给，充实公共文化产品内容、提高公共文化服务水平和服务质量，增强服务效益，应以多种途径创新宁波市公共文化服务供给机制：（1）积极探索"企业经营，市场运作，政府购买服务"的公共文化活动市场化运作模式，积极引入项目招标竞争机制，对一些公共文化产品和服务项目以及公共文化活动，向社会公开招标。通过引入竞争机制，提高公共文化产品服务质量和服务水平。政府的文化资源向全社会公开，改变过去指令性下达由政府办文化的被动局面，不仅可以整合全社会的文化资源，激发了社会参与文化的创造力。而且群众参与面广，文化活动更贴近百姓。这样就可以大大提高公共文化服务的社会效益和经济效益，最大限度地满足民众的公共文化需求。（2）推行公共文化服务托管制。政府的公共文化设施、公共文化财产，社区公共文化服务等可以采取委托管理模式，委托给专业机构代为保管、维护和经营，实行专业化、社会化的服务和运行。托管制体现了公共文化服务运营的有效性原则，它通过托管人与受托人之间的洽谈，签订具有法律效力的契约合同，引入公共服务的竞争机制，在资金投入、维护保养和经营管理等方面降低了公共文化服务机构的运营成本，提升其服务的经济效益，从而最大限度地发挥公共文化服务的运营效率。如鄞州区对新建成的区文化艺术中心、体育馆、文化广场等区级大型公共文化设施均采取了委托管理模式。政府将公共文化设施委托给专业化的文化经营管理公司开发、管理、运作，政府不再承担设施的日常管理费用，管理公司利用对文化设施项目开发和举办商业性活动的收益维持日常运营，使政府和管理公司实现了双赢。（3）引入公共文化特许经营制。对于一些公共文化活动、公共景区包括市政公园、博物馆、森林公园、世界遗产地等社会公益性很强的公共场所可以尝试引入公共文化特许经营制。由政府文化行政主管部门在严格审查企业的资质、信誉的基础上，通过严格的审批制度和市场监管，对某些公共景区和公共文化服务实行特许经营，促使其向社会提供合格、健康的公共文化产品和服务。公共文化特许经营不同于一般的商业特许经营，是政府特许经营的一种形式，要遵从公共利益，其核心是政府将公共文化的部分或全部经营权授予非国有企业经营，企业在政府的监控下开展经营活动。

（三）资金投入机制和运作方式创新

在以政府提供公共文化服务为主体的基础上，应该按照"政府扶持、市场运作、社会参与、群众享受"的原则，探索多元化、多层次的文化投入机制和运作模式。除进一步健全政府公共财政体制、调整优化财政支出结构以及建立公共文化设施建设的刚性投入机制和投入增长机制之外，应通过适当引入市场机制，采用公开招标、委托代理、公共文化项目外包等多种途径，创新公共文化服务投入方式，实施绩效评估，根据绩效对管理单位实施补贴，进一步完善财政资金使用的监督管理。同时，采用政策激励、资金扶持等措施，降低社会资本进入公共文化服务领域的门槛，积极探索社会资本以股份制、冠名权等方法兴办公共文化事业的有效途径，逐步形成以政府投入为主，多渠道筹资，多主体投入，多种所有制并存的城乡公共文化设施建设新格局。在国际上，企业和个人参与公共事业已经成为公共服务事业发展的重要组成部分，一些大型企业或富豪设立的基金会，以庞大的资金实力，有力地推进了各类公共服务事业的发展。目前，通过免税的方式鼓励社会对公共文化事业的赞助，提高对公共文化服务的总体投入，已经成为世界性的文化政策趋势。在我国，企业和个人对教育、科技、扶贫等领域的赞助投入已经十分庞大，但在公共文化服务事业方面尚未形成有效机制和意识，有必要通过财政杠杆进行有效引导，鼓励和扶持社会力量举办文化事业，逐步形成以公共财政投入为主，社会投入为辅的公共文化服务的多元化投入机制。

在加强调研的基础上，借鉴世界各国普遍采用的以基金方式支持公共文化发展的成功经验。如英国采取"一臂"之距的文化管理原则，其做法主要为：一是国家对文化拨款实行间接管理模式；二是国家对文化采取分权式的行政管理体制。政府不直接管理文化艺术机构，而是在政府文化行政部门和艺术机构之间设立中介组织——国家艺术基金会。国家艺术基金会通常由文化艺术各领域专家、学者和社会各界知名人士组成，基金会作为独立于政府文化行政系统之外的相对自主的、半官方的、专业的文化艺术基金管理组织。这类组织一方面负责为政府提供文化政策咨询和政策设计；另一方面又接受政府委托，负责把政府的部分文化拨款落实到文化艺术单位，它与国家的、地方的和各种民间社团的公共文化服务部门之间，通过自愿申请、专家评估的行政审批或商洽立项的行政许可等程序，分配国家公共文化基金。

建议设立宁波市公共文化事业发展基金，将政府公共文化财政预算资金的一部分划拨设立宁波公共文化事业发展基金，再充分利用和发挥宁波民营经济发达、社会资本丰厚、民间文化底蕴深厚的优势，抓住人民群众生活水平提高后求知、求美、求乐愿望日益强烈的时机，引导和鼓励社会力量参与公共文化建设，广泛联系海内外关心宁波文化发展的社会团体、企业和人士，多方筹集文化发展资金，以各种形式资助、扶持、推动宁波文化事业的发展，推动文化创新，扶持文化新人，促进宁波公共文化建设和文化交流。建立基金资助项目专家评审制度。基金资助要面向全社会，对国有文化单位和民营文化机构的优秀文化项目一视同仁。实行规范化的申报程序和专家评委评审、审定资助项目制度，改变原有的通过行政报文申报和领导审批资助经费的办法，有效发挥基金鼓励创新、推动文化新人成长的作用。

（四）公共文化设施管理的市场化运作

整合资源，创新机制，充分发挥现有公共文化设施的社会效益。公共文化设施的根本目的在于向社会公众普遍提供丰富优质的文化服务。也就是说公共文化设施的管理和服务应具备两个特征：一是公益性，保证社会公众普遍参与；二是优质高效的服务，保证效益发挥的最大化。两者缺一不可。为此，对建成且已投入使用的各类公共文化设施要加强运行管理，优化软件建设，丰富场馆内涵，不断提高利用率。除加强对公共文化设施的监管，制订公共文化设施服务规范，明确设施的公共性质，明确监管主体，明确服务规范外，尤其要积极探索大型公共文化设施管理的新模式，坚持体制机制创新。具体而言，可通过进一步完善公共文化服务政府采购、高雅艺术演出补贴等措施和做法，不断提高公共文化设施的利用率和群众的参与率，使之发挥应有的效用。对有些公共文化设施也可借鉴鄞州雷孟德公司托管体育馆、文化艺术中心和邱隘文化城三期,电影公司托管横溪镇文化中心的做法,探索引入市场化管理手段,以实现管理的专业化和设施、设备、人才、市场等资源的整合,提高管理水平和服务效益,降低管理成本。另外,建立公共文化发展工作联席会议制度,针对公共文化设施建设和管理中存在的问题,研究协调相关事项,促进我市公共文化事业的持续繁荣和发展;还应发挥好有关新闻媒体"公益性"宣传的功能,为公共文化设施建设和管理营造良好的舆论环境,让更多的人民群众了解文化、参与文化、共享文化。

(五)公共文化服务绩效评价机制的科学化

现有公共文化服务绩效评价还存在很大问题,具体表现在:(1)评估的短期性和被动性。由于目前没有相应的制度和法律作保障,也缺乏系统的理论指导,评估往往比较随意,大多数评估尚处于自发半自发状态而成为一种短期行为或被动行为。如当政府宣传政绩时就拿评估当炒作,或当某方面问题成堆,社会反映强烈时就采取评估手段以谋求工作的改进,一旦不需宣传或问题解决了,评估也就不用继续了,因而评估不是一项系列工程,往往具有短期性和被动性。(2)评估主体的单一化和评估效果的主观性。目前,评估大多以官方为主,多是上级机关对下级机关的评估,缺乏社会媒介和公众的评价,缺乏多角度的视角,评估往往显得不够全面深刻。社会上虽出现了少量的"中介性"评估机构,但这些机构尚不成熟,往往视政府眼色行事,缺乏客观性;聘请的"专家"往往属"唱赞歌"型的,也难有客观评价,而最有发言权的公众却往往没有适当的方式和途径参与评估活动。(3)评估程序不规范和评估内容不够细腻。由于缺乏统一的规划和指导,绩效考核一般都集中在目标责任制、社会承诺制等方面,评估内容粗线条,评估方法多为定性而非定量,有时甚至流于形式,很难做到客观公正。

由此,应从如下方面来改进公共文化服务评估机制:(1)建章立规,形成公共文化服务绩效评估的刚性约束,使绩效评估制度化、法治化。(2) 评估主体的多元化。建立公共文化服务中公众参与机制,使社会公众不分职业、年龄、性别,也不管文化差异和级别高低,都可一视同仁参与社会文化服务,并将社会公众对政府的服务是否满意作为政府公共服务绩效的重要考核指标。(3) 设计科学的绩效评估指标,指标体系应体现三个原则,即效率原则、效益原则和公平原则。第一,看政府投入的成本与公共文化服务方案是否达到了预期的目标。如果政府的投入使得某项公共文化服务方案实现了预期的目标,那么这项服务是有效率的;如果政府的投入实现了最小化,而某项公共文化服务方案照样实现了预期的目标,那么这项服务就是取得了低成本高效率的业绩。第二,公共文化服务特别注重其社会效益,而社会效益的高低主要看公众对政府提供的公共文化服务的满意度和公共文化服务产生的社会效果。如果政府提供的公共文化服务令公众满意,并通过它得到了精神上的收获和发展,那么这项服务是有效益的。反之亦然。第三,公平是公共文化服务中一个非常重要的杠杆,它要为不同群体的公众提供可供他们选择的多样的产品和服务,即产品层次和服务层次要全,应兼顾高端、中端和低端文化产品与文化服务,使公众有选择的机会和余地。

第七章　宁波市基本公共文化服务均等化建设研究[①]

中共十六届六中全会提出要"实现公共文化服务均等化"。十七大进一步强调要扩大公共文化服务，并将人人享有公共文化服务作为促进社会公平正义，实现人民共享发展成果的重要内容和基本途径。十七大报告中指出，要推动社会主义文化大发展大繁荣，提高国家文化软实力，使人民基本文化权益得到更好保障。十八大报告又进一步指出，要实现基本公共服务均等化，全面提高人民生活水平的目标。实现基本公共文化服务均等化，是贯彻落实科学发展观、构建社会主义和谐社会的内在要求，也是社会主义本质的必然要求。作为和谐社会建设的一项重要推动力，促进城乡之间公共文化服务均等化的实现，有利于保障城乡居民的基本文化权利；有利于提升新农村建设的精神动力和凝聚力；有利于促进社会公平正义，缓解当前城乡发展不均衡的矛盾，维护社会和谐稳定。

宁波地区基本文化服务的不均等主要体现在城乡之间的不均等。宁波市在文化体制改革、公共文化服务体系建设以及文化产业的创新实践上一直走在全省乃至全国前列，也率先致力于推进城乡公共文化服务均等化建设。这使得宁波的文化获得了前所未有的发

[①] 该章写作过程中，本人指导的学生罗丽娟收集了大量的资料，进行了系列调研，并对资料和调研数据进行了初步的梳理。在此对罗丽娟同学表示感谢，但内容的一切错误概由本人负责。

展,城乡基本公共文化服务的失衡状态也在很大程度上得以缓解,但也有不尽如人意的地方,主要表现为基本公共文化服务均等化尚未真正实现。因而,建立健全体现社会公平正义的公共文化服务体系,实现城乡基本公共文化服务均等化建设仍然势在必行。

一 基本公共文化服务均等化的理论界定

(一) 基本公共文化服务均等化的内涵

1. 基本公共文化服务的内涵与范围

基本公共服务与公共服务的最大区别是基本公共服务比较重视"基本",其侧重公民的权利内涵以及公正公平的价值。基本公共服务与社会经济发展程度相关,是指在某一个社会以及经济状态下,某一个国家的公民所享受到的人人平等且只和公民自身的状况有关的服务。正如一学者所认为,基本公共服务与低层次消费需求有直接关联,是人们间的无差异消费需求[1],可见,基本公共服务具有基础性,其核心在于保障公民的生存以及尊严;同时具有普遍性,其对于每一位公民而言都是平等一致的。

由此延伸而来的"基本公共文化服务"则是指,由公共部门或准公共部门共同生产或提供的,以满足社会成员的基本文化需求为目的,着眼于提高全体民众公共文化素质和文化生活水平,即给公众提供基本的精神文化享受,也维持社会生存与发展所必需的文化环境与条件的公共产品和服务行为的总称。由此我们可知,基本公共文化服务所满足的不是公民所有的文化需求,而只是那些它们关系到公民基本文化素质的培养,关系到公民学习能力、生存能力和发展能力的培养的文化需求。

具体而言,基本公共文化服务包括三个方面的内容:一是为公

---

[1] 刘尚希:《政府间财政体制改革:基于县财政的分析》,载《中国改革论坛文集》,2007年第8期。

民提供基本的公共文化产品和服务。这其中包括对影剧院、图书馆、博物馆、美术馆等基本的文化场所的建设与安排，对文学、戏剧、电影、音乐、舞蹈等多样化文化产品的生产与提供等。二是通过开展各种各样、不同层次的社会文化活动，使广大人民群众能够得到充分的文化参与的权利。三是通过自由的文化创造的空间和机制，激发公民的文化创造热情，促进公民文化创造活动的开展。

2. 基本公共文化服务均等化的内涵

基本公共服务的均等化，是指为满足社会成员基本的生存和发展需要，通过公共政策的实施，使人们享有大致相等的基本公共服务。基本公共服务均等化首先意味着机会均等，也就是要让所有人都拥有公平公正的参与权以及享受公共服务的权利；其次意味着权利平等，即所有公民均有权利享受最低的基本公共服务标准；最后才是意味着结果均等，即公共部门所提供的服务标准在实施的过程中对所有的人（不管是地区上的差异，还是经济上的差异）都是均等的。①

延伸到公共文化服务领域，要求政府在为公民提供公共文化服务的过程中，一是确保公共文化服务和资源要公平分配，满足每个公民基本的公共文化需求。二是保证每个公民在公共文化服务和文化产品供给面前机会平等，不考虑文化消费群体、文化需求差异、兴趣的不同，而是各个人都具有参与和享受基本公共文化服务的权利和机会。三是公共文化服务的多样性。公共文化服务和产品的品种、层次、特色应是多样的；同时，服务的对象也应是多样的，要考虑到不同群体的文化需求，对社区居民、农民、农民工、老年

---

① 根据罗尔斯基于公平的正义理论，在自由、平等和幸福之间的统筹协调原则有两条，即第一正义原则（平等自由原则）和第二正义原则（机会均等原则和差别原则），其中第一正义原则优先于第二正义原则，在第二正义原则中机会均等原则又优先于差别原则，社会公正的功能性结构由分配的结果公正、起点公正和过程公正三个要素构成。参见［美］罗尔斯：《正义论》，何怀宏等译，中国社会科学出版社1988年版，第10—23页。

第七章　宁波市基本公共文化服务均等化建设研究

人、未成年人、残疾人等提供有针对性的公共文化服务。四是公共文化服务的基本性。政府提供的公共文化服务属于满足人民群众的基本文化生活需求的服务，超出基本公共文化服务范围的需求，可以通过文化市场获得。[①]

（二）基本公共文化服务均等化的理论依据

公共服务作为一种公共物品，具有效用的不可分割性，消费的非竞争性和受益的非排他性等特点。具体到公共文化领域，这些特点集中表现为三个特征：（1）资源配置的公有性。公共文化产品必须面向社会公众普遍提供，并为社会全体成员所普遍享用。公有性是公共文化服务体系的根本属性，也是其存在和发展的前提条件。这就从本质上决定了公共文化服务必须实现均等化，同时也决定了政府为公共文化服务的主体。（2）利益取向的公益性。即公共文化产品的提供必须是公益的、不以营利为目的的，必须体现公平正义，以公众利益、福利最大化为目标。（3）服务主体的公平性。每个公民都有平等的发展机会和获得公共服务的权利，都要求能够通过开放而平等的渠道与路径，表达、实现其对公共文化服务的认可和需求，即公共文化服务要全民平等共享。

通过对公共文化服务这一公共物品的本质属性进行分析，尤其是结合其资源配置的公有性、利益取向的公益性和服务主体的公平性等三大特征，我们分别从公平理论、福利经济学理论、文化权利需求理论和政府职能理论等对城乡基本公共文化服务均等化建设的理论依据进行分析。

1. 公平理论

所谓公平，即公正平等，是指在一定社会关系中人们各种利益关系和权利关系的合理分配，是对某种社会关系的规范和评价尺

[①] 参见陈威主编：《公共文化服务体系研究》，深圳报业集团出版社2006年版，第5页。

度。公平的内涵包括起点公平、过程公平和结果公平。起点公平又称机会公平，指社会成员占有大致相同的社会经济资源，有公平的机会选择和从事不同的经济活动，并有公平的机会获得相应报酬的权利。过程公平指在过程中有指定的或者约定俗成的法律、法规和制度等。结果公平，是指社会财富和收入分配上的公平，当然这不同于平均主义。基本公共文化服务均等化主要体现公平原则，同时它也是实现公平的重要手段。

相对应的，西方国家基本公共文化服务均等化制度主要建立在以下理论基础之上：一是罗尔斯和大卫·米勒的资源平等说，认为社会公共物品在社会成员间的分配应平等。二是实质机会平等学说，认为社会所有的资源应公平地向所有成员开放，并在此基础上实现社会公共服务资源的分配结果公平。三是阿马蒂亚·森的能力平等学说，认为基本公共服务是保证个人维护生存权和发展权公平的基础，基本公共服务应在社会成员间均等提供。①

2. 福利经济学理论

以英国经济学家边沁和庇古为代表的福利经济学，认为一个好的社会必须实现提高个人福利总和的分配，实现"最大多数人的最大幸福原则"，即实现福利最大化。由于个人实际收入的增加能使其满足程度增大，富人的货币收入转移给穷人会使社会总体满足程度增大。据此，庇古提出：国民收入总量越大，社会经济福利就越大；国民收入分配越是均等化，社会经济福利也就越大。② 庇古的研究对基本公共文化服务均等化起到了基础性的影响。基本公共文化服务的均等化分配能对国民收入的分配起到重要作用，能够增进社会福利，促进社会福利最大化。

城乡基本公共文化服务均等化会提高社会成员享受公共文化服

---

① 参见李红玉：《重视我国城市公共服务均等化研究》（http://www.sina.com.cn 2008年11月3日）。

② ［英］亚瑟·庇古：《福利经济学》，何玉长、丁晓钦译，上海财经大学出版社2009年版，第54页。

第七章　宁波市基本公共文化服务均等化建设研究

务的整体效用水平。由于存在边际效用递减规律，等量的财政资源投向农村，增加对农村居民的公共文化服务供给所产生的效用要高于其投向城市所产生的效用。而且，根据内生经济增长理论指出的技术进步和人力资本是经济长期增长的决定性因素。城乡公共文化服务均等化的实现会促进经济增长，实现资源的优化配置，提高经济效益，从而实现整个社会福利的最大化。

3. 文化权利需求理论

公共文化权利作为最基本的文化权利，是社会主义制度下人民群众的基本权利之一。它包括文化参与、文化创造和文化享受的权利。人民群众是历史的创造者，随着人民群众文化素质的不断提高，文化主体意识的不断增强，他们在文化建设中的主体创造性显得愈发重要。尤其在农村中更是蕴藏着众多形式、内容的非物质文化遗产和艺术高人，更应该充分尊重他们文化创造的权利和能力。文化的民主性要求人民群众的广泛参与，社会主义文化建设必须通过开展不同层次的文化活动，打造各项基础性设施等措施，为群众文化参与权的实现创造良好的基础和环境。人民群众创造文化、参与文化，无疑要求平等地享受文化发展的成果，不能因为居民与农民的区别而受到不均等的待遇。

4. 政府职能理论

提供公共服务作为政府的一项基本职能之一，实现城乡公共文化服务的均等化，政府必须发挥主导作用。强化政府公共文化服务职能，并不是说政府要尽力提供公共文化产品和服务，而是要保证低收入人群能够获得基本的公共文化服务的权利，实现不同层次人群供需均等化。积极推进政府职能转变，从现阶段经济社会发展水平出发，以实现和保障公民基本文化权益、满足广大人民群众基本文化需求为目标，坚持公共文化服务普遍均等原则，兼顾城乡之间、地区之间的协调发展，统筹规划，合理安排，切实把政府的职能由主要办文化转到社会管理和公共服务上来。

基本公共文化产品和服务的需求与政府提供的公共文化产品和

服务供给不足及配置失当之间的矛盾，是当前公共文化服务建设的主要矛盾，城乡基本公共文化服务供给失衡是其表现的主要问题。为解决公共文化服务供给不足与结构失衡的问题，地方政府应转变其职能，积极寻求有效途径，积极建设服务型政府，从解决主要矛盾中提高政府行政绩效。

（三）基本公共文化服务均等化建设的模式

基本公共文化服务均等化建设的主体包括基本公共文化服务的领导、组织、协调及具体实施的部门和机构。在我国现行的文化行政架构下，各级政府是基本公共文化服务提供的主体。但是，随着社会的发展，政府管理社会公共事务的任务越来越大，政府的负担越来越重。根据现代社会发展的要求，基本公共文化服务和文化产品的供给主体应该多元化，政府不应完全包揽。

从根本上来说，政府是基本公共文化服务提供的责任主体，各级党委和政府是基本公共文化服务的决策与领导部门，负责公共文化服务重大政策的制订、主要社会文化资源的协调、对政府文化行政部门服务行为的监督以及对各类公共文化实施主体的绩效考评。各级文化行政部门根据党和国家的文化政策与各级党委、政府的文化发展纲要、规划和群众的文化需求，采取有效措施，对公共文化服务进行目标选择、政策保障、行为规范以及绩效考评。同时，政府要对市场和社会都不愿提供的纯公共文化物品实行兜底保障，直接生产和提供。

但尽管如此，也并不意味着所有基本公共文化产品都应由政府直接提供，而是根据文化服务与产品的特性、公民文化需求类别和市场、社会能力的条件，存在多种模式的提供方式。国际经验证明，在市场经济条件下，除少数纯公共产品由政府直接生产和提供外，绝大多数准公共产品采取由政府和市场混合提供的方式。

1. 政府直接提供型

也称公共财政直接投资模式。对于像公共图书馆、群众艺术

第七章　宁波市基本公共文化服务均等化建设研究

馆、博物馆、文化站等基础文化项目，政府提供全部建设经费和事业发展所需经费，切实保证公共文化事业单位设施、资源和人员编制，保证开放时间，免费向公民开放。在这里政府是公共文化产品和服务的生产者和管理者。

2. 政府间接提供型

也就是政府通过市场机制，利用如下 5 种手段来间接提供：（1）产业政策扶持。这包括税收减免政策、财政补贴政策等，在政府加强监管的前提下，积极支持社会资本投资生产并提供公共文化产品和服务。（2）政府采购，即政府委托专业化的公共机构，面向社会公开发布采购标书，采购在质量和数量方面符合政府要求的公共文化产品和服务。（3）委托生产，即政府和公共文化机构根据公众需求，通过制定行业和产品标准规范，委托有资质、有信誉的社会机构生产和提供政府规划指定的公共文化产品服务。（4）特许经营，即政府文化主管部门在严格审查文化企、事业单位的资质、信誉的基础上，通过严格的审批制度和市场监管，对某些需要实行特殊监管的准公共文化行业、文化产品和服务实行特许经营，促使其向社会提供合格、健康的公共文化产品和服务。（5）公共文化项目外包，指少数缺乏管理和运营能力的准公共文化机构，可以采取政府或公共文化机构提出运营目标，并给予相应的财政或经济补贴，把公共文化项目整体对外承包，以及从市场招聘项目负责人等多种市场化的方式来搞活经营管理，提高运营效率。[①]

3. 政府与社会合作提供型

在提供基本公共文化产品和服务的过程中，政府虽然是唯一的责任主体，但并非是唯一的实施主体。社会举办的非营利性文化服务机构（NPO），它们在政府文化政策的指导下，可以配合文化事

---

① 政府通过市场机制间接提供的 5 种手段，请参见齐勇锋：《公共文化产品 6 大提供方式》，载《北京日报》，2007 年 8 月 21 日。

业单位完成各类基本公共文化服务，是基本公共文化服务体系的参与力量。基本公共文化服务应当依据"政府主导，社会参与，群众监督，共建共享"的建设模式，由政府负责主要基本公共文化设施、文化资源的提供与进行绩效测评，其余如文化设施管理、文化活动开展则应尽可能由文化事业单位、专业性的文化委员会、文化基金会等非营利组织和社区来承担。这种合作体现在设施建设、活动开展以及人才培养等方面，形式上可以采用联合投资、赞助、设立文化建设基金等办法来进行。

随着我国文化体制改革的不断深入，市场经济的不断完善，这一方面的文化服务主体力量将逐步增强，活动范围将不断扩大，在基本公共文化服务领域内发挥的作用将越来越重要。

4. 社会独立提供模式

即由非营利性组织独立提供的文化产品与服务。这种提供形式在欧美发达国家较为普遍，是最为主要的一种形式，其前提是依赖于成熟的社会组织发育和政策法规的建立健全。这种由民间非营利组织独立提供的公共文化产品和服务，与政府直接和间接提供一起构成了公共文化服务体系。①

二 基本公共文化服务均等化建设的形势与需求

（一）落实公民文化权利的主要途径

基本公共文化服务的目标就是实现人的基本文化权利。基本文化权利的保障与实现作为人类的共识被世界性人权文件所一致强调，如《世界人权宣言》第 22 条规定："每个人，作为社会的一员，有权享受社会保障，并有权享受他的个人尊严和人格的自由发展所必需的经济、社会和文化方面各种权利的实现"；第 27 条规

---

① 参见陈威主编：《公共文化服务体系研究》，深圳报业集团出版社 2006 年版，第 66—69 页。

定："人人有权自由参加社会的文化生活，享受艺术"。《经济、社会、文化权利国际公约》第15条规定，人人有权参加文化生活。可见，基本公共文化服务的均等化是所有人都应平等享有基本文化权利的道德要求，因为这种基本权利具有一定的独立性，它与道义上人的全面发展紧密联系，从根本上来说，它是由道德而不是由法律来支持的权利。[①]

每个人都平等享受基本公共文化服务的权利也是我国全面建设小康社会，提高国民整体素质，促进社会全面进步和创造更美好生活的不可或缺的主要内容。文化在塑造人和社会中发挥根本性的作用，葛兰西曾在《社会主义和文化》一文中认为，"它（文化）是一个人内心的组织和陶冶，一种同人们自身的个性的妥协；文化是达到一种更高的自觉境界，人们借助于它懂得自己的历史价值，懂得自己在生活中的作用，以及自己的权利和义务。"[②] 在封建等级社会中，文化被少数人垄断，广大人民群众被排除于文化享用之外，整个社会的文化结构呈金字塔形，越接近上部，文化水平越高，参与社会的能力越强，越接近下端，文化水平越低，越远离社会管理和文化创造。

（二）应对社会文化发展失衡的客观要求

正如学者高占祥所指出，道德信仰和精神智慧的文化力量对物质文明建设具有先导作用。[③] 当前宁波地区城乡间差距不仅体现在经济方面，而且体现在文化方面。而文化的差距又是建设社会主义新农村，实现城乡统筹发展，促进社会和谐的重要障碍。只有大力推进基本公共文化服务均等化，提高农村文化软实力，提升农村地区社会人文精神，并通过文化陶冶人的情操、提高人的素质，愉悦

---

① 参见艺衡、任珺、杨立青：《文化权利回溯与解读》，社会科学出版社2005年版，第12—13页。
② 参见葛兰西：《葛兰西文选》，中央编译局译，人民出版社1992年版，第5页。
③ 参见高占祥：《文化力》，北京大学出版社2007年版，第3页。

人心，满足人的精神需求，凝聚人心，培养社会文明风气的方式反推经济和社会的平衡发展。

（三）培育共同文明准则和核心价值的重要载体

宁波地区虽然经济社会发展速度快，水平高，但随着经济社会体制的深刻变革和利益、社会结构的深刻变动，群体间的利益矛盾、思想意识和行为准则的冲突都在大大加剧。为了经济社会的持续健康发展，必须通过大力培育共同文明准则，推进文化交融的手段来加强社会融合，促进社会和谐。这种共同文明准则和核心价值观的培育、形成、传承等，都需要基本公共文化物品的普及、平等享用基本公共服务的条件和基本公共文化服务的财力保障。

三 宁波市基本公共文化服务均等化建设的经验与问题

宁波市率先致力于完善城乡公共文化服务均等化建设，走在全省乃至全国前列，取得了巨大的成效，其文化建设获得了前所未有的发展和繁荣，文化力也得到了极大提升。但是在城乡公共文化服务的建设上仍存在不少的问题，尚未实现真正意义上的均等化。

（一）基本公共文化服务均等化：主要实践与经验

实现公民的文化权利，促进城乡基本公共文化服务均等化建设，离不开公共文化服务体系和保障机制的完善。

1. 夯实基础设施建设，着力提升文化服务力

各项基础设施是公共文化服务体系建设的物质载体，是展示文化建设成果、开展群众文化活动的重要阵地。而文化设施相对落后，是浙江各地基层尤其是农村比较突出的一个薄弱环节，基础设施跟不上，文化服务没有了物质基础更是难以落实。宁波市根据浙江省委提出的"城乡文化一体化"的要求，按照文化大市建设的

第七章　宁波市基本公共文化服务均等化建设研究

部署，大力加强公共文化服务基础设施建设，已逐步建立起市、县（市）区、乡镇（街道）、行政村（社区）四级公共文化设施网络，全市所有县（市）区都建有文化馆、图书馆，乡镇（街道）均设有文化站；稳步推进"农家书屋"工程；扎实推进乡镇综合文化站和村落文化宫建设，全市基层文化宫覆盖率已占全市行政村（社区）总数的60%。全市92%的行政村建有文化活动场所，建成村落文化宫1401个，约占行政村总数的54%；社区文化宫201个，约占社区总数的47%。① 根据我们对宁波农村地区的问卷调查②，农民群众对农村公共文化服务满意度很高，高达83%（见图一）。

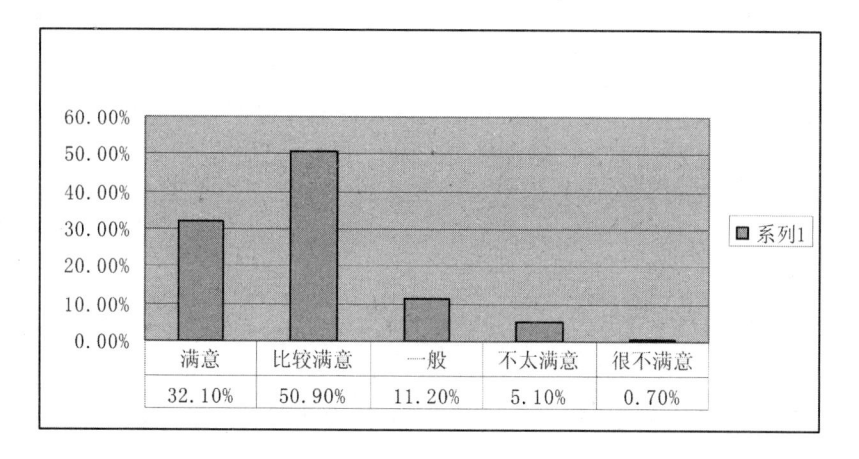

	满意	比较满意	一般	不太满意	很不满意
系列1	32.10%	50.90%	11.20%	5.10%	0.70%

图一　宁波农村地区对公共文化服务满意度情况

2. 文化活动广泛开展，多种形式多管齐下

公共文化活动是基本公共文化服务的重要支撑，让尽可能多的老百姓进行文化创造、享受文化艺术、参与文化活动，是开展公共文化活动的目标。广场活动、送戏下乡、电影播放、讲座培训、高

---

① 数据来源：方东华、张英编，《2009年宁波文化发展总报告》，宁波市广电局内部资料。

② 本次问卷调查，针对宁波市城乡公共文化建设卓有成效的鄞州区、海曙区、江东区和镇海区的农村基层地区进行。共发放调查问卷250份，其中鄞州区80份，海曙区和江北区各60份，镇海区50份。收回226份，其中有效226份。

雅艺术进社区等文化活动多管齐下。通过采取"政府扶持、社会参与、市场运作、群众享受"的运行方式,2009年宁波市共举办各类文化活动2000多场;民间"草根剧团"演出680场次,真正实现"人人创造、人人参与、人人享受"的理念;农村电影放映工程累计放映电影24682场,并在全国率先实现商业影片公益化放映,放映商业影片达18759场,占总放映场次的76%,受到了农民群众的欢迎;深入开展"万场电影千场戏剧进农村"活动,共送戏下乡1000多场。这些活动形式更大众化、更贴近广大基层群众的文化娱乐需求。通过这些喜闻乐见的形式,既丰富了基层群众的文化娱乐生活,无形中也提高了其文化素养。

为满足市民对高雅艺术日益增长的现实需求,市财政对高雅艺术演出实施补贴。建立了符合市场化要求的运作机制,探索公共文化服务方式创新,不断提高基本公共文化服务层次,满足基本公共文化新需求,更好地体现基本公共文化服务的本质特征。各大剧场每年推出公益演出季,通过低价位运作、送票给低收入人群等方式,保证广大城乡市民都能享受到高雅艺术的熏陶,为高雅艺术"上山下乡"深入基层开辟了新路径。

3. 加强人才队伍培养,保障文化服务核心资源

为了充分实现文化人才在基本公共文化服务建设中的关键作用,宁波市成立了文化服务人才培养基地,实施文化人才培养"125工程";成立了文化志愿者服务总队,现已拥有覆盖全市城乡基层、机关、企业、学校和社区的3000余名志愿者和两支业余文化团队。

同时有针对性地对基层文化工作者进行专业培训,提高其整体文化技能和专业水平。既有较高的专业理论水平,更结合丰富的阅历和工作经验。农村配备了高水平文化人才,为新农村文化建设注入了新的活力和思想。新高科技设备的运用,文化思想和公共服务理念的创新,有利于开展更高水平的文化活动,有利于充分挖掘农村文化遗产,有利于发挥农村文化的独特形式,更能迎合农村特有

的文化需求，农民群众有了倡导者、指导者，积极性大大提高，更能自觉主动地参与其中。同时，各种文化资源利用率明显提高，很大程度上解决了农村公共文化设施闲置、利用率低的问题。

4. 建设信息化平台服务，实现公共文化服务全覆盖

在构建公共文化服务体系过程中，充分发挥网络等信息化平台服务的功能，既顺应当前公众文化需求多元化、多层次化的社会潮流，也有利于实现城乡公共文化服务全覆盖，促进文化资源信息交流和文化合作，最终实现均等化的目标。为让城乡群众普享政府公共文化服务，宁波市不断强化信息化建设，逐步形成了面向不同服务对象的多方面多层级的信息化服务平台。其中最显著的是图书馆的信息化应用，它包括电子图书、电子阅览室、影音等数据库资源，讲座、活动、培训等信息的发布，与读者用户的互动沟通等等。

宁波市重点推进了农村信息化建设，着力提高公益性信息服务的普遍服务能力，加强农业、科技、教育、文化、卫生、社会保障和宣传等领域的信息资源开发利用，特别加大对农村、社会弱势群体提供公共文化服务信息的力度。统筹城市信息化与农村信息化的协调发展，在大力推进城市信息化的同时，充分发挥城市信息化的辐射和带动作用，加快农村信息化建设步伐，缩小城乡之间的数字鸿沟，从而缩小城乡之间公共文化服务的差距。覆盖全市农村的宁波市农村党员干部现代远程教育网正发挥着重要作用。

5. 转变政府职能，优化供给机制

公共文化服务中有纯公共物品和准公共物品，政府没必要也不可能包揽所有的公共文化服务，应该坚持多种模式并进，根据不同的情况采用不同的供给模式。依据供给的主体，供给模式可划分成三种：政府"权威型供给"、市场"商业型供给"以及第三部门"志愿型供给"。

宁波市针对那些纯公共文化服务产品以及那些私人不愿进入的领域，采用政府"权威型供给"模式，即主要由政府直接提供或

者政府购买免费（低价）使用。而对于那些兼具公益性和营利性、层次较高的公共文化服务，则采用"商业型供给"模式。放宽公共文化服务投资的准入限制，通过招投标、采购、外包、特许经营、政府参股等形式，将部分公共职能交由市场主体行使。通过引入市场竞争机制，提高公共文化服务的质量和水平，同时解决政府财政不足的问题。宁波市探索基本公共文化服务供给的社会参与机制，充分发挥社会组织在提供基本公共文化服务方面的积极作用。例如，宁波市通过采取"政府扶持、社会参与、市场运作、群众享受"的运行方式，支持民间资本参与建设了一批富有地域特色的行业博物馆和专题博物馆。①最后，宁波市政府对于那些层次比较低、可以由社会力量供给的公共文化服务，则积极鼓励支持个人和第三部门的参与，成立文化志愿者服务总队，现已拥有覆盖全市城乡基层、机关、企业、学校和社区的3000余名志愿者和两支业余文化团队。

宁波市根据实际情况需要，尤其是结合农村地区的特殊需求，灵活运用这三种多元化并进的供给模式，有效地促进了城乡公共文化产品和服务的供给，减少了政府职能缺位、错位、越位的现象，调节了原有日益不均等的趋势，促进城乡公共文化服务均等化建设。

6. 加大保障力度，完善保障机制

（1）积极推进财政体制改革，加强新农村建设，切实解决农村公共文化服务建设资金不足的问题。公共财政是政府履行文化职能的必要物质基础、体制保障、政策工具和管理手段，具有优化资源配置、加强宏观调控、促进社会公平等重要作用。宁波市积极推进财政体制改革表现在以下方面。

首先，公共财政取之于民用之于民的本质特征决定了，财税部

---

① 编委会：《宁波大力扶持发展民办博物馆》，浙江省文化厅网站，2009年3月9日。

门必须加快改革步伐，树立绩效理念，加大投入力度，提高公共文化事业的保障水平。构建以基本公共文化服务均等化为导向的财政投入及保障机制，进一步调整完善激励型财政机制，充分发挥财政的激励导向和基本保障作用。宁波市贯彻省政府"各级政府每年新增的文卫体财政投入要集中用于解决城乡基本公共文化服务失衡这一突出矛盾"的要求，加大农村公共文化服务建设资金投入力度。其次，积极推进财政城乡间横向转移制度。城乡之间悬殊的财政力量，势必影响两者提供公共文化产品和服务的能力。宁波市根据本市制订的《财政转移支付暂行条例》，结合城乡区域一体化建设，探索建立城乡区域间横向转移支付机制，以实现城乡基本公共文化服务供给能力的适度均等，明确转移支付政策应以均等化作为基本目标。同时加强对各项转移支付资金的使用进行跟踪、指导，并确保其专项使用，提高其使用效益。例如农村公共文化服务通过市、县分担和自筹各 1/3 的方式保障资金。最后，积极推进乡、镇、村财政和财务管理方式改革，提高基层政府和组织财政运作水平。宁波市抓住保证农村地区财政的关键——加强新农村建设，加快农村经济发展，提高农民群众收入水平，从根本入手促进城乡改革文化服务一体化。

（2）建立畅通的群众需求表达机制和满意度调查反馈机制，实现群众自主选择权。正如我们在调研时，宁波市文化广电出版局邹大鸣书记指出的，给群众自主选择权是实现城乡基本公共文化服务均等化的关键所在。只有始终贯穿"人人参与文化、人人建设文化、人人享受文化"的理念，关注广大群众的文化需求和利益，才能扩大公共文化服务的覆盖面，真正意义上实现人民群众的文化权利。只有将人民意愿作为公共文化产品和服务供给的主要决策依据，并根据群众满意度的反馈及时调整，才能有效改善公共文化服务供给结构，防止出现缺位和错位。在加强农村改革文化服务建设的过程中，宁波市把戏剧、电影下乡纳入市场机制轨道，把选择权交给农民，通过民意信箱、网上通道、民意调查等方式，让农民群众可以选择自己喜欢的、需要文化形式,深受农民群众的欢迎和好评。反之,供需不对等,提供的文化服务群众不认可,不但浪费资金资源,反而将扩大城乡公共文化服务失衡的趋势。①

(3)促进文化产业体制机制改革,深化文化产业发展。宁波市借公共文化服务体系建设的契机,深化文化产业机制体制改革,深化歌舞剧团等文化事业单位改革,建立起有效的人事绩效制度,探索"管办分离"等多种管理形式。不断创新公共服务体制,采取政府购买服务、合同外包等多种形式支持事业单位改革发展。通过一系列的改革措施,构建均衡的公共文化服务体系,降低提供公共文化服务的成本,促使公共文化服务效益最大化,为实现城乡基本公共文化服务均等化创造有利条件。

宁波市通过培养高素质文化经营队伍,组建行业协会加强管理,鼓励规模化经营和专业化协作,拓宽资金来源渠道,加强政府扶持与引导等多种方式深化文化产业改革,促使文化产业实力进一步加强。这不论是对于公共文化服务整体水平的提高,还是对于实现城乡公共文化服务的均等化,都有巨大的促进作用。

(二)基本公共文化服务均等化:问题与挑战

宁波市城乡基本公共文化服务均等化建设取得了巨大的成就,但是群众在诸如文化活动的形式、文化设施的建设与利用、文化产品和服务的针对性与价格等方面也存在很多不满意(见图二)。根据我们对宁波农村地区公共文化服务的问卷调查,发现主要问题如下。

1. 农村居民文化权益意识较薄弱,自觉参与不足

通过对调查问卷题"当地的公共文化活动的主要组织者是?",和"通常参加公共文化活动的原因"结果进行分析显示:宁波市

---

① 编委会:《文化城市发展的引擎——宁波文化建设的路径与对策》,中国社会科学出版社2010年版,第16页。

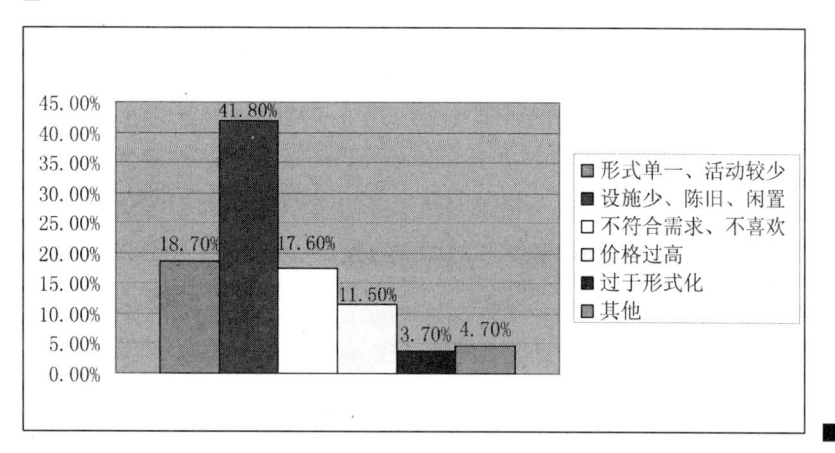

第七章 宁波市基本公共文化服务均等化建设研究

图二 群众对基本公共文化服务不满意的地方

农村公共文化服务近80%由政府和社会组织提供，群众自主组织不到两成（见图三）。且农民参与活动目的性不强、自觉性较差，主动学习、提升为目的的仅占6.9%，而绝大多数则停留于感兴趣、凑热闹或是打发时间的低层阶段（见图四）。这主要是由于在发展市场经济过程中，在农村公共文化服务建设中，对满足人更高层次需要的文化权益有所疏忽，特别是缺乏文化权益自觉的责任义务意识培养，公民尤其是农民的文化权益意识普遍比较淡薄。同时，也忽视了对农村传统艺术和老艺人才能的挖掘，难以调动农民群众的参与积极性，文化权益的保障缺少强大的动力因素。

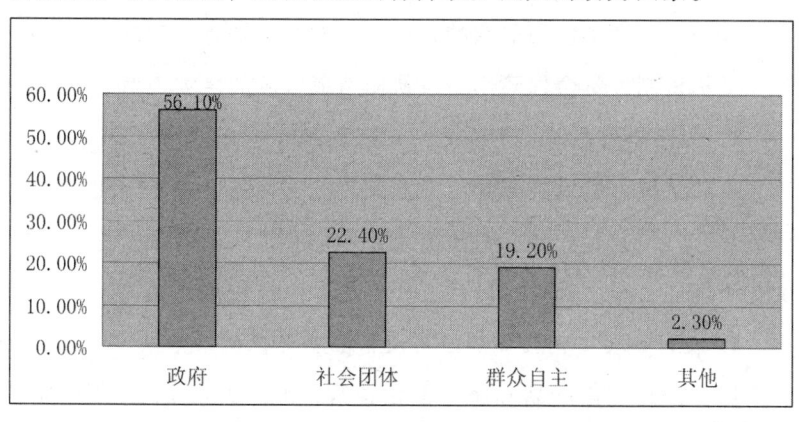

图三 公共文化活动的组织者情况

图四　参加公共文化活动的原因

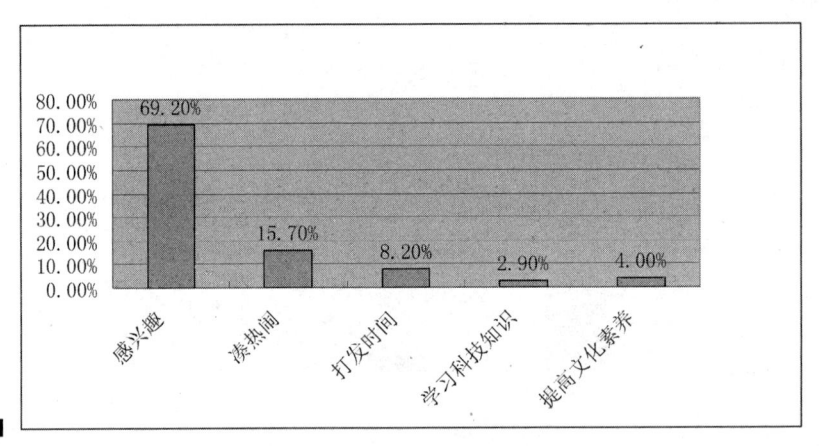

2. 硬件设施整合力度欠佳，资源闲置现象较多

正如前文中指出，宁波市加强公共文化设施建设，在数量与质量上均有很大提升。但是在一些农村地区，仍然存在设施覆盖面积小、数量少、陈旧落后；布局不合理、分散难以综合利用以形成规模效应；闲置、缺乏维护等较多现象。在问卷题"对所在地区提供的公共文化服务不满意的表现"中，"设施少、陈旧、闲置"一项占41.8%（见图二）。其中，农民文化权益意识薄弱，自觉参与不足是设施闲置的一大原因。更主要的原因在于政府过于追求设施数量上的政绩，一味求多求先进，忽视了其适用性、实用性，供需不对等而难以调动农民群众的积极性。同时又缺乏后期的运行、指导、维护机制，资金保障不足，从而造成资源的巨大浪费。

3. 农村专业文化人才不足，且稳定性不够强

虽然宁波市政府加强基层专业文化人才培养，成立文化志愿者服务总队，但是其人数相对于需求总数仍有较大的差距。许多基层文化干部还有很多其他行政性工作要做，牵扯较多，精力不足。

4. 农村公共文化服务缺乏层次，公共文化供给单一

城乡公共文化产品和服务的供给理应根据城乡居民的不同需求，体现出较大的层次化、差异化。但是在农村地区公共文化服务的供给中,村民的异质性增强,由不同年龄、性别、文化水平、经济收入的人群组成,具有不同的精神文化需求,而公共文化供给却很单一,停留在较低层次,尤其难以满足经济收入较高,有较高精神文化需求的年轻人的需求。通过调查问卷分析显示,上述人群对于当地现有公共文化服务的满意度仅为32.1%,远低于农村地区83%的总体满意度。

5. 资金供给机制尚不健全,难以形成长期、稳定的供给

公共文化供给机制正处于转型发展之中,各项供给机制尚不健全。同时,虽然财政加大投入力度、成立了一些文化基金等,但仍缺乏相应政策法规的支持,难以形成制度化。尤其是市场"商业型供给"以及第三部门"志愿型供给"模式中的资金来源多元化的同时缺乏稳定性、长期性,难以形成长效机制。这些问题又使得公共文化服务后期有效运行管理的资金缺乏,引发设备闲置、缺乏维护、使用率低,活动难以开展或质量不高等问题。

四 提高基本公共文化服务均等化水平的政策建议

根据宁波地区基本公共文化服务供需矛盾和城乡差距的现状,应进一步深化改革,推进政策创新,统筹规划,不断完善公共文化服务体系和保障机制的建设。

(一)多方统筹,完善资金保障机制

不论是基础设施的建设、后期运行、管理、维护和更新,还是公共文化活动的开展、提升,都离不开资金的保障性支持。要积极推进财政体制改革,加大财政投入力度,改革乡(镇)、村财政和财务管理方式,提高基层政府和组织财政运作水平。要按照"增加投入、转换机制、增强活力、改善服务"的方针,把加大投入力度与改进投入方式有机结合起来,以规模定岗位、定人员,以向

公众提供服务的质量和数量确定财政补助数额，建立和完善奖励机制，逐步提高具有激励性质的经费投入比例，促进文化单位深化内部机制改革，不断提高服务水平和服务质量，最大限度地发挥公益性文化事业的社会效益。同时，必须加强新农村建设，加快农村经济发展，提高农民群众收入水平，充分利用城乡一体化建设契机，从解决资金的根本方式入手，统筹城乡经济、文化协调发展，促进城乡公共文化服务一体化建设。

西方学者把文化艺术称为"饥饿的殿堂"，文化领域的"经费饥渴"将长期存在。在公共经费有限而文化经费需求巨大的情况下，有必要社会力量参与公共文化服务，这是未来公共文化服务发展的趋势。我们要通过加强市场"商业型供给"模式下，引入市场竞争机制，放宽公共文化服务投资的准入限制。通过招投标、采购、外包、特许经营、政府参股等形式，加强政府与企业、社会组织的合作，充分发挥他们的投资潜力。并出台相应政策法规，使其制度化，形成资金来源稳定的长效机制。要完善文化经济优惠政策，通过制度安排和政策引导，努力吸纳社会资金和资源向农村基本公共文化服务中流动，充分发挥社会各界的力量，形成资金稳定来源。

（二）提供满足群众基本文化需求的多样化服务

从广大群众的需求出发，结合实际条件，创设和开展多层次、多样化的公共文化活动，并不断提高公共文化服务层次，满足不同群众多样化的基本文化需求。基本公共文化建设要具有前瞻性的眼光，既要优先安排涉及群众基本文化权益的公共文化设施项目，又要考虑文化长远发展的需要。

在完善城镇公共图书馆、博物馆、美术馆、文化馆等设施建设的同时，要加强城镇社区文化中心建设。社区文化建设是城镇公共文化服务体系建设的重要基础之一。随着城市发展空间的扩大和城市化进程的推进，未来城市居民的日常生活主要依靠社区来保障。

城市居民常态的文化活动和基本文化需求，主要依靠社区来满足。社区文化中心将是城市居民开展文化活动的主要阵地，也是政府保障城市居民基本文化权益的重要载体和依托。

政府要保障市民特别是城镇低收入群体、农民工等社会群体享受基本公共文化权益的"受益均等"和"机会平等"，政府要积极探索新的途径、用新的机制推动公益事业发展，比如农村电影公益放映等，处理好社会效益和经济效益的关系，实现低收入群体的基本文化权益保障。

（三）培育文化专才和发挥群众办文化的积极性

要充分发挥文化人才和人民群众在公共文化服务建设中的关键作用，一方面，加大文化专业人才培养力度，成立文化服务人才培养基地，对基层文化工作者进行专业化培训，提升其专业素质和技能。明确基层文化工作者职责定位、职能分工，从源头上解决文化工作人员职能不清，牵扯过多，精力不足等客观问题。同时要充分授权，使文化工作者权责对等，提升文化工作者创造性地开展文化建设的积极性和责任心。另一方面，要采取多种方式及时吸收各类优秀文化人才充实专职文化队伍，开辟"绿色通道"引进文化专才，大力发展和健全公共文化服务组织，鼓励民间成立各种形式的业余文艺团队，要发现和培养一批热爱公共文化服务工作的人员作为兼职人员，积极发展文化志愿者和文化义工队伍。

着重培养广大群众的文化权益意识，提升广大群众的文化素养和文化需求层次，充分发挥广大群众的创造性，挖掘农村传统艺术和老艺人的技艺，尤其调动农民群众的参与积极性，积极鼓励农民办文化，大力发展民间文化团体或演出队伍、文化大院、文化户等文化组织和阵地，积极探索"民办公助，多功能办文化，市场化经营"的建设经验，使农民自办文化成为农村文化建设中的重要力量，真正实现"人人创造、人人参与、人人享受"的理念。只要"人"这一核心要素的素质提升了，文化权益、参与意识增强了，文化设施闲置、参与度不高、需求层次偏低等问题也就迎刃而解了。

（四）继续优化供给机制，提高供给效益

结合各地区实际条件，根据不同类型的文化服务和产品，坚持政府"权威型供给"、市场"商业型供给"以及第三部门"志愿型供给"等多种模式并进，减少政府文化职能缺位、错位和越位现象。进行文化运营模式的改革，要通过改革，逐步形成"政府主导，企业参与，社会联动，市场运作"的新型文化模式。

各级党委和政府要把对公益性文化事业的投入纳入年度预算整体考虑，特别是各地的文化馆、文化站、图书馆以及各种形式的公益性文化活动，须全额保障。条件允许的地区可以采取政府建设、委托企业经营的方式，既提高各类公共文化场所的利用率，又减轻财政负担。同时，积极调动社会力量兴办文化事业，鼓励企事业单位和个人参与公益性文化事业建设，鼓励社会捐助。

同时，对准公益性文化事业也要提供政策支持。各级政府应以出台优惠政策、提供活动场地、给予经费资助、做好协调工作等多种方式，扶持和鼓励准公益性文化单位、文化项目和文化活动。要为经营性文化事业营造良好环境，放胆、放手，打破垄断，形成多元化的投融资格局，通过设置各种平台、实行政府采购等多种方式，为文化经营企业提供进入的空间。

（五）实现信息化平台服务，全面整合文化服务资源

一方面，要全面整合公共文化服务资源。可以学习深圳市福田区的经验，将全区公共文化服务资源整合成"文化信息交流、文化设施分布、文化人才队伍、文化产品展示、文化遗产保护、文化服务评估、文化理论研究、文化政策指引"等"八大平台"，从而实现了全区公共文化服务资源的共享。要有针对性地加强适用性、实用性强的基础设施建设，同时合理布局、打破区域限制，最大限

度地提升资源的整合利用力度,着力提升文化服务力。要求各相关部门进行公共文化资源普查登记,并进行归类和整合,形成本地公共文化服务体系。

另一方面,要实现全方面、全时段的信息化公共文化服务平台。广泛利用文化信息资源共享工程为人民群众提供各类文化服务,例如电子图书、电子阅览室、影音等数据库资源,讲座、活动、培训等信息的发布,与读者用户的互动沟通等等。形成面向不同服务对象的,多方面多层级的信息化服务平台,最终实现基本公共文化服务的均等化。

第八章　宁波市养老服务模式创新研究

当前，我国老龄化问题日益突出，老龄化进程与家庭小型化、空巢化相伴随，与经济社会转方式调结构的发展需求不相适宜，公众对老有所养和老有颐养的服务需求将不断加大[1]。在这样的形势下，传统政府单一的养老服务供给方式已经不能解决当前的养老服务需求，政府和社会的公私协力成为了解决养老服务的重要途径。2004年上半年，宁波市率先在城市社区启动了居家养老服务工作，并取得了一定的成效。为适应农村客观形势需要，从2006年下半年，宁波市居家养老服务工作又从城市逐步向农村拓展和延伸。几年来，宁波市通过不断探索实践，完善体制机制，创新工作模式，已经形成具有本地区特色的居家养老服务工作体系，积累了一些经验，并逐步为外界了解、认同和推广。但实践中也暴露出养老服务供给以政府为导向而不是以需求为导向，养老服务的体制机制滞后等问题，亟须进一步深化改革，通过顶层设计，以法律引领改革，以法律规制养老服务。

一　宁波各地区的养老服务实践

（一）宁波市养老服务的背景

宁波作为副省级城市及沿海开放城市，经济社会发展迅猛，宁

---

[1] 肖来付：《人口老龄化与老年社会服务体系建设》，载《湖北行政学院学报》，2013年第6期。

波人民有着敢为人先，大胆创新的精神，宁波政府在经济社会管理方面创新活跃，很多方面的制度创新都走在全国前面，城乡居民的养老服务也不例外。

当今，宁波和全国其他地方一样，也面临着人口老龄化的问题。据不完全统计，截至2013年末，宁波市60周岁及以上的户籍老年人口118.7万，占户籍人口总数的20.5%。按照国际惯例，老年人口超过20%就意味着该地区已经进入中度老龄社会，而经济社会发展的支柱产业制造业又需要大量的劳动力，老年人面临着无人照料的境遇①。另据2011年2月宁波市人口和计划生育委员会有关专家提供的数据和测算表明，到2020年，宁波市65岁老年人将达到121.64万人，2030年将达到187.05万人。老年人口占总人口的比重将进一步上升，预计到2030年，65岁老年人口占总人口的比重将达到28.8%。宁波市除老龄人口底数加大、老年人数增长过快之外，还显现出高龄独居老人增多的特点。

在宁波这样一个高龄化与经济发展同样迅速的城市，如何建立起符合当地特色又能保障老年人生活的养老模式是政府部门老龄工作所面临的难题。针对宁波高龄化日益严重，新的人口增长点又尚未出现，社会养老服务供需矛盾日益突出，传统的养老方式不能满足养老需求的现状，宁波政府以及社会各界从2004年起，就率先探索出了一个既能最大限度保障又符合宁波特色的养老模式——居家养老，将社区养老资源与家庭养老功能有效结合，使老年人在家庭中享受到社区的福利，在社区中感受到家庭的关怀。2010年12月29日，"宁波市居家养老服务体系"入选浙江省2010年度十大民生工程，并被建议在全省予以推广。

此后，从养老服务的现实需求出发，宁波政府不断创新发展养老服务政策。根据《中国老龄事业发展"十二五"规划》提出的

---

① 朱晓卓：《人口老龄化背景下养老服务体系地方立法研究——以宁波市为例》，载《老龄科学研究》，2014年第3期。

"养老服务要政府引导与社会参与相结合，发挥市场机制在资源配置上的基础性作用，充分调动社会各方面力量积极参与老龄事业发展。发展养老事业要大力激发家庭的潜力和社区的职能，积极倡导以家庭养老为根本，先行发展社区养老服务，建立起以家庭为主，社区为辅，机构为补充的社会养老服务体系，创建独具特色的养老模式"[1]的纲领性精神，因地制宜，应势而谋，统筹规划，在不同地区、从城市社区到农村，积极探索，稳步推进居家养老服务政策。

居家养老，是指老年人居住在家，由专业人员提供人本化服务为支撑的社会化养老模式[2]。居家养老服务的内容包括生活照料与医疗服务、心理抚慰。居家养老服务方式主要有两种：其一是由受过专业培训的服务人员上门，专门为老年人进行相关日常护理；其二是在社区建立老年人日托服务中心，为老年人提供各种日托服务，享受这种服务的群体主要是"三无"老人。这种居家养老服务，是由政府出资（该项资金专款专用）为老年人购买的，它是通过政府扶持、社会参与、市场运作、政府监管的方式，向居家老年人提供以生活照料、医疗保健、精神慰藉、文化娱乐等为主要内容的人性化服务[3]。

这种养老模式的特点在于：一是宽松自由，老年人安居在自己的住所，一方面受到家人的照料；另一方面由政府出资购买养老服务，由社区养老服务机构派出护理人员，为老年人提供定时上门服务，为老年人提供悉心护理、洗衣拖地做饭聊天等。二是渠道灵活，针对不同情况的老年人分门别类，区别对待，除通过上门服务的方式，还以托老所的服务为辅助方式，利于老年人灵活选择，拓

---

[1] 国务院文件：《中国老龄事业发展"十二五"规划》，国发〔2011〕28号。
[2] 朱虹：《关于中国社区居家养老发展状况研究的文献综述》，载《城市建设理论研究》（电子版），2012年第23期。
[3] 夏珑：《我国政府购买居家养老服务保障现状与问题思考》，载《广西经济管理干部学院学报》，2011年第2期。

展了居家养老服务的时间和空间。宁波坚持政府支持、社会组织运作、公众参与的原则①，通过动员社会各方、政府、社区、非营利组织的合作方式，逐步构建了一个崭新的养老服务模式。

（二）宁波市养老服务的运行模式及其效果

1. 海曙区模式

自2004年3月以来，宁波市先期推行了政府为高龄、独居的困难老年人购买居家养老服务的政策，在海曙区试点"政府购买居家养老服务"项目。该项目由海曙区政府出资，向具有法人资格、资质全面、专门为老年人服务的非营利社会组织——海曙区星光敬老协会购买居家养老服务，然后由星光敬老协会进行组织实施。随后，海曙区不断完善养老服务体系，加强养老服务设施建设，提升服务专业化水平，丰富养老服务内容，鼓励社会力量参与等多方面措施，激发了养老服务活力，提升养老服务能力。

2011年，区政府出台了《关于进一步深化居家养老服务的实施意见》，初步构建起以公共服务为支撑，社区服务为依托，公益性、福利性、商业性服务有机结合的全方位、信息化、专业化的居家养老服务体系。通过不断创新和政策完善，现已形成了以社区为依托的、通过"走进去、走出来"服务模式来实现的居家养老模式，即由专门的服务人员"走进"老人的住所，提供上门服务②，以及让老年人"走出"小家庭，融入社区大家庭③的养老服务实现方式。

（1）拓展服务内容，实现养老服务对象全覆盖

为拓展养老服务内容，2012年出台了《海曙区政府购买居家

---

① 吴玉霞：《政府购买居家养老服务的政策研究——以宁波市海曙区为例》，载《中共浙江省委党校学报》，2007年第2期。

② 提供该类服务的主要方式为政府购买服务、义工无偿服务、便民服务机构低偿服务和企业购买服务等。

③ 主要载体有"日托"中心为老年人提供服务，以及各类老年民间组织为老年人之间提供交往平台。

养老服务拓面实施细则》，将居家养老政府购买服务对象拓展至60周岁以上困难的独居空巢、失能老人、分散供养的"三无"老人等特殊老年人。2012年8月还启动了失独老人养老服务项目，将失独群体作为重点对象，开展了多元化的居家养老服务，成立"海曙区关爱失独老人专业委员会"；2013年9月，宁波市首家失独养老院"并肩行照护院"运行。2014年，该区作为"省计生特殊家庭老年社会工作示范项目"试点之一，组织开展失独家庭关爱服务专业工作。

为了使服务规范化，2013年出台了《养老服务补贴资格评估和发放工作实施细则（试行）》，启动养老服务补贴资格评估和发放工作建设层面。海曙区持续加大对养老福利事业的投入力度，2014年，区政府投资1.16亿元兴建的广安养怡院投入使用。在居家养老方面，以实现居家养老"10分钟生活圈"为目标，继续推进社区居家养老服务站点建设，目前，该区居家养老服务已实现全覆盖。

（2）推进专业化和信息化，促进服务能力的提升

一方面，倡导在养老服务领域中引入社会工作理念，积极开展老年人心理调适等专业化服务，对申请公益创投的为老年人服务组织提供专项经费的支持和专业理念的引导，对居家养老专职服务人员开展技能技巧、职业守则等培训。

另一方面，发挥81890求助服务中心平台作用，在加盟企业中物色专业能力强、热心社会公益事业的企业，在保证服务质量的基础上，按低于一般市场价的费用承接政府购买服务项目，提高政府购买服务的综合性价比。

（3）培育社会组织，鼓励社会力量的广泛参与

培育发展能够承接政府购买服务的为老服务组织，尝试向条件成熟、组织完善的社会组织和义工团队购买居家养老服务。

海曙区政府不断增加购买服务资金，2013年起增至每人每年

3200 元[①]，集中向星光敬老协会购买居家养老服务。星光敬老协会接受区政府委托，开始进行居家养老服务项目的运作，主要承担审查和认定服务对象、培训相关专业的护理人士、养老服务的项目设立、管理并监督所提供服务的质量等职能。伴随着居家养老服务的不断发展，海曙区星光敬老协会不断扩展服务边界、不断深化服务的新内容。星光敬老协会 2006 年成立了居家养老照护院，旨在使老年人 24 小时都能享受到养老服务；2007 年，海曙区建立了国家第一个区级"义工招募服务中心"，吸引了志愿者们积极加入到养老服务的队伍中，拓宽了提供养老服务的渠道。为了更好地为老年人提供精神服务；2008 年 6 月，星光敬老协会在海曙区三十三个社区开展了深化精神服务的试点工作，建立了"区居家老年人精神家园服务委员会"，该委员会的成员主要由海曙区志愿者组织的负责人和部分志愿者代表组成。在精神生活服务中心，相关方面的专家和专业人士积极讨论研究，并对护理人士进行专业化的指导和培训，使提供服务的质量得到了更好的保障和提高。服务中心下设区级、街道级和社区级三个分站，一是充分发挥了居委会、社工、义工团队的作用，有效整合了现有的服务资源；二是积极拓展了区级优势，组织了各类民间组织广泛开展特色养老服务[②]。

如今，随着多元化发展，海曙区的养老服务亮点纷呈，除了志愿者通过义工招募中心进行义工活动外，海曙区还开办了"老年人心灵交友社"，老年人在交友社里进行交流和倾诉，解决内心的烦恼，得到精神的慰藉；此外，"宁波银龄单身俱乐部"也开办得有声有色，为单身老年人提供了交友的平台；成立了海曙公园老年

[①] 《宁波海曙区政府：政府购买居家养老服务（优胜奖）—第四届—中国政府创新网》（http://www.chinainnovations.org/index.php? m = content&c = index&a = show&catid = 187&id = 1058）。

[②] 吴玉霞：《政府购买居家养老服务的政策研究——以宁波市海曙区为例》，载《中共浙江省委党校学报》，2007 年第 2 期。

合唱队,使更多的老年人加入到了其中。

2. 江东区模式

江东区于2004年底开始启动居家养老服务工作。在全区设立24个居家养老服务中心和48个社区居家养老服务站,形成了"10分钟生活服务圈"、"10分钟卫生服务圈"和"10分钟文体活动圈"。至2006年,江东区居家养老服务中心和服务站全部建成并投入运营;全区约2.2万名老人就近享受各种养老服务[①]。据不完全统计,截至目前,全区享受养老服务的老人已突破3万余人,为老年人和社区居民提供了极大的方便。

江东区居家养老机构均具有日间照料功能。区福利中心家院互融区及嘉和颐养院均设有日托服务,且配套设施齐全,专业护理人员配置到位,为居家老人提供洗澡、理发、康复理疗等服务。

养老服务注重满足老年人多样化的需求。目前,每个街道至少有一家软硬件条件比较完善的就餐服务机构,可以提供适合个人健康需求的营养餐就餐送餐服务;同时,关注老年人的心理精神需求,为社区安排主题讲座、老年人心理健康宣传和心理健康咨询等服务,开通两部心理咨询热线电话,接受全区老年人心理健康问题咨询等。

(1) 创新"医养结合"载体,关注老人的健康照护

江东区建立了由民政、卫生、街道等部门参加的联席会议制度,共同协商高龄老人居家医疗事宜。在社区卫生服务中心专门成立家庭医疗服务科,下辖12个服务团队专职实施项目。服务团队以全科医生签约服务为纽带,签约医生凭借与服务对象之间契约式服务关系定期开展服务。本着"需求主导、保障重点"原则,重点对试点街道85岁以上高龄老人提供健康体检、健康评估、家庭巡诊等6大类实用性服务。

---

① 郭凤英:《社会居家养老服务供给机制研究——以宁波市江东区社区服务为例》,载《新疆社科论坛》,2011年第1期。

2014年，江东区率先开展"医养结合"试点，在白鹤街道试点开展家院互融健康直通车项目，区政府与百合社会工作服务中心合作开展老年人心理健康服务项目，在养老机构推行"医养结合"，增强机构服务的辐射力。打造"医养结合"服务品牌，实现一站式服务，为解决入住区社会福利中心的老年人看病就医问题，区民政局积极与医疗卫生部门对接，在区社会福利中心设立怡康院卫生所，使医保进驻，做到医养结合。做大做强中医品牌。区社会福利中心家院互融区设立了以"老有所医"为主题的中医养生馆，同时，中医馆还按季度在中心内举办讲座，为老年人讲授中医理疗知识。

创新载体，打造失智老人照料康复中心，为有效解决失智老人照料难题，该区整合区社会福利中心轻度失智老人日托中心和中重度失智老人照料区，与市康宁医院、市精神病院等专业医疗机构联手，建立全省首家福利机构内的失智老人照料中心。

(2) 注重养老服务的专业化和标准化，提升养老服务的质量

江东区重视养老服务的专业队伍建设，一方面，开展以全科医生为主体的专业技术人员培训，并制定"医养结合"项目质量评价体系，每月定期对责任医师团队服务质量进行评价及公示。另一方面，借助专业机构的力量，定制针对性的方案，关爱社区老年人心理健康；培训社区工作人员及志愿者的服务技能，内容涉及老年人心理健康服务会谈技术、心理服务技能、心理咨询概述、老年人早期精神疾患鉴别与诊断等。

为了统一标准，提高质量，规范服务，江东区制定了地方标准并对服务机构进行等级评定。民政局联合宁波市质量技术监督局江东分局于2007年底率先发布了全省首个《居家养老服务地方标准规范》，就运营环境、设施设备、从业资格、服务内容、措施办法和服务质量等方面进行综合评定，并根据评定等级进行不同程度的经费补助，以鼓励、引导社区全面提升居家养老水平，进一步推动居家养老服务向规范化、标准化、科学化发展。

(3) 引入商业保险机制，实现养老风险共担

江东区老龄化程度较高，养老机构及居家养老服务机构的老年人因年龄偏大，行动能力、自理能力偏弱，稍有不慎易发生各种事故，增加了养老服务机构运营风险，阻碍了养老服务事业的健康发展。区民政局结合实际，为养老机构和居家养老服务中心按点投保，由机构出资，政府给予部分补贴，引入商业保险机制，有效减少因意外伤害给老年人及其家庭带来的经济损失，降低养老服务机构运行风险，为养老服务提供了创新实践，对完善养老保障体制、健全社会保障体系也起到了积极的推动作用。由区民政局牵头的社区综合保险推广和养老服务提质扩面项目入选实事工程。其中，社区综合保险推广项目将为7个街道各社区提供公众责任险和困难人群意外伤害险，项目当年总投资162万元。养老服务提质扩面项目将打造失智失能老人照料中心，为5000位轻度失智老人提供筛查和干预服务；形成以全科团队为基础的困难高龄老人医疗服务网络；实施健康直通车服务扩面，升级家院互融信息系统，项目当年总投资622.2万元。

3. 镇海模式

镇海区的特色在于：全面实施养老服务补贴制度；实行管办分离的市场运作模式；实现养老服务提质扩面全覆盖。

（1）明确核心服务对象，实施服务补贴制度

为妥善解决城乡困难老年人养老照料问题，保障缺乏生活自理能力的低收入老年人养老服务需求，镇海区在全区实施养老服务补贴制度，对符合条件的老年人提供养老服务补贴。补贴对象是户籍在镇海区范围内的城乡最低生活保障家庭中60周岁（含）以上的经养老服务需求评估确定为失能、失智等生活不能自理的老年人。补贴标准分为三档：重度依赖、中度依赖、轻度依赖，养老服务补贴通过向补贴对象提供服务的方式实现。镇海区下一步还将继续完善居家养老服务补贴机制，尝试实行居家养老政府购买、优惠服务标准自然增长机制，完善审核审批程序，确保居家养老服务政府专

项资金公开、公平、公正使用。

（2）创新管理机制，推动服务多元化发展

镇海区养老服务在创新中谋求发展，在发展中深化服务，注重管理机制创新，由民政局监管，老龄委办公室牵头办理，开展"管办分离"的居家养老模式。例如，镇海区总浦桥社区置办车辆，开创了"车轮上的食堂"，给行动不便的老年人提供送餐上门的服务；招宝山街道自行创立街道家政服务公司，"肥水不流外人田"，吸引和发展更多的家政公司挂靠，参与到居家养老服务中来，将养老市场进一步扩大，形成"市场化运作"的养老服务；镇海区老年协会等非营利性组织也积极参与养老服务，进行长寿老人、贫困老人的慰问工作，举办了"九·九"重阳节的系列庆祝活动，并且进行了《老年人权益保障法》的宣传，维护老年人的合法权益，加强老年人活动场所阅览室、棋牌室的建设；社区中还有一些自发的志愿者，为老年人进行免费剪发、测量血压、安装爱心门铃等服务，使行动不便、独居的老年人得到了一定帮助。一系列养老措施的实施，丰富了养老服务参与的社会力量，推动了镇海区养老服务多样化的发展。

镇海区鼓励社会力量参与到养老服务中来，对民办养老机构实行有力的政策扶持，通过采取建设用地享受、建设运营补贴、税费减免、收益提取等优惠政策，鼓励社会力量新建或利用自有用房兴办养老机构。镇海区政府还积极倡导"公建民营"、"民办公助"、"村级互助"等养老服务模式，满足老年人多样化的养老需求。

（3）实行提质扩面，实现养老服务全覆盖

镇海区重视养老服务能力和服务队伍建设，实施了居家养老服务中心"创星升级"专项行动，分步推进农村居家养老服务照料中心建设，在2014年新增了10家"AA"级以上社区居家养老服务中心，加快了区域性居家养老服务中心建设。同时，该区还推进养老服务队伍建设，组织机构养老护理员职业技能培训及业务培训，选拔优秀初级护理员参加中高级养老护理员培训，开展了养老护理知识技能进家庭进社区活动。

镇海区不断强化服务内容和拓展服务空间,加大老年食堂建设力度,为老年人提供低价就餐、配送餐服务,目前共开办老年食堂21家;开展银龄互助、老友助老结对服务,探索延伸多方合力关爱的多样化服务模式,全区共有1504名银龄老年志愿者为1202名高龄、空巢、独居老人提供结对服务;建立了一系列居家养老服务中心建设并实行运行资金补助政策[①]。

4. 北仑区农村居家养老模式

宁波市北仑区是浙江省、宁波市对外开放时间最早、程度最高、国家级开发开放功能区最为集中的区域。作为国内较为发达地区,北仑区已早于全国提前进入老龄化,且老龄化程度相当严重。根据《2011年北仑统计年鉴》,截至2011年底,全区有60周岁及以上老年人67505人,占总人口的19.13%,高于宁波市18.61%和浙江省17.25%的老龄化比例,超过国际上10%的老龄化标准9.13个百分比。[②] 为解决新形势下广大老年人养老服务问题,2004年上半年,宁波市率先在城市社区启动了居家养老服务工作,并取得了一定的成效。为适应农村客观形势需要,从2006年下半年,宁波市居家养老服务工作从城市逐步向农村拓展和延伸。但考虑到农村情况比较复杂,该市先选择了经济相对较发达、农村老年人口规模相对适中的镇海区和北仑区作为农村居家养老服务工作试点,效果明显。

近年来,北仑区按照与区域经济相适应、坚持政府主导、突出服务重点与适度普惠、注重社会化、市场化发展的原则,各级政府积极行动,并依靠基层老年人协会、志愿者协会等组织,采取多种方式,以老人现实需求为导向,把居家养老服务做细做实,初步形

---

① 例如,2013年,全区共下拨市、区两级建设、运行经费434.15万元;持续安排区福彩公益金60余万元重点扶持居家养老服务机构开展40余个助老服务项目。
② 《北仑统计年鉴》2011年。

成了具有北仑特色的农村居家养老服务模式,并正逐步为外界了解、认同和推广。

(1) 搭建服务平台,延伸组织网络

居家养老服务在农村是一个新事物,很多人对它都不了解或不适应。针对这样的实际,北仑区各级政府在开展农村居家养老服务工作时,一方面注重多种形式的宣传教育,营造良好的农村居家养老服务工作氛围。另一方面,从搭建服务平台入手,建立区、街道(乡镇)、社区(村)三级农村居家养老服务工作的组织网络,强化组织保障。区、街道(乡镇)两级均成立了以党委或政府分管领导为组长、各相关部门参加的农村居家养老服务工作领导小组;试点行政村成立了以村支书或主任为组长、村老年人协会负责人为副组长的居家养老服务领导(工作)小组,同时通过新建、改建、整合等方式建立了居家养老服务中心(站)负责居家养老服务具体实施工作。目前,区级成立了区养老服务指导中心1个;街道(乡镇)建立了养老服务中心9个;社区(村)建立了居家养老服务站182个。

(2) 针对个性需求,实行多样化服务

农村的情况比较复杂,城郊农村和偏远农村之间、平原农村和山区农村之间、经济发达地区农村和海岛落后地区农村之间,其社会经济状况、老年人结构、基础设施建设等各方面的差异性大,老人的需求各不相同。因此,北仑区高度重视调查研究工作。在开展服务前,先对老年人尤其是重点困难老人(高龄、空巢、孤寡、病残、贫困等老年人)的家庭状况、身体状况、居住状况、经济状况、服务需求等情况,以及老人服务设施情况进行认真而细致的调查摸底;然后归类造册,逐步建立以需求为导向的农村居家老人养老服务信息库,为因地制宜地开展服务奠定基础。

针对农村老人不同的经济状况和养老服务需求,该区试行"1+1+X"(即建立一支居家养老专业服务员队伍、建成1个居家养老服务中心、"X"指的是一个庞大的服务网络)、"十个一"联系结对服务（"捐一元钱献爱心，打扫一次卫生，做一次饭菜，洗一次衣物，陪一次聊天，陪同看一次病，陪购一次物，介绍一次家政服务，节日访问一次，有苦闷矛盾时了解、劝解一次"的"十个一"联系结对服务）、"10分钟"服务圈（即在老年人有需求时，10分钟内上门为老年人提供诸如水电维修、陪同办事、送货上门等多种服务）等农村居家养老服务模式。针对不同老年人群体的不同需求，因地制宜开展医疗保健、精神慰藉、文体娱乐等服务，满足居家老年人多层次服务需求。

(3) 完善服务设施，整合服务资源

根据农村养老服务基础设施条件相对落后的实际，北仑区充分挖掘、整合农村现有资源，通过新建、改造或盘活现有服务资源，为社区（村）提供集日间托管、医疗保健、文化娱乐等功能于一体的居家养老服务场所，大大改善了硬件设施。

针对软件设施落后的实际，该区充分发挥好以农村老年人协会为代表的农村老年服务组织在农村居家养老服务中的积极作用，动员和组织协会中低龄健康老年人投身于居家养老服务各项工作。同时，该区注意调动和组织行政村附近现有的诸如医师、教师、党员、团员、个私商户或企业等各类服务资源，定期或不定期开展义诊或保健讲座、戏曲教学和家政服务等各类为老助老服务活动。

(4) 瞄准服务重点，培育服务队伍

北仑区突出了两个重点的服务对象，并坚持优先保障的工作原则。其一是重点和优先保障高龄、空巢（包括独居）、孤寡、病残、贫困等重点困难老人的养老需求，再尽力满足其他一般老年人的需求；其二是重点和优先保障老年人的基本养老需求，再尽力满足更高层次更多种类的养老需求。在服务内容和项目上，坚持从老年人的实际需求出发，围绕老人安全看护、生活照料、卫生保健、文体活动、精神慰藉等服务内容，量身定做服务项目和方式。在服务方式和模式上，根据农村互帮互助的民风和地广人散的实际，采取"走进去"和"走出来"相结合的方式，注重发挥助老志愿者

(义工）队伍的积极作用，有条件的地方可以实施政府购买服务或服务补贴。

着重抓好专职人员和志愿者（义工）这两支服务队伍建设，坚持支援服务与专业服务相结合，积极培育居家养老服务队伍，主要有专职护理服务人员队伍和以低龄健康老人为骨干的助老志愿者服务队伍，为居家老人提供"十个一"结对帮扶服务等。

（三）宁波市养老服务实践的效果

宁波市居家养老服务是创新社会管理的积极探索，是提升公共服务能力的有力举措。居家养老服务为解决传统养老模式中存在的问题，满足老年人生活、精神、娱乐、保健等多种需求等方面取得了良好的经济效果和社会效果。

1. 减轻了政府的财政支出压力

按照传统的养老模式，老年人需要入住到养老院进行养老，政府为了建设养老院等养老场所，投入大量的公共资金。据初步调查，宁波政府建设一个功能比较完善的养老机构，投入较大，以每张床位为例，先期投资大约为5万元，而且每年还要追加支出3000元补贴[①]。传统的养老模式加大了政府的财政压力，且远远不能满足养老的需求。实施政府购买居家养老服务新办法后，需要人均年支付约2000元，二者相比，大大降低了财政支出，大幅提高了公共资金的使用效率。

2. 激活了社会参与养老服务的活力

在居家养老服务中，宁波政府提倡社会参与，强调"大家的事情大家办"，并通过购买社区养老服务，扩大服务提供者范围，扶持非营利组织等多项举措，吸引了社会组织的加入，引导和鼓励

---

① 编者：《宁波海曙区政府：政府购买居家养老服务（优胜奖—第四届）》（http://www.chinainnovations.org/index.php?m=content&c=index&a=show&catid=187&id=1058）。

各种主体参与到养老服务事业中来。这样能够将政府的管理力量和社会的辅助力量有机联系起来,形成了现代养老服务的合力,促进了养老事业的进一步发展。

3. 扩展了养老的市场空间

在政府的引导下,居家养老服务也同样刺激了养老的社会需求,扩展了养老的市场空间。经调查问卷分析,约70%的老人有购买服务的意愿,他们及其家人也愿意慷慨解囊购买政府提供的物美价廉的服务①。从潜在的社会效益来说,通过这种低成本、亲情化的服务,大大拓展了养老市场,展现了潜在的就业空间,提供了更多的就业岗位,解决了一部分人的就业需求。

4. 提高了养老服务的质量

居家养老服务有效地克服了传统的机构养老运行模式下,大部分老年人由于资源缺乏、费用昂贵等原因不能真正地享受养老服务的难题。居家养老服务的运行,使孤寡、贫困的老年人不仅在家中就能享受到养老服务,还大大减轻了老年人及其家人在经济方面的负担;同时,政府购买居家养老服务,调动社会力量的广泛参与,打破了原有老年人入住养老机构进行养老的单一格局,给了老年人更多的养老选择机会,使颐养天年圆梦成真。

二 宁波市养老服务中存在的问题

宁波市养老服务虽已取得了初步的经济效果和社会效果,但在服务主体、服务内容和服务的保障机制等方面仍存在许多深层次问题。

(一)服务供给不能满足多层次的需求

社区老人的养老服务需求从低到高依次是从满足最基本的经济

---

① 编者:《养老服务,政府购买》(http://wsjds.haishu.gov.cn/info.asp?ID=32060)。

需求，到医疗保健、生活照料的生活需求，再到精神慰藉、邻里关系等精神需求，再到参与社会的自我实现需要。据多家社区养老服务供求调查来看，现有养老服务能够较大程度地保障老人的经济和住宅等基本需求。在老年人的自我实现方面，城市老人由于多数从工作单位退休，有一定的自我实现追求，愿意发挥余热，奉献社区，以及与原单位的一定联系，集体主义思想强烈。而农村社区建设基本原则是群众参与，社区为老年人发挥余热搭建了较好平台，例如开办老年大学、开展各社区文体活动、组建老年协会等群体组织等，使社区老年人参与社会，实现老有所乐、老有所为的程度大大提高。

在生活照料等次高层次的需求以及精神慰藉、法律维权和紧急救助等较高层次的服务方面，城市社区基本上能做到有效供给，但县级城市社区和农村社区，由于财力和人力的限制，这方面的服务供给还远远不能满足老年人的需求。

在调查中发现，健康照护是老年人的核心需求，而且是家庭不能和市场力量不愿提供的服务。这方面的服务涉及的项目内容通常包括足保健、治疗、医疗照顾、医疗救助、护理、长期注射、心理疾病、残疾护理以及临终关怀，这些服务专业性很强，需要专业人员提供。目前，这类服务基本上是由面向社区的全科医生、社会工作者、和志愿工作者提供，完全不能满足老年人的要求。

（二）制度化和规范化程度不高

当前涉及养老服务的相关法律法规相对缺失，指导养老服务工作的多是一些层级较低的规范性文件，如国务院发布的《国务院关于加快发展养老服务业的若干意见》，宁波市政府印发的《宁波市居家养老服务机构等级评定办法》、《关于深化完善社会养老服务体系建设的意见》等文件。由于欠缺高位阶的法规依据，当某一事项发生时，管理机关只好依据低位阶的政策文件处理所出现的问题，例如，宁波市星光敬老协会作为提供居家养老服务的非政府组织，在实际运行中所遵循的仅仅是《海曙区社区民间组织法（试行）》、《关于海曙区社会化居家养老工作的指导性意见》等地方性的文件。

养老服务运转所需要的具体操作规范和流程空缺，如政府购买居家养老服务，政府采购法中设定的细目中并没有相关的内容，实践中，政府购买居家养老服务大多没有走公开招标的程序，而是由长官意志决定具体由哪个非政府组织来提供[1]。这种做法不仅干扰了正常的市场秩序，还可能导致暗箱操作而影响养老服务质量。

非政府组织的监督管理办法还处于零散、缺乏体系[2]的状态。一方面，非政府组织参与公共服务中的法律地位和责任不明确，致使实际运行中可能存在随意化等问题。另一方面，对非政府组织的服务质量欠缺科学、统一的衡量标准，也没有由独立的第三方机构来进行专业评估的监管体系。目前，宁波市对于养老服务质量的监管和评估的工作，主要由宁波市民政部门组织实施，每年组织相关人员进行评估和考核，然而这种具有行政色彩的考核评估，往往缺少一定的专业评估技能，所反映出的评估结果也缺乏真实客观性，对养老服务质量的监督和保障实际意义不大。

（三）专业化和职业化程度不高

通过调查和访谈，无论是城市还是农村，居家养老服务提供者都是以医疗工作者、社区居委会工作人员和市场化家政人员为主，而像心理咨询师、律师和社会工作师这样的专业人员在养老服务领域还几乎空白；同时，这些提供养老服务的医护人员、家政人员还是面向社区全体居民的，专业化程度很低。

从事养老服务的护理人员大多是再就业人员和无业人员等，因为在传统观念中，照顾老龄人口的工作不仅不体面，而且较为辛

---

[1] 蒋轶嘉：《浅谈政府购买社会养老服务》，载《管理观察》，2013年第6期。
[2] 朱玉知、张雯：《政府购买养老服务的优化治理——基于合同制治理理论的思考》，载《改革与战略》，2009年第1期。

苦，很多人不愿从事这项工作。这些服务人员综合素质和专业素质都偏低，离职业化的要求还有很大距离。尽管早在2002年国家出台了《养老护理员国家职业标准》，对参与养老服务护理人员的标准进行了规定，对培训也做了相关的要求，但至今，宁波市专业养老护理人员从业仍没有走上规范化道路，养老服务护理人员的管理制度也不健全，主管部门没有统一标准。政府牵头举办的相关养老护理方面的培训教育也较为匮乏，只是部分当地民政部门对护理人员进行短期的上岗培训。

（四）社会组织参与程度仍然偏低

虽然居家养老服务的参与主体广泛，日益呈现多元化的趋势，养老服务供给依然是以政府为主导，以家庭为核心。很多非营利机构处于起步时期，在服务、管理上还存在很多问题，竞争能力较差。此外，非营利组织的服务人员不具有较强的社会公信力，综合素质还应当及时地加强。除此之外，很多公共服务项目在实际的实施过程中，政府的参与过多，服务机构的独立性无法得到体现，不利于社会服务体系的完善。

（五）政府职能部门的协调机制缺位

现有涉及养老服务供给的政府（或准政府）职能部门有民政、卫生、计生、文化以及残联、慈善等，它们依托各社会组织、志愿团体或通过社区安排对接，或自己寻找服务对象。这些供给机构各自为政，通常缺乏长远计划，也没有统筹协调，造成服务供给重复或遗漏，制约了养老服务的发展。

三 比较研究：国外养老服务的实践与经验

（一）英国：政府主导、多方参与的福利模式

"老年社区照顾服务"（Community Care for the Elderly）是英国

推行社会服务的一种方法。社区照顾是为了解决被照顾者长期脱离社区生活,精神生活难以得到满足的问题而构建的社会服务体系。英国老年人主要采取社区照顾的模式,取得了相当不错的成效。社区照顾的主要内容包括医疗卫生服务、生活照料、物质支援、心理支持、整体关怀,这种模式融合了传统家庭养老和集中院舍养老的优势,更加注重对老年人心理和情感上的关怀。[①]

总体而言,英国的社区照顾具体有以下几个方面的特点。

1. 政府主导的福利性服务

英国社区照顾中政府承担了主体性责任。一方面政府提供财政支出,政府是社区照顾资金的主要来源,很多服务设施都是由政府资助的,社区、家庭和个人支出不多[②];另一方面由政府聘任工作人员提供服务,而家庭和社会仅提供诸如志愿者服务之类的补充性的服务。这些服务或免费,或收费低廉,一般收费由地方政府决定,在老年人能够承担的范围之内,不足部分由政府开支。

对于家庭照顾的老人,政府发给老年人与住院同样的津贴,这样使家庭在照顾老年人时有了一定的经济保证。

2. 服务提供主体的多元化

英国养老服务系统由政府社会福利,民间非营利组织和大量的志愿者三部分构成。政府社会福利主要由区一级地方政府的社会工作部落实。社会工作部由社会问题部、社会工作培训部和若干社会工作大队分别承担相应职责[③]。

---

① 杨蓓蕾:《英国的社区照顾:一种新型的养老模式》,载《探索与争鸣》,2000年第12期。

② 例如,作为老年服务的核心需求——医疗照顾,其费用由政府的税收支持,具体由医疗和社会服务两个职能部门承担,如国家医疗服务部支付给老人提供的上门医疗和医疗检查费用;而地方政府承担为老人提供的居家照顾如上厕所、洗澡、穿衣等服务性支出。此外,英国政府还设有特殊照顾服务津贴,向确实需要照顾的老人提供。

③ 社会工作部内部机构具体分工为:社会问题部负责本区域内的调查和评估工作,定期走访社会服务对象,并向部负责人报告情况。社会工作培训部主管培训工作,向基层社会工作人员和志愿者讲解相关政策和负责技术培训。社会工作大队的职责是提供社会服务,如向受救助者安装各类护理器械,指派服务人员和选派志愿者帮助等。

民间非营利组织与政府部门是委托代理关系，主要是接受政府养老服务委托的代理机构。政府以公开招标的方式选择能够向用户提供最优服务的代理人。招标时只规定服务受益人数等"产出"指标，不规定工资、租金等投入指标。中标后，政府为代理机构提供50%—60%经费，代理机构必须自筹另一半经费，一般从社会慈善机构、各类基金会、企业或个人捐赠获得。

志愿者自愿向受助者提供帮助，是参与英国养老服务工作的辅助力量。政府规定志愿者必须在政府社会工作管理部门或指定的代理机构登记；必须有能力和时间提供志愿服务；必须接受有关部门的社会工作培训。政府和相关机构对志愿者进行管理，分派志愿工作。

3. 服务内容以需求为导向

英国率先提出"在合适环境中养老"（Aging in Place）的理念。实施该理念的基本思路是依靠社区，整合社区资源，以社区作为服务载体，让老年人能居住在自己的家中，在尽可能不改变生活现状的同时又得到必要且合适的照顾，以其个性化、多样化的特征与优势，向老年人提供包括医疗卫生服务、住房服务、家庭照顾、日间看护、娱乐和教育等内容在内的多项服务，能够优质高效满足老年人的需求。

（二）美国：市场主导的社会化模式

美国居家养老运行机制主要是医疗照顾辅以社区服务。美国为老人服务的社会化程度较高，其根据老年人的不同需求，将养老分为独立式住宅、老年公寓、养老院、护理院、老年养生社区等五类，每一类辅以相应的服务管理体制。[1]

美国养老服务体系的主要特点如下。

1. 养老服务的市场化

美国借助以市场化手段来满足各收入阶层对养老服务的需求。

---

[1] 杨红旭：《典型国家的老年住宅发展模式》，载《中国地产市场》，2011年第9期。

政府只负责制定标准和规则，由市场主体根据需要提供服务。养老服务设施一般也由私人或企业经营管理，养老服务逐渐走向市场化。

2. 服务内容的全覆盖

美国老年人的核心服务需求是医疗保健。该项服务由雇主和私人支付的医疗保险所囊括，由医疗保健的专业机构提供。除医疗保健外，养老服务还包括为居家老人提供从穿衣服、上厕所、洗澡，到向老人提供家政服务、个人护理、紧急情况处理等方方面面的内容。

3. 服务技能的专业化

在老人病重或缺乏自理能力时，因为需要照顾的特殊护理技能，家庭成员往往更愿意寻求"正式照顾"来帮助。"正式照顾"是由经过严格培训，达到职业标准的私营部门、志愿者、慈善机构和团体提供的照顾。美国养老服务是已经高度社会化了的职业。

（三）日本：家庭自助、社会互助与社会福利结合的模式

日本的养老服务发展模式从最初的中央集权的国家包揽型逐步向地方分权型转换，养老方式也从以往着重强调福利机构收养，向居家福利转化。借助社区互助和家庭养老这一东方传统文化的社会基础，日本走出了一条具有特色的老人福利发展模式。其主要特点如下。

1. 由济贫救助向社会福利的目标转型

在日本高龄社会还未到来的1963年，日本政府就超前颁布了《老人福利法》。这样一部专门针对全体老人的福利法向社会表明保障老人福利的合法权益是全社会的共同责任，国家通过立法机关制定法律、法规和法令，保障老人的合法权益。日本社会提供老人需要的各种养老福利设施，主要包括入居型福利设施和社区服务型福利设施两种。入居型老人福利设施类似我国的养老机构。社区服

务型福利设施包括老人福利中心①，保健康复中心②，护理援助中心③和老人之家④。这些福利设施根据政府管理能力、公共服务特性和市场竞争程度的情形，采取公共福利型、公私分担型和市场经营型等不同类型的经营体制。

2. 居家养老与社会互助相结合的方式

由于受东方传统家庭文化的影响，日本的养老制度重视家庭的作用，家庭成员的关爱和赡养是日本居家养老的重要内容，家庭赡养和经济支持是日本老人居家养老的重要资金来源。同时，注重减轻家庭和企业负担，发扬民间的自助互助精神，充分发挥社会力量的作用。

日本国家的社会力量在老人护理上分担了重任。其参与养老社会服务的途径为：第一，民间组织兴办的家庭服务员派遣服务。家庭服务员队伍主要由家庭主妇组成，她们必须接受护理知识学习和护理实习训练之后获得上岗资格。需要派遣服务的家庭首先向民间服务团体购买利用券，然后根据服务时间和服务项目，向登门从事护理的家庭服务员交付利用券。家庭服务员依照服务券获得报酬。第二，实行居家养老、居宅看护。一是以社区为主体，为那些居家养老的老人提供保健福利服务。主要是建立家庭护理员队伍，负责对居家养老的老人进行家庭访问、看护、处理家务等；建设养老服务保健中心，安装为身体虚弱或者卧床不起的老人提供健康诊察、机能恢复锻炼、入浴和饮食服务的设施。二是强化扩充收养福利设施。三是建立长寿福利社会基金。四是制订无瘫痪老人作战计划，建立脑溢血预防网和以社区为主体的预防及恢复机能训练体系、预

---

① 其主要功能是接受咨询，提供保健运动、终身教育和社交的场所。
② 其主要功能是对居家养老的患有慢性疾病的老人提供保健服务和福利服务。中心设有入浴服务、保健服务、洗衣服务以及营养饮食服务。
③ 其主要功能是对登录在案的居家养老的老人提供24小时服务，老人可以随时通过电话或其他渠道向援助中心提出有关生活、医疗以及精神上的咨询和援助的需求。
④ 其主要任务是给社区内的老年人提供一个社交、集会、娱乐、学习的场所。该场所由社会志愿者和临时工作人员进行管理。

防教育体系、看护体系等。五是设计充实的晚年生活方案。在社区基层组织各项健康保健活动及文化娱乐活动，使老人度过健康的、有意义的晚年。

3. 分散负担的护理保险机制

日本实行护理保险制度，要求 40 岁以上的公民必须缴纳护理保险金，通过向所有公民收取额外看护护理保险费的方式，解决日本人年老后的看护护理问题。公民在 65 岁以后就可接受这项保险提供的服务，生活不能自理的老人可以在家接受护理。这是一种靠全社会的力量去分担老人护理重任的制度。

这项制度由日本政府主管，各地居家护理支援中心、社会福祉联合会等官方和民间团体具体负责实施。护理保险制度可以把老年患者的长期护理场所从普通医院转移到家庭、专门老人福利院等地。只要老人生活不便需人照料、有病需要医护，就能及时得到照护。

（四）借鉴和启示

1. 养老服务的社会性福利目标定位

这些国家养老服务已超越传统的提供物质帮助、解决事后风险的补缺和帮扶模式，而演化为国家的社会福利模式。一方面，英国、美国和日本都把社区作为应对养老难题的主要依靠，它们都注重社区养老服务设施的建设，注重养老与社区居民生活的融合。这种养老方式既符合老年人的养老意愿，又便于多方面资源的参与，也比传统的"住院式"养老成本更低。另一方面，它们尽可能提供满足老年人核心需求的多样化服务内容。如上门指导提供保健服务，传授健康知识，预防疾病等。而且基本养老服务都依托于他们国家的社会保障制度，以社会保障（英国的政府社会保障、美国的社会医疗救助、日本的护理保险）作为居家养老经费的重要支持。

2. 服务供给方式的公共需求导向

上述这些国家的政府主要是作为间接供给者,根据公共服务的需求,为社会组织提供资助,并对它们进行监督;其政府的作用主要定位在规划养老服务发展目标、通过政策倾斜和资金补贴等方式,培育、引导和监管市场和社会组织发挥作用。而我国政府长期以来是根据上级的要求,包办养老福利事业,缺乏与社会组织的分工合作,社会组织参与不够,市场机制没有较好地发挥作用。

3. 以健康照护为核心的个性化服务

欧美国家的社区照顾所提供的服务,包括养老金和福利津贴,住房的安置,家庭照顾,医疗卫生服务,日间看护、娱乐与教育等。其中家庭照顾组成了社区照顾的核心,包括了以下基本项目:日常生活起居、行动与自我料理;医疗照顾,如护理或治疗服务;专家咨询,比如情感支持和社会接触;还有对非正规护理员如家人、朋友和邻居的支持以及对老人和护理员们给予信息及建议方面的帮助。由此,服务内容十分精细,涉及老年人的各种需求。特别是日本的各类养老服务设施,为居家养老的老人提供了多种类型的贴心服务。

4. 服务提供者主体的多元化构成

英、美、日在养老服务供给中以老年人的需求为导向,鼓励各种社会组织和社会公众参与兴办公益事业和社会服务,形成以政府为主导、各种社会主体共同参与的养老服务供给格局,实现养老服务供给主体的多元化和供给方式的多样化。这些国家的政府在发展规划、运行机制、政策扶持方面都发挥主导性作用,而对养老服务项目的具体实施,则由政府在财政支出以及政策上为居民社区养老提供支持,引导地方基层组织和市场的积极参与,疏通多元化的资金筹集渠道,有效地推动社区养老体系的推进。

根据这些国家的经验,社区居家养老服务提供者主体构成部分为:第一,政府部门。它通过社会保障体系、公共医疗服务福利机构,提供财政支持、安置处所,以及公共医疗服务和社会关怀。第二，营利性机构。它们成为住家看护、医疗服务、养老金和休闲活动的主要提供者。第三，非专业护理人员（即家人、朋友、邻居）。他们更适合做一些基本的照料工作，比如帮助老人的日常生活起居和自我料理等等。第四，志愿者或是非政府非营利组织。它们在社会关怀、住家养老、休闲活动和交通服务方面大有作为。第五，私营业主和行业协会。他们为自己的雇员建立或管理养老金，以及其他经济补助或福利待遇。

5. 服务机构间协调合作的保障机制

由于养老服务内容十分广泛，涉及的服务机构种类繁多，融资渠道也形式多异，因此英、美、日等国家都重视加强服务机构之间协调和合作，以提供适合需求的服务，并避免相互之间的重叠。如日本只有健康和养老两个保险，并且都归同一部门负责，聘请专业人士管理和运营，避免了基于部门利益的冲突，提升了专业化治理的水平，增强了患者的抗风险能力，提高了资金利用的质量和效率。再如，英、美国家将养老服务作为医疗服务的重要组成部分，医院和老年人的康复性医疗机构一并设置，实行医养结合。

四　宁波市养老服务模式创新的路径

（一）明确养老服务的重点内容："养什么？"

老年人养老需求到底是什么？哪些需求是要优先满足的？只有明确这个问题，才能使养老服务有的放矢，发挥最大效用。

1. 服务对象与服务需求的基本情况

为了掌握老年人的真实需求，我们分别选取了不同城区（县、市）的10个城市社区和10个农村社区进行调研。通过随机抽样的方式，发放问卷200份，回收197份，调查以上门调查为主，约到社区办公室来填表为辅的办法进行。通过调查结果分析，基本情况如下。

（1）年龄结构。被调查的老年人中，60—70岁的老人占

47.9%；65岁以上老人占65.9%；70岁以上的高龄老人占52.1%。80岁以上老人占23%，与老年人实际结构比例相符。

（2）居住状况。被调查的老人中，与子女同住的占15.5%，与配偶同住的占42.8%，独自生活的占32.7%。从居住状况看，大部分老年人是独自生活或与老伴一起生活。独居老人比例较高。

（3）经济来源。被调查的老人中，离、退休金/养老补贴作为主要经济来源的占65.8%，政府补助占13.7%，配偶提供占5.5%，子女赡养占15%。养老金及子女赡养占了绝大部分，仍有小部分困难老人靠政府补助来生活。

（4）健康状况。被调查的老人中，身体状况健康的占20.8%，较好的占20.2%，一般的占38.1%，较差的占15.9%，很差的占5%。调查显示，多数老年人健康状况自我感觉一般，身体好的或很差的老年人各占小部分。

（5）最担心的事情。被问及老年生活最担心的事情时，没有生活来源占15.2%，生病没钱治疗占16.2%，需要的时候没有人照顾占47.6%，子女工作占6%，其他占15%。调查显示，老人担忧的主要问题有大病医疗问题、需要的时候没人照料问题，也就是说，老年人最担心的是健康照料的问题。

（6）最需要的服务。调查数据显示，老年人最希望得到的服务中，心理服务占8.7%，医疗护理占47.3%，饮食保健占20.7%，娱乐休闲占14%，代做家务占9.3%。医疗护理和饮食保健需求最大，尤其是医疗护理。

2. 养老需求的形势判断

影响老人需求的因素除了老年人个体因素外，还与一个地区的地理环境、经济发展和社会传统因素等密切相关。宁波市养老需求得以满足的社会支持系统，包括当地政府、市场、社区自治组织、非政府组织、家庭等养老服务供给主体，它们相互作用，共同影响养老服务的供求关系，进而形成老年人的需求特点。

（1）最核心的养护群体。调查显示，最核心的养护群体并不是"三无"老人和"困难"老人，这部分人比例很小，而且政府补贴到位，物质生活并不是大问题。重点的养护人群应该是（半）失能、失智、高龄风险老人。这部分老人生活身体状况不佳，生活难以自理，而其中许多老人又都与子女分开居住，特别是子女远在外地的"空巢"老人，依靠家庭和亲人养老很难做到。

（2）最基本的养老需求。由调查数据可见，宁波市独居老年人数量还较多，但身体状况极差的比例较高；经济上多数能满足生活需要，经济极其困难的不多，物质帮助的需求不是主流；老年人比较关心身体健康，特别担心未来身体状况，对健康照护、专业护理和饮食保健有很强需求。宁波养老服务应该优先满足这一最基础的需求。①

（3）服务需求的精细化与多样化趋势。社会经济的发展和生活的进步催生了老龄人群的服务需求。老人需求越来越高级化、精细化和个性化。随着物质生活的满足，老年人更加注重精神生活质量。老年人害怕孤单、渴望与人交往，特别希望有人关爱陪同，因而需要开办"日间照料室"、"老年澡堂"、"休闲聊天室"等服务设施，使养老服务的供给内容由低层次的物质救济，向较高层次的养老社会福利的转变。

老年人多了、人均寿命也长了，特殊困难老人和老人的个别性问题也越来越突出了。例如，老人处事能力弱，在社区生活容易碰到难以解决的事情。如房子漏水、邻里矛盾、赡养问题等，急需及时介入，做好维权工作。社区老人中还有一些要特别关注的弱势老人，如高龄独居、经济困难的老人；还有瘫痪病人、残疾老人和精

---

① 在我国的一个普遍问题是，老人生病住院很难找到专业的护理员。这样，不仅老人得不到高质量的护理，照顾父母的重担也使子女疲惫不堪。由于老龄人口大都受到慢性病的困扰，世界各国的老年人最需要的都是康复性医院。可是在国内，除非是做手术或者罹患重症，否则老年人很难等到住院治疗的机会。相比之下，欧美发达国家实行医养结合，把养老服务当作医疗服务的重要组成部分，通常是这边是医院，那边就是供老年人的康复性医疗机构，老年人并不需要往医院送。我国不仅缺乏医养结合的机构，而且也缺少提供临终关怀的医院。

神压力大的老人等，这些问题直接关系到社会和谐稳定，应该给予特殊的帮助和照顾。还有临终关怀，让老年人走好也是社会文明的一种标志。

（4）最适合的养老方式。调查发现，绝大多数老年人都不缺房住，他们缺的是健康护理和关怀；同时，多数老人也表示不喜欢去养老院养老，甚至有老年人认为去养老院养老的感觉就像"排队等死"，没有心理安全感和归属感。所以当下，养老服务并不是投入太多的钱去建养老院，否则，很容易造成人财物的浪费；如果所建养老院基础设施质量不高，存在安全隐患等问题的话，还会留下后遗症。

社区居家养老仍然是宁波养老服务应该坚持的方向，社区具有整合区域内资源的优势。但必须不断地创新载体和机制，充分利用社区平台，发挥多元主体的积极作用：其中市场的深度介入和社会组织的踊跃参与是满足养老大多数需求的重要力量；家庭成员，特别是子女对老年人的支持和照顾，尤其情感支持作用是其他主体不可替代的；社区服务老人的机构和场所，如老年食堂、医疗服务机构、应急队伍等，也是满足老年人多元服务需求所必不可少的。

（二）养老服务的责任分担："谁来养？"

居家养老是一种老人居住空间和活动场所的定位，并不意味着养老责任的界定。国家应该实行家庭为主体还是政府为主体的养老责任模式受制于国家社会经济发展程度和家庭人口结构的状况。

中国的传统文化提倡"孝道"，重视家庭作为养老的主体责任。如果儿女把父母送到养老院，往往会遭受"不孝"的骂名。但中国现在的情况是，经过近40年的计划生育政策，家庭结构发生巨大变化，随着总和生育率从原来平均每个妇女生育3个孩子下降到现在的1.2个，主流家庭结构已转变为只有一个孩子的核心家庭。这意味着年青一代的养老负担将变得非常繁重。

同时，由于工业化和城市化进程的加快，人口流动也异常频繁。这导致代际分离现象日益突出，据统计，中国有50%的老人独自留守家中成为空巢老人。即使没有远离父母的年轻人，也因为工作压力大和生活节奏快而很难给予父母必要的陪伴。

面对老龄化汹涌而至的局面，我国的以家庭养老为主体的责任模式已显然不能适应形势的需要①。尤其是当老人罹患重病甚至生活不能自理的时候，养老问题常常会变成家庭的不可承受之负担。我们现在养老政策还是强调以家庭作为责任主体，要从根本上解决中国的养老困境，就必须从制度设计上改变养老的责任归属，实行养老由政府承担主体责任转变。通过比较研究可发现，现在多数发达国家针对老人的服务都是福利性和社会性的。养老服务只有通过社会化的机制，才能实现风险共担和代际补偿，这样才能促进社会的稳定与和谐。相反，如果把养老的主体责任分配给家庭，则大多年青一代会被养老拖累，无法集中精力工作；同时，单个家庭问题的叠加就会形成巨大的负能量，影响中国社会经济政治发展的进程。养老服务必须确立政府承担主体责任的福利性目标。

（三）养老服务的机制创新："怎么养？"

1. 养老服务的多元合作

养老服务体系庞大，服务内容、项目和手段多样，具体包括健康照护、生活照料、精神慰藉；养老服务设施的建设和管理、养老机构的举办和运营，养老服务机构的管理；养生型和运动型的个性化养老服务产品等。由于政府管理能力、公共服务特性、市场竞争程度等情境因素各不相同，不同类型的养老服务的最佳提供方式和机制也就各有差异。

---

① 纵观世界先进各国，日本、德国、意大利、澳大利亚、法国、西班牙、加拿大和美国等国家的老龄化程度虽然高于中国，但是它们的富裕程度也远远高于中国。与中国人均国内生产总值相当的秘鲁和南非，老龄化比重仅为6.7%和6.1%，分别比中国低3个百分点和3.6个百分点，均未达到7%的国际人口老龄化社会荣枯线，这足以表明中国人口结构变化的严峻性。

(1) 政府的规划监督与基本保障

政府作为养老服务的责任主体并不等于政府就是直接供给主体。针对不同的养老需求，根据政府管理能力、服务特性、市场竞争程度的强弱等情境因素，养老服务供给主体应该多元化，政府不应完全包揽。

各级政府的职能是负责养老服务政策的制订和养老服务规划、涉老资源的协调和对涉老部门服务行为的监督以及对各类养老服务机构实施主体的绩效考评。政府要鼓励公众和社会的参与，充分地表达他们对养老服务的需求，同时，还要建立养老服务供给与需求的科学评估机制，在评估的基础上确定资助方式和服务项目，并区分养老服务为无偿、低偿和有偿等不同类别，让资源用在必需的地方。

政府要对市场和社会都不愿提供的基本养老服务实行兜底保障，要加大政府投入力度，通过直接投资打造社区居家养老服务设施。但大多数养老服务不宜由政府直接提供，而是通过政府购买服务、政策倾斜等形式，培育、引导和监管市场和社会组织，充分发挥市场和社会组织提供养老服务的作用。国际经验也证明，在市场经济条件下，除少数纯公共产品（如健康照护等基本养老保障）由政府直接生产和提供外，绝大多数准公共产品（如养老机构的举办等）采取由政府和市场混合提供的方式。

(2) 社会力量广泛的协作参与

非营利性社会组织（NPO）是养老服务体系的辅助队伍，它们在政府养老政策的指导下，可以参与养老服务。例如，由政府负责提供的主要养老服务基础设施和资源，应尽可能委托养老慈善组织、老年人协会等非营利组织来管理和实施；还可效仿欧美和日本的做法通过政府购买服务或补贴的方式培育非营利社会组织发展养老医疗社会服务产业，例如，对于健康保健、心理治疗、医疗护理等服务专业性要求较高的服务内容，政府可选择定向委托以及补贴补助的方式向社会购买；而对有些参与度较高，公益性较强的老年人娱乐服务项目，政府则可选择通过文艺类社团等非营利性的社会组织进行购买，从而尽量扩大养老服务的购买范围，丰富和完善养老服务内容。

社区是承接各种养老服务资源的载体，也是开展和实施养老服务的最基层组织。它协助政府实现养老保险、医疗保险、救济救助的基本养老保障；凭借社区亲密的、相互信任的邻里环境为老年人提供精神慰藉；利用社区的硬件设施和活动资源为老年人提供生活照料和文体活动，在满足养老服务需求中起着关键的作用。

养老服务志愿者可为老人提供日常生活照顾、精神慰藉等服务，特别为特殊困难老人提供结队帮扶，能有效地满足老年人各方面的需要。要加快培育养老服务志愿者队伍，发挥群团组织的作用，不断壮大志愿者数量，组建起社区党团员、青少年、妇女、热心人士、邻里居民、低龄健康老年人等组成的为老服务志愿者队伍。要与时俱进，加强宣传，通过媒体网络造势，弘扬志愿精神。还要丰富为老志愿服务的形式，要加强养老志愿服务组织的自我管理和自我服务的能力，完善养老志愿者招募和定向接力服务、"时间储蓄"等制度。

家庭亲友是为老年人养老服务的传统力量。老年人特别看重家庭的亲情感和归属感。配偶和子女在满足老年人的需求，尤其是在满足老年人的情感需要方面起着不可替代的作用。为老年人提供养老服务的不仅有核心家庭，而且往往扩大到其他家庭成员和亲友。为鼓励家庭继续在养老服务中发挥积极作用，可以学习亚洲发达国家，制定税收优惠政策鼓励家庭敬老养老，例如新加坡规定，凡是与老人合住的家庭都可享受住房公积金贷款优惠，同时，纳税基数以家庭收入而不是个人收入做标准，充分考虑家庭的收支需求。各级政府可以制订优惠政策，鼓励子女在家中赡养老人，在经济上对低收入家庭给予一定的补贴，在住房分配或购买商品房时给予与父母同住家庭一定政策优惠等，以帮助子女尽赡养之责。

(3) 市场主体踊跃的便民服务

在推进养老事业的发展过程中必须充分利用市场的资源优势，依靠市场机制充分调动各种资源，为养老服务提供更多的保障。

老年人的日常生活所需，包括饮食家居、个人卫生、看病买药、人情来往，所有涉及个人消费的都要通过市场来发挥作用。由于老年人识别能力和行动能力下降，消费能力弱，类似日常维修、购物、家政等特别需要有更优惠和更便捷的服务。此外，部分经济条件好的老年人有更高级的养生、运动等个性化服务需求。市场有趋利特点，政府可以通过服务外包、信息平台搭建、政策优惠等措施，社区可以通过合作形式，来影响和吸引市场参与社区居家养老服务。例如，政府可以通过竞争、招标、签订协议等方式，鼓励和支持家政、餐饮等服务机构参与居家养老服务工作；同时鼓励有实力的企业运用连锁经营的方式到社区设立超市、便利店、标准化菜店和早餐利民网点等便民利民网点，让市场主体在社区便民利民服务新格局中发挥相应作用，使老年人居家养老更加容易。

综上所述，要使养老服务的供给主体朝着更加多元化的方向发展，发挥在以政府为主导，以家庭为核心，以社区为依托的基础上，社会组织和市场主体的专业化作用。

2. 养老服务的专业化和福利化

环顾欧美发达国家，它们一般在每个社区都培育一个多学科的养老服务团队，为老年人提供医疗保健康复、日间看护和临终关怀等服务。这些国家的养老服务是医疗服务的重要组成部分，通常这边是医院，那边就是老年人的康复性医疗机构，医养结合，老年人并不需要往医院送。相比之下，我们既缺乏医养结合的机构，又缺少提供临终关怀的医院。

我们的养老服务还远未达到专业化和职业化程度，老人生病住院很难找到专业的护理员，专业护理行业的发展严重滞后于老龄化社会的需求，其后果是不仅老人得不到高质量的护理，而且照顾父母的重担也严重地拖累了子女。

当前，养老服务迫切需要高素质、专业化的护理人员，政府应该提供政策支持，鼓励高校、职业院校开设有关养老服务的专业和课程，采取各种政策和措施引导和鼓励学生进行护理方面的教育和培训，提升养老护理人员整体专业素养。通过政策的支持，提高从事养老服务的专业护理人员的社会地位，保证基本的工资和各项社会福利待遇，以吸引更多的人加入到养老服务的队伍中，从源头保证养老服务的质量。

多数人有个认识误区，就是将养老保障看成是一个"无底洞"，认为政府只要做好兜底补缺的服务就可以了，而不必花费过大的成本，将养老服务发展成为一项专业化的社会福利性事业。事实上，只要我们转变观念，将养老事业社会福利化，不仅商机无限，而且对社会、政治、经济的发展都有深远的正面影响，只要优化政策和机制，让专业的人去做专业的事，探索一种新型养老模式的探，养老事业必定会呈现出后发优势。

3. 养老保险基金管理的制度创新

要实现养老事业的专业化和福利化，必须有充足的资金保障。而很多人都认为养老保障太费钱，担心养老资金难以保障。其实只要我们实行保险制度创新，优化管理机制，资金并不是问题。我们可以借鉴德国、日本创立的长期护理保险，凡是45岁以上的人，无论男女，除了交养老保险外，还要交护理保险，到年老生病时就可享受专门的护理服务。

同时，可以通过创新社会保险基金的管理机制，来提高资金利用的质量和效率。当前我国社会保险的五大险种都是各自封闭运行，并且单一保险都还没有实现省级统筹，不同的保险基金归不同部门管理，形不成合力。而国外通行做法是社会保险实行大数法则，例如，日本只有健康和养老两个保险，并且都归同一部门负责，聘请专业人士管理和运营，不仅避免了基于部门利益的冲突，提升了专业化治理的水平，增强了患者的抗风险能力。

4. 养老服务的规范化和法治化

养老服务的制度机制建设要靠法律来引领，已成功运行并取得良好效果的经验要靠法律来巩固。当前，社会组织在养老服务中所承担的角色和责任、应有的权利和法律地位均未在法律上得以明确，宁波政府可先行地方立法，明确它们的社会地位，明确界定其与政府、市场之间的合作关系，明确所有各方在法律上的平等地位；同时，还应制定对其参与养老服务的严格监管制度，如建立严格的准入机制，对养老服务的提供组织进行全面和统一的评估，确保其符合提供养老服务的资质条件。

政府购买养老服务的法律制度不健全，《政府采购法》没有明确规定购买养老服务操作技术，如采购流程、采购评估、财政资金的使用标准、养老服务购买内容、采购的监督管理等问题。宁波政府应该结合自身的特点和市场的环境，在相关法律法规的指导下，制定具体的养老服务购买流程、标准和规范，建立由纪检、监察、审计等多个部门组成的政府采购监督体系，并且使监督始终贯穿到投标、开标、评标、定标等采购全程中[1]，建立让民众可以通过多种渠道进行监督的机制，让政府采购养老服务全程阳光透明。

建立健全对养老服务质量的评价和激励机制。宁波市可通过地方立法，确立利用第三方的评估机制进行养老服务评估；由专业的评估机构，对提供养老服务相关组织、养老服务的内容、养老服务的质量进行统一的评价和认定，制定服务质量、效率、价格的具体参数化标准，通过服务质量满意度的调查以及技术评定等，对政府所购买的养老服务进行测评。根据第三方评估机构所提供的评估结果，给予参评的养老服务提供组织相应的补助、补贴和奖励等，以进一步提高养老服务提供组织的积极性，从而更好地为老年人提供优质的养老服务。

---

[1] 参见杨晓奇：《对我国城市居家养老服务发展的探讨——基于十城市万名老年人的调研》，载《老龄科学研究》，2014年第9期。

第九章　江东区"实事工程"人大代表票决制的示范意义

一　人大票决"实事工程"制产生的背景

票决制最早实践于130多年前的巴黎公社，其作为无产阶级首次执掌政权的民主尝试，得到了马克思的充分肯定。由于票决制具有意愿表达的隐蔽性和独立性，具有克服举手、鼓掌等直观显露的传统表决方式的弊端之优点，我国法律明确规定票决制作为人大表决的主要形式和手段。根据《全国人民代表大会组织法》第18条的规定："全国人大进行选举和通过议案，由主席团决定采用无记名投票方式或者举手表决方式或者其他方式。"《全国人民代表大会议事规则》第53条规定："会议表决议案采用投票方式，举手方式或者其他方式，由主席团决定。宪法的修改，采用投票方式表决。"《全国人大议事规则》第36条也规定："全国人民代表大会会议选举或者决定任命，采用无记名投票方式。得票数超过全体代表半数的，始得当选或者通过。"可见，我国法律明确了全国人大及常委会在立法、决定重大事项、监督和人事任免时，在充分表达各自意见的基础上，以无记名形式行使投票、实行一人一票的票决制的法定程序。鉴于票决制的优点，地方各级人大，尤其是县（区）、乡（镇）人大，开始大胆尝试把无记名投票对象拓展到议案、决定重大事项、工作报告的表决和测评领导干部，甚至以此表达对质询结果是否满意。

第九章　江东区"实事工程"人大代表票决制的示范意义

从规范意义上来说，地方人大是本区域内国家和社会公共生活中的重大事项决定权的行使主体。这既为我国宪法"中华人民共和国的一切权力属于人民。人民行使国家权力的机关是全国人民代表大会和地方各级人民代表大会"之宣示性条款所确认，更有《宪法》第104条与《地方组织法》第44条"县级以上的地方各级人民代表大会常务委员会讨论、决定本行政区域内的政经、科教、文卫、环保、民政、民族等工作的重大事项"之规定提供具体依据。

人民主权的民主原理要求一切涉及公民切身利益的重大决策都要有公民实质性地参与的程序保障。特别是在当今社会经济结构巨变所带来的社会利益矛盾冲突加剧的时代，建立公民参与重大决策的民主机制更是社会经济持续发展和建立和谐稳定社会的迫切需要。如何使宪法和法律规定的人大重大事项决定权实效化，发挥人大在国家治理体系中的应有功能，既是全面深化改革、实现国家治理体系现代化的重要内容，也是政府重大行政决策依法、科学和民主进行的制度依托。

利益分化和社会冲突的现实要求创新社会治理模式，解决传统上政府主导的治理模式下公共物品提供缺乏透明度、基层民主发展缓慢、公民参与渠道不畅、围堵政府、群体上访、自焚抗击拆迁等现象频发的问题。随着社会的不断进步，人民要求参政的权利意识也越来越强烈，如果没有人民的积极参与，政府行为很难合法化。在民主法治的不断发展进程中，听证会、恳谈会、公开评议等公民参与立法、决策、管理、监督的形式已成为我们制度的亮点，参与式治理模式正在形成。但是，长期以来，地方上事关人民群众最直接、最现实、最迫切的利益问题，尤其是公共财政投入民生项目等"实事工程"大多采取由政府（或党委）领导直接决定的方式，由此带来了"实事工程"决策中的主观随意性和公平性缺失等问题，群众对"实事工程"的关注度、支持力不足，认同度不高。如何使"实事工程"成为能够有效平衡各方利益诉求的和谐工程，一直以来都是地方治理中的一个难题。宁波市江东区人大为有效破解这一难题,积极探索了"实事工程"人大代表票决制,旨在通过创新工作机制,落实宪法和法律规定的人大重大事项决定权,从而充分发挥人大权威作用,形成党委、政府和人大在重大决策中"三驾马车"各司其职而又互相支撑的格局,以防止"实事工程"沦为部分官员的"政绩工程"和"形象工程"。

江东区"实事工程"人大代表票决制实践的动因在于:第一,改变长期来人大的"重大事项决定权"被虚化的状况,探求一种让人大代表依法行使职权、落实区人大代表参与和决定重大事项的权力,更好发挥人大代表在县域治理中的作用的工作机制;第二,破解党委政府有心办好事却总是难如群众所愿的难题,寻找一个将党委政府的决策由"一厢情愿"变"多厢情愿"、使党委政府意图与人民群众意愿顺畅沟通的制度结合点;第三,克服地方治理中权力结构失衡的缺陷,建立人大作为享有实体性权力的机构与党委、政府既各司其职而又相互支撑、形成合力的现代化地方治理体系。

二 地方人大代表票决制的规范基础

(一)宪法和地方组织法的规定

地方人大决定地方重大事项有着充分的法律依据,其规范基础主要为宪法和地方组织法。《宪法》第99条规定:"地方各级人民代表大会依照法律规定的权限,通过和发布决议,审查和决定地方的经济文化建设和公共事业建设的计划。县级以上的地方各级人民代表大会审查和批准本行政区域内的国民经济和社会发展计划、预算以及它们的执行情况的报告;有权改变或者撤销本级人民代表大会常务委员会不适当的决定。"《宪法》第104条又规定,"县级以上的地方各级人民代表大会常务委员会讨论、决定本行政区域内各方面工作的重大事项;撤销本级人民政府的不适当的决定和命令;撤销下一级人民代表大会的不适当的决议。"如果说《宪法》第

104 条对县级以上的地方各级人民代表大会常务委员会的重大事项决定权仅作笼统规定的话，那么《地方组织法》第 8 条和第 44 条的规定则走向具体化，明确县级以上地方各级人民代表大会及其常务委员会"讨论、决定本行政区域内的政治、经济、教育、科学、文化、卫生、环境和资源保护、民政、民族等工作的重大事项"。

人大作为国家权力机关的性质，决定了重大事项决定权的行使主体是各级人大及常委会。重大事项因其在本行政区域内具有全局性、根本性、长远性以及事关群众切身利益的特点，根据决策的民主性和科学性要求，依法应该由各级人大及其常委会行使决策权，而各级人民政府只能行使管理权。

（二）地方性法规的依据

由于宪法与地方组织法对重大事项只作出原则性界定，因此各地在此基础上普遍制定了相应的地方性法规。结合各自行政区域的实际，全国已有二十余个省（市、区）人大常委会依据宪法和法律制定或者正在制定有关讨论、明确重大事项的地方性法规。根据立法法与地方组织法的有关规定，只要不与上位法相抵触，即使没有上位法的明确规定，地方人大也可就重要事项先行立法予以规范。

各地的地方性法规对人大重大事项决定权的界定形式主要有以下三种："第一，概括性规定，即对什么是重大事项给予概念上的定义；第二，详细列举需要讨论决定的重大事项；第三，规定一项兜底性条款，避免新的重大事项需要地方人大议决，而立法未明确规定，出现无法可依的情形。"[①] 例如，2009 年广州市人大常委会修订通过的《广州市人民代表大会常务委员会讨论决定重大事项办法》，明确规定了重大事项的分类，确定了重大事项的范围和项目，其中确立了根据有关法律规定来确定重大事项范围，把涉及本

---

① 朱捷：《地方人大重大事项决定权研究》，硕士论文，吉林大学，2011 年，第 29 页。

市全局性、根本性、长远性的重大问题确定为重大事项以及把与广大人民群众切身利益密切相关、人民群众普遍关心和强烈要求解决的问题纳入重大事项范围等三个原则,概括性规定了重大事项。甘肃省金昌市人大2001年底就制定了《金昌市人大常委会讨论决定重大事项的规定》(暂行),对重大事项作了外延性的概括:"常委会对人民群众关心的热点难点问题予以高度重视。"① 1998年安徽省人大常委会通过的《安徽省人民代表大会常务委员会关于讨论、决定重大事项的若干规定(试行)的决定》(修正),列举了省人大常委会讨论决定本行政区域内的重大事项14条,具体有经济建设和社会发展的重大事项和重大改革方案,计划生育、土地管理、环境与资源保护方面的重大措施等。1999年海南省人大常委会制定的《海南省人民代表大会常务委员会讨论、决定重大事项的规定》,规定了一项兜底性条款:"法律、法规规定由省级人大常委会讨论、决定或者省人大常委会认为需要讨论、决定的其他重大事项;省人民政府、省高级人民法院、省人民检察院认为需要提请讨论、决定的其他重大事项。"

  浙江省人大根据地方实际,制定了《浙江省各级人大常委会讨论决定重大事项的规定》。该立法对本省各级地方人大常委会的重大事项决定权进行了详细、分类的规范:(1)应当提请本级人大常委会讨论,由人大常委会作出决议、决定的事项。这类事项有8种,具体为:贯彻执行宪法、法律、法规和上级人大及其常委会以及本级人民代表大会的决议、决定的重大措施;推进依法治国,加强社会主义民主与法制建设的重要决策;国民经济和社会发展计划中主要经济指标和重要工作目标的变更;本级财政预算的部分变更;本级财政决算;有关人口发展、环境和资源保护等涉及经济和社会可持续发展的重大决策;人民代表大会交由人大常委会讨论、

---

① 甘肃省各级人大主任研讨会材料:《地方人大行使重大事项决定权的探索与思考》,载《人大研究》,2003年第10期,第25页。

决定的重大事项；法律、法规规定由人大常委会讨论、决定或者人大常委会履行职责需要讨论、决定的其他重大事项。（2）应当向本级人大常委会报告，听取意见和建议；必要时，人大常委会可以作出决议、决定的事项。这类事项共有14种，具体为：国民经济和社会发展计划执行情况；预算执行情况；预算外资金的收支、管理情况；预算执行和其他财政收支的审计情况；经济体制改革的重大措施和产业结构的重大调整；基本养老保险、失业保险、基本医疗保险等社会保险基金和住房公积金等与人民群众利益密切相关的基金或者资金的收支、管理情况；教育、科学、文化、卫生、体育等事业发展的重大决策；土地利用总体规划、城市总体规划和城市近期建设规划的执行情况；重要江河、湖泊、近岸海域的污染防治规划和生态环境保护规划的执行情况；历史文化名城、历史文化保护区、文物保护单位、风景名胜区和自然保护区的保护情况；国民经济和社会发展中涉及面广、投资巨大、影响深远的重大建设项目的决策和建设情况；重大自然灾害和社会反映强烈的重大事件以及给国家、集体财产和公民生命财产造成严重损失的重大事件、事故及其处理情况；人大常委会任命的人员重大违法、违纪行为的查处情况；法律、法规规定应当向人大常委会报告或者人大常委会认为需要报告的其他重大事项。（3）应当报本级人大常委会备案的事项。这类事项包括3种，即行政区域的调整方案和行政区域名称变更、政府驻地的迁移；人民政府工作部门的设立、增加、减少或者合并方案；同外国地方政府建立友好关系。

地方性法规通过上述定义与列举的基本方式，将实践中人大或人大常委会的重大事项决定权予以规定，从而人大及其常委会行使重大事项决定权合法有据，范围清晰。

三 江东区人大代表票决"实事工程"的基本做法

"实事工程"是政府决策和实施的地方重大民生工程。2009年下半年开始，宁波市江东区人大常委会率先建立了区县人大代表票决和监督政府实事工程的制度，并在大量调研和广泛征求意见的基础上，作出了《关于对政府实事工程实施票决的决定》；随后又与区政府，分别对应出台了《关于政府实事工程项目征集暂行办法》、《关于政府实事工程项目检查暂行办法》、《政府实事工程项目实施情况评价暂行办法》、《政府实事工程项目成效检验暂行办法》、《政府实事工程项目提请动议暂行办法》等5项制度，最终形成了政府实事工程票决1个决定、6个暂行办法组成的"1+6"制度运行体系，成为推进政府"实事工程"票决制的规范和依据。

实事工程人大代表票决制的工作方案，坚持了党的领导、依法办事和充分发扬民主的根本原则，旨在现有制度框架内，努力构建起地方治理中党委领导、人大决定和政府执行三种权力有序、协调运行的工作机制，充分发挥多元主体在治理中的协商、民主、法治和合作的制度功能。

该制度在程序设计上，实行项目建议向代表广泛征集，正式立项由代表票决确定，实施过程由代表监督助推，建设结果向代表报告，即以人大代表票决确定实事工程正式项目为中心，向前延伸至广泛征求民意，向后扩展到代表监督、助推和满意度测评，形成一个操作程序规范完整，各个环节紧密衔接，力求效益最大化的实践操作流程。票决制实践的具体内容包括项目征集遴选、人大代表票决、进展情况检查、完成质量评价以及项目成效检验等几个环节。

（一）先广泛征集遴选，再由党、政会议确定备选项目

项目征集由区实事工程领导小组于每年9—10月份进行，按照公开透明、广泛参与、凸显民意的原则，通过网络、书面、座谈、调研等方式，广泛征求辖区机关企事业单位、社会团体、各级党代表、人大代表、政协委员及居民群众等社会各界的意见和建议等。

领导小组对征集项目根据候选项目应当具有可操作性、可行性、广泛性的要求，依据先急后缓、服务民生、普惠共享、量力而

第九章　江东区"实事工程"人大代表票决制的示范意义

行、注重实绩为原则，对征集到的建议项目进行整理汇总，对所征集的项目通过初选后，再提交政府常务会议、区委常委会分析遴选，形成政府实事工程备选项目。

（二）人大代表公开票决，确定实事工程项目

政府实事工程备选项目经区人大常委会审议通过后，作为提交人代会表决的正式候选项目。人代会票决按照规范有序原则来组织实施。在区人代会上，先由主席团会议提出《政府实事工程项目（草案）》，再交付代表审议后提请大会表决。代表在全体会议上以无记名投票方式进行表决，从得票过半数的项目中按照得票由多到少依次确定当选项目。若最后几个项目票数相同时，则由大会主席团讨论取舍。人大代表票决确定实事项目，是政府实事工程人大代表票决制的重要程序。

（三）人大代表全程参与，跟踪监督实事工程的进展

人大代表还要在项目实施过程中参与对进展情况的检查和监督，并在项目完成后参与项目成效的检验。项目进展情况检查内外并重，一方面，由区人大常委会组织驻会委员和人大代表深入项目现场督察，通过召开座谈会、听取汇报、实地查看、问卷调查以及约见和问询地方国家机关负责人等形式，对工程项目的施工进度、建设质量进行日常监督。另一方面，采取项目责任单位自查和区实事工程领导小组督察相结合的方式，对实事工程建设工作进行检查，督促纠正项目进度滞后、资金使用不尽合理等方面的问题，将监督工作与助推项目建设相结合。

（四）先由各方评议，再由人大代表测评项目完成质量

项目完成后，由区人大常委会办事机构组织代表及其他方面人员对项目的完成质量进行综合评价。项目质量评价坚持客观公正的原则，制定具体的测评规则，通过人大代表实地视察、调查研究等

方式了解和掌握项目进度、资金使用、项目效果等基本情况，同时采用网络评议、委托测评机构进行评议等，充分听取群众的意见和建议，再由人大代表进行满意度测评，并向社会公开测评结果。项目质量评价旨在促进政府在实事工程完成后强化项目质量跟踪及后续管理，并使人大代表行使重大事项的决定权与监督权有机统一起来。

（五）人大代表参与项目成效检验，督促政府整改不足

"实事工程"项目成效检验同样要有人大代表参与，具体做法是：区人大常委会从上一年度及之前的实事工程项目中，选择人民群众普遍关注或资金投入较大的项目，组织代表及其他方面人员开展调研视察、查阅资料等，督促政府整改不足，落实相关对策，增强项目检验工作的实效性和针对性。

通过以上五个阶段的工作，人大代表实际上参与了政府"实事工程"项目从遴选、票决、监督、评估到验收的全过程，实现了政府"实事工程"项目设置可选、进展可查、结果可评、变化可动议、成效可检验的"五可一票决"。

四 人大代表票决"实事工程"的制度价值

人大代表票决"实事工程"使地方人大重大事项决定权落地，激活了人大决定权制度的活力，也强化了人大对政府的监督权，为民主、法治的治理机制提供了制度支撑。从根本上来说，它推进了地方人大与地方党委、政府"三驾马车"既各司其职又协同作战的地方治理体系现代化进程。

（一）找到了地方人大行使重大事项决定权的切入点

重大事项决定权是《宪法》和《地方各级人民代表大会和地方各级人民政府组织法》授予地方人大的法定权力，但由于缺乏

操作性的规定，这项权力长期处于虚置状态。从我国地方治理权力运行的实际状况来看，党委、政府和人大都有对重大事项的决策权，对于哪些"重大事项"属于人大决定权范围并没有清晰的界定和一致的认识，加上党委、政府一贯地占有决策权上的强势地位，一些实实在在的重大事项，往往是党委或政府绕过人大而自行决定后，由人大行使程序性的监督权。

江东区的人大代表以对"实事工程"票决为突破口，激活了地方人大行使重大事项决定权的制度活力。今后，人大可以公众关切的"实事工程"为生长点，不断扩展其外延，在回应公众关切的过程中将"重大事项"具体化，扎实稳步地推进人大"重大事项"决定权的实现。

（二）填补了地方人大在公共治理中缺位的体制性短板

尽管法律确立了地方人大对重大事项的决定权，但以往人们常把这一权力当作地方决策中的程序性环节而不是实质性环节。在实践中，重大事项（政府实事工程）往往由政府捆绑打包后再由全体人大代表在人代会上以审议政府工作报告的形式进行表决，地方人大对这些重大事项很少有真正的决定权，其在公共决策过程中基本处于缺位状态。人大在地方治理体系中的边缘化是公共治理中一块致命短板，由于民意缺乏体制性的表达平台，近年来地方重大公共项目决策中，与环境影响相关的决策引发了"四面开花"的邻避运动。在"政府决策—居民反对—邻避冲突—决策搁置"的过程中，学界开始思考地方重大公共项目决定权的归属问题。

现代公共治理是国家与公民社会、政府与非政府、公共机构与私人机构互动合作的过程，正如有学者所言，"善治实际上是国家的权利向社会的回归，善治的过程就是一个还政于民的过程。"[①] 现代治理要求改变传统的通过权威和强制力掌握和控制国家的统治

---

① 俞可平主编：《治理与善治》，社会科学文献出版社2000年版，第11页。

型管理理念,而强调公民和社会组织实质性地"参与"的多元共治理念。人大代表票决制使是人大在工作实践中对宪法和地方组织法规定的重大事项决策权的落实和细化,是人大重大事项决策权从程序性向实质性迈出的坚实一步。同时,人大及其常委会对自己批准的重大事项,发动和依靠代表进行实实在在的联系和监督,从而把人大行使重大事项决定权和监督权有机结合起来,使人大制度的影响力更大,使地方人大的地位和职权得到了很好的回归。

(三) 标示了地方重大决策民主化的发展方向

江东区人大代表"实事工程"票决制是一种自下而上的民主决策方式,其做法操作简便,社会各界认可程度高,受到的改革阻力较小,有利于社会各界公平有序地参与整个工作过程,有利于激发和调动全社会的民主积极性,使代表和群众能参与讨论并决定地方公共事务,对政府进行民主监督,推动地方民主政治建设进程。该制度具有地方重大项目决策民主化的范本价值,也可作为推进"实事工程"项目以外的其他公众关切的重大决策民主化改革和创新的范本。

人大代表实事工程票决制实现了政府与代表、群众之间的良性互动,形成了代表、群众对实事工程民主参与、民主决策、民主管理、民主监督的良好机制,使党委领导、人大决定、政府执行与人民意愿实现在公共治理中找到了一个比较理想的结合点。这既符合我国宪法和地方组织法精神,又与推进国家治理体系和治理能力现代化要求的精神相契合,同时,也反映了当前基层民主政治建设实践的现实需求。正如复旦大学陈明明教授所言,"票决制是基层民主、直接民主的很好体现,也是一种很有益的民主政治的训练。"[1]面对基层群体矛盾纠纷不断涌现、政府执政压力不断增加的现状,

---

[1] 包骞:《政府菜单代表点菜 实事工程决定权由政府转人大》,载《山西农业(村委主任)》,2008年第2期。

世界与中国研究所所长李凡指出:"这种协商性、对话性的民主,为中国民主的发展方向开创了一种新思路。"①

(四) 促进了民众对政府重大决策的信任和支持

政府主观上有为民办实事的良好愿望,但因与百姓之间的信息不对称等原因,政府想办的实事与群众的愿望往往存在差距。这导致政府投入了大量资金和精力,辛辛苦苦办"好事"、"实事",但群众并不领情,甚至阻挠反对,造成政府办事吃力不讨好的尴尬局面。

江东区由人大代表对"实事工程"进行票决,有效地将人民群众的选择、人大代表的决定(票决)、人大和社会各界对政府"实事工程"的监督和评价的全套机制移入地方政府的重要决策中,使民众的利益与政府重大决策间建立了关联,从而有助于改变民众对政府决策的不理解、不信任、不答应和不满意的局面,缓解政府重大决策的合法性危机。

(五) 推进了政府权力运行的公开化和规范化

理论上讲,人大是权力机关,政府是执行机关,政府执行人大的决定(立法)并对人大负责。但因事实上人大决定权的虚化,政府往往代行了人大的决定权,导致人大对政府权力运行的法定监督功能弱化,不能从制度上防范政府权力运作的"黑箱操作"。

江东区人大代表票决制使重大事项的决定权回归了地方人大。人大要行使重大事项决定权,就必须参与到政府实施重大事项的全过程中去。人大要对实施中的重大事项加以全程跟踪和监督,既要及时听取政府相关部门贯彻落实人大决定情况的报告,又要主动组织常委会组成人员、人大代表检查、视察、调研决议决定落实情

---

① 转引自崔艳:《实事工程 代表"点菜"》,载《浙江人大》,2010年第21期,第32页。

况,并对落实情况和项目成效给予评价和验收。对落实情况不满意的,要继续监督落实,也可以视情节,按照法律规定,启动相关的程序,对落实过程中出现的问题要及时予以解决。人大对政府执行过程的全程监督,使政府权力运行的每个环节都暴露在阳光下,有助于实现政府权力运行的公开化和规范化。

五 "实事工程"人大票决制的发展空间

(一)人大实事工程决定权行使程序被动化

从法理上讲,重大事项的决定权是宪法和法律授予各级人大及其常委会的专属权力。但在实际政治生活中,除全国人大及其常委会的重大事项决定权因有宪法和法律的明确规定行使相对较多外,地方各级人大及其常委会的此项职权基本上处于睡眠状态。地方各级人大及其常委会基于政治体制和决策机制的现实原因而未能积极行使的重大事项决定权转而由党委、政府直接行使,权力实践的结果是人大"该决不决",政府"不该决而决"。当前,人大重大事项决定权的行使基本上流于被程序化,具体流程被设置为,涉及国家和地方政治、经济、文化和社会生活中的重大事项的议题,由政府提请人大批准、履行程序的占绝大多数,人大及其常委会根据人民群众的意愿、要求和社会需要,主动就社会热点、难点和焦点问题作出决议、决定的明显偏少。

江东区实事工程人大代表票决制虽迈出了地方人大实质性地行使重大事项决定权的破冰之旅的步伐,但在启动程序上来说,纳入区人大票决的重大事项,通常都是由区党委明确交代或政府主动提请,人大常委会尚不能主动要求讨论和决定。换言之,人大常委会在实事工程的决定权行使上仍处于被动的状态。

(二)人大讨论决定的重大事项范围仍不明确

江东区人大行使重大实事工程项目决定权至今,对于哪些事项算是重大事项的问题一直难以把握。究其原因，如前所述，由于目前我国宪法以及地方组织法等法律法规对此的定义过于抽象和笼统，实践中，人们用"事关全局"、"根本性的"、"长远的"、"人民群众普遍关心的"来定义重大事项。这种没有实际内容、外延模糊的定义方式，实际上等于没有界定。近些年，尽管不少地方人大常委会也制定了关于重大事项决定权的地方性法规及规范性文件，但是内涵仍然不够明确，外延也不周全；同时，所列示出的各项内容间缺乏明晰逻辑关系，分类标准不一致。

重大事项范围不明、内容不清致使人大在具体工作实践中抱有多一事不如少一事的心态，怠于履行职责，或者履职不主动。要使地方人大讨论决定重大事项常态化、制度化，必须解决重大事项如何界定的根本问题。

（三）人大实事工程票决欠缺理性交涉的程序

尽管人代会票决按照规范有序原则来组织实施，但主席团会议提出《政府实事工程项目（草案）》后交付代表审议时，由于没有让代表们深入交换意见的辩论环节，代表们可能不能很好地理解项目，也可能仅从自己或本单位"谋利益"的立场出发来选择实事工程项目。在代表素质不高，宗派势力强的少数地方，甚至会出现代表们结成利益团体，相互帮忙，相互拉票，以票易票的"共谋"现象。这些行为导致票决项目背离党委政府的意图，制约和影响票决制工作的实施效果。这是票决程序中亟待加强和规范的地方。

（四）人大监督项目实施过程的手段偏少偏软

票决出的实事工程项目建设质量是否有保证，取决于人大在工程实施和建设中加强事中监督和事后工程建设评议。现行制度设计中，区人大虽然组织以走访、视察等形式的政府实事工程监督，事后进行实事工程满意度测评，也实施领导包干、代表联系的全程跟踪制度，但是监督工作仅局限于对工程项目进展情况的监督，没有监察、审计等职能部门参与的专项督察，缺少了对工程项目资金落实情况、资金实际支出情况、项目管理水平、项目验收评估等方面比较深入、细致的监督，也难以发现工程实施过程中真正存在的问题，进而提不出有针对性、实用性的建议，因而无法做到客观、全面地评估项目实施结果，满意度测评也较容易流于形式。

六 地方人大票决制进一步创新的路径

（一）确立地方人大主动界定重大事项的审议程序

地方人大票决的"重大事项"范围在实体上难以明确，导致人大行使重大事项决定权被动、消极。要改变这种状况，必须建立起人大主动界定、讨论和决定重大事项的程序和机制，明确规定人大行使重大事项决定权的不同情况，严格重大事项决定权的行使程序。要建立地方党委与人大常委会之间就重大事项的界定和讨论决定问题的沟通协调制度，建立人大常委会对政府职能部门、人大代表和社会公众就重大事项认定建议的审核受理制度，以解决县域重大事项的"谁来界定"和"如何界定"问题。具体来说，可以建立启动某事项是否属于"重大事项"的判断的三个程序性机制[①]。

1. 地方人大的自主动议

依据《地方组织法》第46条规定，常务委员会主任会议、人民代表大会各专门委员会、常务委员会组成人员三人以上联名可以向本级人民代表大会常务委员会提出属于常务委员会职权范围内的议案，要将这份制度内的资源激活，成为地方人大自主启动"重大事项"认定的常态化机制。同时，考虑基层地方人大常委会主任、委员以及专门委员会委员人数少且多为兼职的现状，为保障议

---

① 参见马克敏：《地方人大重大事项决定权工作机制探索》，载《重庆与世界》，2014年第6期；肖辉：《地方人大重大事项决定权行使的研究》，硕士论文，宁波大学，2013年，第18—19页。

案质量，还应当将享有提议权主体的范围扩大到一般人大代表和选民，规定一定数量的人大代表或者一定数量的选民也可提出议案。"提议权主体的范围大小反映了民主的发展水平"①，尽量扩大提议权主体范围是提高民主化程度的客观要求。

2. 党委或政府的外部动议

地方党委可将本行政区域内带有全局性、普遍性和关系人民群众切身利益的重大问题，建议地方人大在代议民主制度的框架内，对某一具体问题是否"重大"进行判断；也可由政府和政府部门按照重大事项的相关界定，主动梳理并科学确定本行政区域内的重大事项，将其中符合法律规范、群众反映强烈、人大及其常委会有能力解决的问题主动提交人大审议。

党委建议或政府提议的外部动议事项是否认定为重大事项，由人大常委会全体投票表决，具体可以借鉴法规草案的"两审通过制"程序，即重大事项决定的议案，第一次提交会议只审议，不表决，待下一次会议审议成熟后再表决通过，以保证有充分的审议时间。同时，为使作出的决定更加科学、更切合实际，还可设计一道"双保险"的另一道安全门，即可以借鉴"立法前评估机制"的经验，尝试重大事项决定"出台前评估"，在重大事项决定出台前，邀请人大代表、常委会咨询专家、人民群众、相关厅局对该决议进行评估，力求通过对决定内容的合理性、决定出台时机、决定社会影响进行综合评价。② 交由人大常委会全体投票表决的事项，可规定过半数或三分之二多数通过即列为重大事项。

（二）界分人大决定的重大事项范围之类型

实践中很难将应由地方人大讨论、决定的重大事项范围明确

---

① 许卫林：《略论地方人大常委会重大事项决定权的行使》，载《唯实》，2010年第5期。

② 贵州省人大常委会研究室课题组：《探索地方人大全面行使重大事项决定权的途径与方法》（http://www.gzrd.gov.cn/news/20140926/201409261604286672_0.html）。

化,但我们可以通过设定实体性标准,在法律上以列举加概括式的方式,相对明确地界分地方人大决定的重大事项范围之类型。从地方性立法经验来看,确定重大事项范围的实体性标准类型有如下三类①。

1. "议而必决"的重大事项

即须由人大常委会讨论,作出相应决议、决定的事项。这类事项包括如下几个方面:第一,涉及本区域内与群众切身利益密切相关、事关大局和全局的重大改革,如社会保险制度改革、住房制度改革、医疗制度改革等事项;第二,投入资金数额排位靠前(譬如位于投资项目目录前1—5位)的"较大数额"政府建设项目;第三,涉及社会救助、就业促进、保障性安居等重大民生工程的安排和实施等事项;第四,涉及对生态环境、自然资源保护、公共安全有较大影响的建设项目等。

2. "议而可决"的重大事项

即须由人大常委会讨论,但不作出决议、决定或必要时才作出决议、决定的事项。这类事项包括如下几个方面:第一,涉及食品、药品和农产品等重要的安全监督管理的事项;第二,涉及环境状况和影响环境保护目标完成的事项,如大气、水、土壤的污染防治规划和实施等事项;第三,造成严重危害的自然灾害、事故灾难、公共卫生和社会安全事件等重大突发事件的应对处理情况等。

3. "应当报告"的重大事项

即只要求向人大常委会报告,由常委会提出审议意见的重大事项。这类事项包括:第一,本区域内土地利用总体规划、城镇体系规划的编制、实施情况;第二,涉及国计民生、关系群众切身利益的重要公用事业、公益性服务、自然垄断经营的商品的政府定价或

---

① 参见贵州省人大常委会研究室课题组:《探索地方人大全面行使重大事项决定权的途径与方法》(http://www.gzrd.gov.cn/news/20140926/201409261604286672_0.html);肖辉:《地方人大重大事项决定权行使的研究》,硕士论文,宁波大学,2013年,第15页。

者指导价的调整等；第三，与国外地方政府建立友好关系等。

地方人大行使重大事项决定权的典型情形为上述第一类。这类事项或涉及重大改革、或关系民生工程、或影响生态环境等，均关涉到群众根本利益、公共安全和社会稳定等大局的问题，这类项目范围要尽量具体化，决策（决定）程序要尽量公开化，以提升项目的公众认可度和社会合法性。

（三）健全地方人大票决的讨论、决定程序

人大票决重大事项的过程由讨论、决定重大事项和决定实施的监督、反馈等环节组成，实现人大重大事项决定权依赖于各个环节工作机制的建立和完善。讨论、决定重大事项的程序事关人大决定权的启动与实质运转，必须建立起一套包括确定重大事项议题、决定前的调查研究、决定前的听证会、审议方式的选择与确定、决定的表决通过在内的保障机制予以支持。

项目的征集遴选能否充分听取公众意见在很大程度上关系着票决制工作的成败，也影响着此后代表们对票决制工作的参与热情，因此，有必要建立起公民实质性参与的机制，在项目征集过程中组织听证会，提高意见征求的民主化与公开化，确保候选项目的公开透明。这个阶段应由人大牵头组织财政、相关责任部门、听证代表（建议的提出者、项目的受益者）参加听证会，相关责任部门对候选项目进行介绍并予以说明，然后，再由听证代表向相关责任部门进行质询、发表意见，相关部门就相关问题接受代表的质询，这样使得代表的选民代表意识得到强化。

票决阶段尤其关键，为提高决定的科学性和民主性，应设置票决辩论程序，让参与投票的人大代表有机会全面了解所有的候选项目，以避免投票时"跟着感觉走"的随意性和轻易被拉票的现象出现。其实，在国外地方议会的实际运作过程中，听证和辩论也是议会工作的两个非常重要的环节。前者代表议会对社会利益的吸纳

和综合，后者代表议会自己对利益的妥协与综合。[①] 因此，票决辩论程序是一道均衡利益、防止民意被操控和利益表达极端化的机制。为了使辩论有序进行，实现其预定目的，可在项目票决前，选好每个实事工程候选项目的代言人[②]；项目代言人在代表票决前，向人大代表介绍候选项目的情况，并说明入选理由，接受人大代表的询问和质询，对于人大代表的辩驳，代言人予以回应；最后，在充分辩论后由人大代表比较甄别，独立填写票决票。

（四）完善票决后项目实施的监督机制

地方人大作出的决议、决定，是人民意愿和地方国家权力机关意志的体现，具有法定效力，因而实事工程票决后，要建立有效的监督机制，确保项目实施的质量。这是实现民意和落实人大决定权的必然要求。地方人大要不断完善项目实施的监督机制。

1. 审议项目实施的具体方案

人大在表决通过重大事项决定同时或之后，应审议通过决定的具体实施方案，对决定的实际内容、目标、进度和保障措施等作出规定。

2. 建立完备的督促机制

为了充分发挥人大监督的效力，运用法定监督手段进行督办，应建立起执行情况定期报告制度、反馈制度、跟踪检查制度、不作为责任追究制度等，使人大重大事项决定权与监督权的行使互相贯通、相得益彰。从实体上看，《监督法》赋予了地方人大常委会多项监督手段和监督权力，包括财政监督、规范性文件的备案和审查、询问和质询、特定问题调查，还拥有人事任免权，地方人大常委会要用足用活这些法定权力和监督手段，将检查、反馈、处置等

---

① 上海市人大常委会研究室课题组：《国外地方议会职权行使比较研究暨对中国地方人大建设的启示》，载《毛泽东邓小平理论研究》，2006年第5期。

② 代言人应该有一定的资格条件，其不但要熟悉本项目的情况，还要具有一定的语言表达能力和辩论技巧。

第九章　江东区"实事工程"人大代表票决制的示范意义

措施环环相扣、协调有序地运行①，以此切实保障人大作出的决议、决定得到有效执行，维护地方人大依法行使决定权的严肃性和权威性。②

3. 探索建立专项督察制度

"绝对的权力产生绝对的腐败。从预防腐败的角度来看，加强对政府的监督制约是毋庸置疑的。"③为增强人大监督政府实施实事工程的实效性，应不断创新人大的监督形式。在实施代表联系全程跟踪监督实事工程的基础上，探索聘请有关专家，会同纪检、监察、审计等部门实行专项督察，聘请熟悉工程管理的专家，全程参与工程招投标、施工管理等过程，全面测评项目资金的使用绩效，提高财政资金使用效益。

---

① 例如，凡对决议决定执行不力的，或者拒不执行的，人大常委会可通过采取责令限期改正、通报批评、组织特定问题调查、质询、罢免等刚性手段予以纠正和处理。

② 马克敏：《地方人大重大事项决定权工作机制探索》，载《重庆与世界》，2014年第6期。

③ 田洪俊：《考察美国议会的几点收获和启示》，载《人大研究》，2010年第12期。

第十章 江东区大市场监管体系下的执法机制建设

党的十八届三中全会提出要"改革市场监管体系,实行统一的市场监管",并指出要"深化行政执法体制改革,整合执法主体,相对集中执法权,推进综合执法,着力解决权责交叉、多头执法问题,建立权责统一、权威高效的行政执法体制"。随着国家城市化进程的加速、社会主义市场经济的不断深入发展以及社会的不断进步,推进综合执法体制改革的要求也愈来愈迫切。同时,与综合执法体制改革密切相关的执法工作机制建设问题也日显突出。如此,有效的执法工作机制必将在推进综合执法体制改革的过程中扮演着举足轻重的角色。本文通过系统地分析目前宁波市江东区市场监督管理局机构改革过程中遇到的实际执法问题入手,结合分析和借鉴上海浦东地区的经验,探索破解基层市场监管执法问题的机制建设之路径,以便进一步提升市场监管工作水平。

一 江东区大市场监管执法改革的主要做法和成效

(一)过程与背景

2014年1月29日,江东区市场监督管理局成立大会召开。会议宣布,根据省市关于改革完善食品药品监管体制的决策部署和工作要求,调整工商、质监管理体制,由垂直管理调整为地方政府分级管理。整合食品药品监管、工商部门的职责,组建区市场监督管理局,保留区工商行政管理局、区食品药品监督管理局牌子,加挂区食品安全委员会办公室牌子,为区政府的工作部门,并划入质监部门承担的生产环节食品安全监管职责和商务部门承担的流通领域食品安全管理职责。会议同时宣布了新成立的市场监督管理局班子成员名单,领导班子合署办公。2015年2月,江东区市场监督管理局和区质监局组建成新的江东区市场监督管理局,原江东区质量技术监督管理局并入区市场监督管理局,并顺利完成办公室搬迁,实现了合署办公。经过两轮机构改革,江东区率先完成第二轮机构改革,江东区市场监管局也成为宁波第一家完成三局合并且合署办公的。按照省市统一部署要求,江东区委区政府顺利实施了市场监管体制改革,工商、食药监和质监的监管职能得到整合,实现了对食品生产、流通、消费环节的市场安全统一监管,市场监管水平得到进一步提升。

江东区没有实行浙江境内其余十个地市所采用的"两局合一"的模式,即工商局和食药监管局合一,并承接质量技术监督局的食品监管相关职能。之所以选择三局合一,是因为国家层面一直倡导大市场监管的改革方向,以及不断加强食药监管力量的改革方向。实行"三局合一",能够体现这两个大的改革方向。同时,在江东区改革之前,广东深圳已有过类似试验,受此启发,江东区结合自身实际采用了三局合一的模式。

(二) 主要做法

1. 促进融合,有效理顺运行机制

大力促进队伍融合和业务融合。三局合并以来,为了统筹考虑基层一线协调发展的现实需要,大力推进执法人员的轮岗交流;按照"精局强所"的思路,全局科级以下干部112名,安排在基层一线工作的68人,占60.7%。对执法队伍进行有效整合,组建了统一的稽查大队和基层所的稽查中队,加大案件查办力度,在办案数量和罚没款金额上有了大幅的增长,执法检查范畴更广,2015

年以来，共立案151起，结案97起，罚没金额550.36万。今年以来，共受理投诉举报1000余起，办结率91%，消费者满意率大幅上升、重复投诉率有效下降。同时，积极推进业务融合，整合统一的服务平台。对服务窗口进行办公场所调整和网络布线，整合原三个局窗口为统一的市场监管局集中办事窗口，实行"一站式"服务，为年内实行"五证合一"奠定基础。在全市率先完成12315、96311、96317、12365等投诉举报热线的整合，实现统一受理登记、分类处置、内部分流。并积极探索网上维权新途径，开通微信公众号"江东市场监管"、"江东平安消费"、"阳光餐饮"，并上线"江东消费维权在线"平台，结合官方微博"江东市场监管"，组成了"四微一平台"的网上消费维权格局。

注重促进理念融合，形成统一的法治意识。针对机构改革后出现的新情况，该局多次组织召开行政执法座谈会，深入研究行政执法工作的新思路和新方法。注重物理融合向化学融合的转变，在执法人员交叉配置的基础上，促进其执法意识融合，求同存异，形成统一的团队愿景：监管促发展、团结比奉献、创新争一流，把法治要求、法治思维、法治建设贯穿在市场监管的各项工作中去。

2. 建立制度，促进规范执法

新局组建伊始就新增了法制科，并调配了两名公职律师；改革案审会制度，把年纪轻、法制基础好的干部调配为法制员；制定案件主办人员制度、行政执法过错责任制度、政府合同备案制度；执行规范性文件拟稿审查、政府备案、对外公开的"三统一"制度，即统一登记、统一编号、统一发布；开发并启用了罚没暂扣物品公物仓电子监管系统，对外公开了行政处罚信息，提升了行政处罚的威慑力。

新局组建后，全面落实行政执法责任制，探索建立执法全过程记录制度、内部人员过问案件的记录制度和责任追究制度，突出对立案销案、监督检查、自由裁量权行使、涉案财物管理等重点环节的监督制约，做好行政复议和行政应诉工作，加大执法监督力度，加强对行政权力的制约和监督，规范执法行为。

3. 理顺执法体系，促进统一执法

针对原工商、食药、质监的三套执法文书、三种执法程序和三个案件系统并存的现状，尽快理顺执法体系，争取上级部门指导，做到"五统一、一坚持"，即：统一行政执法证资格认证、统一行政执法文书、统一行政执法工作制度、统一行政执法程序、统一行政处罚自由裁量权，坚持集中研究决定重大行政处罚案件。

新局根据事务性质对职能科室进行工作分工和协调，局内设14个职能科室及三个直属机构，由市场监督管理稽查大队负责查处，由包括企业监督管理科、市场合同监督管理科、商标广告监督管理科、食品生产流通监督管理科、餐饮服务监督管理科、药品医疗器械监督管理科、质量与标准计量科、食品安全综合协调科等科进行办理。新局革新登记业务，将工作人员通过挂职锻炼、培训交流、集中学习、交叉演练、互帮互学、定期轮岗等方式，培养和锻炼他们对全业务的熟悉和了解；推出全业务登记岗，打破原内外资、食品、餐饮、药品不同人员受理限制，克服了业务量剧增时人手紧张的困境。

4. 健全考核机制，发挥考核的激励作用

一方面，建立考评操作的民主机制，即通过科室内部推荐、全局民主测评、中层以上领导实名推荐、各党支部推荐、局党委综合研判五个环节进行层层考评、层层筛选，确保评选结果公允公正；另一方面，突出工作实绩在干部评价的份量，即在坚持干部评价"以德为先"的前提下，科室推荐参加优秀人选必须将"本年度工作总结"及"以条目式的方式罗列主要工作完成情况"在局OA平台公示。更为重要的是，新局突出了干部考核结果的实际应用，发挥考核对干部的激励作用。在2015年的非领导职务选任中就引入了积分机制，把年度考评作为其中一项重要加分指标，真正实现"让想干事的人有机会，能干事的人有平台，干成事的人有地位"。

（三）取得的成效

1. 整合优化了执法资源，执法权相对集中

机构融合前，工商、质监、食药监都有各自的执法队伍，在执法领域互有交叉，存在多层执法、多头执法的现象。同时，职能部门之间也存在监管空白，一定程度上影响了行政执法效能。机构融合后，整合了执法力量，组建了统一的市场监管执法队伍，该队伍相对独立、集中统一并实行属地管理，打破了原先市场监管的分段管理模式，原先由于职能分散、交叉、缺位和错位而导致的一些问题也得到了较好的解决，更有利于市场监管部门的统一执法。例如，原药监局工作人员发现违法医药广告后需首先提交给市工商局，由工商局进行处理，再将处理结果反馈给药监局。三局合一后，违法广告统一由市场监管局商广处负责。

从实际运作情况来看，市场监管局已然成为辖区食品监管的主体和兜底部门，消灭了原来各部门间模糊的监管边界，实现全链条、无缝隙监管，进一步强化了相关部门的监管责任。此外，基层质监与工商两部门在生产流通领域的商品质量检测和查处假冒伪劣商品管辖之争也自动划上了句号。

2. 优势互补和技术共享，监管水平得以提升

三局合并前，工商局具有完整的基层组织网络，但技术水平不高；质监局具有较强的检验检测技术支撑，但基层力量缺乏；食药监局则以综合协调职能见长，但人员和技术都相对薄弱。整合后的市场监管局，取长补短，体现出叠加效应带来的优势，最为明显的是行政许可、消费维权和稽查办案工作。

随着经济发展水平的快速提高，各类市场违法行为也更趋隐蔽，技术含量也明显增强，给市场监管带来较大难度，一般仅凭执法人员的经验和肉眼难以发现，需要辅以必要的科技手段。三局合并后，质监系统下属的各类检测机构和食药监系统的药检机构都不再只为本系统执法监管服务。这次机构改革，餐饮食品监管职责也由卫生部门划转至市场监管部门。此外，原工商部门的信息化技术走在各部门前列，包括信用监管平台、流通领域食品电子化监管等手段，都在日常监管中发挥了较好的作用，这些技术都可以向所有市场监管领域进行有效拓展与兼容，以提升监管水平。

3. 健全了内部流程机制，促进市场主体发展

市场监管局成立后，整合生产领域和流通领域的产商品监管流程，建立了从生产到消费的产商品质量监管统一链条；整合食品生产、流通和餐饮服务环节的监管流程，建立了食品安全监管的统一链条，例如，过去对一家食品生产企业内的经销店、餐厅、食品生产行为的监管分别由工商、卫生、质监三个部门负责，对宾馆行业内的餐饮、食品吧台及一次性用品监管分别由卫生和工商部门负责，现在均可实现一次性执法、全面监管，既减少对企业的检查次数，又提高了效率。市场监管各环节的投诉举报，过去涉及"边界地带"的偶有推诿，现在可以一揽子受理，而且消费者只需记住一个特服号码，既方便了企业办事，又有利于政府部门良好形象的树立。

二 江东区大市场监管执法中存在的问题

（一）执法程序和文书要求不一，监管执法很难统一

三局合一后，机构行使的依然是各自专业性较强的权力，导致了阶段性执法权的实际分离，造成目前大多数原先执法工商的还是执法工商、原先执法食药的仍然执法食药。最突出的问题是因执法程序和文书难以统一带来的高风险。国家工商总局、质检总局和食药监总局制定的行政执法程序规定和相关执法文书存在较大差异。以办案程序为例，三局在立案告知、案件会审（例如，食药每起案件都需合议）、办案时限（例如，工商、质监要求3个月、食药要求30日办结）、听证要求（例如对要求听证的金钱处罚案件，工商要求对个人罚款3千元、单位3万元，质监要求个人3万元、

单位3万元，食药要求个人8千元、单位8万元的案件要举行听证)、大要案件标准、送达方式、处罚告知次数上均有不同规定。在执法文书方面，目前国家食药监局有3套执法文书，工商、质检总局各1套执法文书。若不加整合全部采用，则基层一线同志外出执法要遵循3套执法程序，使用5套执法文书文书，工作效率和办案质量都无法保证。而对现有程序和文书加以整合和调整，则可能与国家局规章冲突而面临"程序违法"风险。其他如执法服装、执法理念、自由裁量的掌握等问题，也影响到市场监管执法的规范统一。

(二) 执法力量配置不足，专业人员匮乏

利用工商完备的基层执法力量来强化一线食品药品监管，是本次市场监管体制改革的一大目标。江东区体制改革后，基层市场监管所除要做好工商工作外，还要逐步承接食品生产、餐饮、药品药械及特种设备监管等任务。由于新的领域均涉及专业知识和技能，而原食药监、质检部门又没有或者基本没有基层所站和执法力量，在总体编制难以增加、无法快速招录专业人才的情况下，要求平均年龄达到45岁的原基层工商所人员学习和掌握这些知识，需要一个过程。而且这次机构改革中，机关科室除综合科外，业务科室大多予以保留，而原本就不多的质检、药监业务骨干都留在了科室，从而使基层所不能在短期内迅速强化综合监管执法能力。此外，中央和省市局都在大量下放事权，大多都要求由基层一线直接承接，而对于专业性要求高的事项，目前基层所是没能力承担的，只能暂时由局科室承担，这样势必达不到改革预期的监管效果。

(三) 体制改革不彻底，机构职能上下不一

原工商和质监系统为全省垂直管理，原食药监系统属地方政府管理，新的市场监管局，管理体制作了重大调整，统一调整为地方政府管理。但省工商、质监、食药监三局依然独立运作，出于高度

的工作责任心和思维惯性,依然会按照原有目标抓深化、抓细化、抓强化,整体是处在拓展、精细、提升的阶段。尤其在食品安全监管职责转移后,省工商、质检部门会更加集中精力抓好现有职能的拓展和深化。由于上级重抓深化,基层重抓整合,两种不同的工作思维和工作步调,会引发一系列复杂多变的问题和困难。

(四)人心尚未融合,工作缺乏积极性

三局合并后,由于各局工作理念不同,工作作风不同,新的市场监管局,从局领导到中层干部,尚处于磨合期,思想行动难以统一,工作不能形成合力。领导干部和全体工作人员亟需树立强烈的危机意识和责任意识,着力在"合"字上下功夫,努力做到思想合心、监管合力、工作合拍。为此,必须通过科学的制度建设和强硬的监督考核手段,大力整顿干部队伍思想作风建设,尽快形成凝心聚力、同心同向、共担责任的工作氛围。

三 浦东新区大市场监管执法改革的经验与启示

作为上海市改革先锋的浦东新区,在2013年9月就启动了市场监管体制改革,并于2014年1月1日,正式挂牌成立浦东新区市场监管局,率先实现工商、质监、食药监"三合一"的大市场监管模式,[①] 其成功经验值得我们思考与借鉴。

(一)基本做法

1. 整合监管职能

将原浦东新区工商、质量技监、食品药品监管部门"三合一",在食品安全方面,对食品、质量等领域进行"生产—流通—

---

① 刘洋洋、曲明明:《大市场监管体制改革的功能分析、挑战与对策——以上海市浦东新区市场监管体制改革为例》,《江西行政学院学报》,2015年第2期。

消费"全过程监督,实现食品安全监管一体化;在质量安全监管方面,建立了《浦东新区重点产品(商品)质量监督目录》,统一了生产、流通、消费各环节不合格产品的"后处理"制度,构建"双向追溯"机制。① 通过对生产领域和流通领域质量监管信息的双向追溯,建立从源头到终端、从工厂到商场的全程质量监管链条,实现了产品质量监管一体化。浦东市场监督管理局还专门成立综合执法稽查支队,充分发挥"三局合一"后资源整合的优势,集中优势查处重点的市场违法行为,规避职能缺位、错位、交叉、重叠的问题,避免互相扯皮和"九龙治水"现象。② 同时还推行市场准入一体化、公众诉求处置一体化以及执法办案一体化,使得职责落实更加到位。

2. 监管重心下移

依托原来体制、队伍比较完备的基层工商所组建市场监督管理所,职能整合"做加法"和机关瘦身"做减法"同步开展,监管执法资源向基层倾斜,凡能由基层监管机构承担的综合执法事项,全部下放基层,并按照"人随事走、编随事转"的原则,精简机关行政编制,充实基层一线力量。同时还实现了"一个街镇、一个监管所"的力量覆盖目标。浦东区建立了36+X(36个街镇和国际旅游度假区、临港地区;"X"即与相关开发区体制相衔接,在重点区域设置派出机构,有效保障重点区域的市场安全)个基层派出机构,内设机构由原三个局的29个减少至17个,精简了41.4%;机关编制从264名减少至198名,精简了25%;全局80%的人员充实到基层一线。③ 除此之外,还可以设二个直属机

---

① 朱婷:《关于市场监管体制改革的成效、问题及对策分析——以上海市浦东新区市场监管体制改革为例》,《商》,2015年第27期。
② 刘洋洋、曲明明:《大市场监管体制改革的功能分析、挑战与对策—以上海市浦东新区市场监管体制改革为例》,《江西行政学院学报》,2015年第2期。
③ 陈甬沪:《上海市场监管体制改革初探》,《上海工商报》,2015年6月30日第003版。

构,一个机构专职从事许可登记和相关现场核查、企业信息年报公示等相关市场主体准入工作;另一个机构专职从事案件稽查和重大专项整治工作;每个乡镇街道设置市场监管所,负责食品药品、特种设备等安全监管和其他日常监管服务工作。而机关科室主要负责上级任务及专项整治工作的布置、指导、汇总及督查。

3. 再造管理流程

将省级"垂直管理"改为浦东新区"属地管理",积极推进网格化管理,利用现代通信技术建设统一的综合监管业务平台,实现监管联动、信息共享。积极探索"市场"审批机制,实现原三部门分别审批为"一门受理、一表申请、一口办理",并成立了注册许可分局,同时对外资实现了外资批准文件、营业执照、组织机构代码证、税务登记证、食品前置许可"五证联办"。①

（二）启示

我们可以发现,上海浦东区的改革是自下而上地进行整合,实行属地化管理,突出了综合执法体制改革的专业性;它坚持从改革大局出发,将人力、资源下放,夯实基层综合监管,强化基层执法;在改革过程中,越是靠近基层,越是强调其综合性。上海的改革无论是从空间的推进上还是从改革内容的深化上,都遵循了经济规律和客观实际,其借鉴意义在于:

1. 综合执法、下沉力量是执法工作机制建设的必然趋势

开展综合执法,通过进一步扩大执法职责范围,整合执法资源,下沉执法力量,可以有效解决多头执法、权责分割、执法效率不高的问题,特别是解决了基层乡镇、街道"看得到的管不着、管得着的看不到"这一难题,社会管理效能大幅上升,群众满意度不断增加。

---

① 刘洋洋:《透视市场监管体制改革——以上海市浦东新区"三合一"改革为例》,《党政论坛》,2015年第5期。

2. 机构综合设置是执法机制建设的核心内容

综合执法必须体现社会主义市场经济和现代城市管理对政府机构改革的要求，打破原有执法机构设置的模式，将机关的各种执法资源进行有机整合，组建综合执法机构并逐步扩展职能。凡是集中行使的行政处罚权，原来的部门均不再行使，职能全部转移的执法机构要撤销，编制要调整，真正将执法职能综合起来，从体制上形成一种职能相对集中、机构相对统一的新格局。

3. 合理确定综合执法职责范围是执法机制建设的关键环节

这是综合执法能否有效运行、取得实效的基础。根据上海浦东区的经验，实行综合执法，能综合的应尽量综合，不能综合的不必强求，不能为了综合而综合。从实践来看，职责划转应以符合实际工作需要为导向，专业性不强、与群众生活密切相关、基层发生率高且基层有责无权的事项宜优先划转，而且职责划转要循序渐进，不能搞"一刀切"。

四　江东区大市场监管执法机制建设的对策

2014年6月，国务院出台了《关于促进市场公平竞争维护市场正常秩序的若干意见》（国发〔2014〕20号），从7个方面提出了27条市场监管措施和方向，要求至2020年建成体制比较成熟、制度更加定型的市场监管体系，这为我国的市场监管体制改革作了顶层设计。浙江省委、省政府也要求相关省级部门要坚持基层导向和问题导向，加强沟通和协作配合，尽量做到一个声音、一个步调，避免出现政出多门，并要利用市场监管工作联席会议制度，及时主动地提出和推动解决体制调整中需要研究落实的重大事项，同时要求基层改革在盘活存量、优化结构、强化一线和科学配置上着力。为解决江东区"三局合一"改革中的问题，完善大市场监管体系，应该继续健全和完善综合执法机制。

（一）力量下沉，充实基层执法力量

对机关科室进行进一步整合和精简，优化岗位设置，从而挤出更多机关人员充实到基层所工作。可以设成二个直属机构，一个机构专职从事许可登记和相关现场核查，企业信息年报公示等相关市场主体准入工作；另一个机构专职从事案件稽查和重大专项整治工作；每个街道设置市场监管所，负责食品药品、特种设备等安全监管和其他日常监管服务工作。而机关科室主要负责上级任务及专项整治工作的布置、指导、汇总及督查。

（二）实行"人事匹配"的事权配置

三局合并前，各局监管力量已都捉襟见肘，合并后，一线工作人员并未实际增加，但大量的事权都向基层倾斜，在这种情况下，分局必须做好事权的合理划分，要建立"人事匹配"的人员配置机制，科学合理划分科所之间的事权，确保基层所能有更多的精力开展食品、特种设备等安全监管工作，科室要按照因地制宜、因事制宜的原则逐步下放事权；对专业性强的监管事项，科室要主动承担，防止所有事权都急于向基层下放的不良倾向；对一些非法定或未列入考核内容的工作事项，相关科室要充分权衡其科学性和可持续性，主动予以整合过滤，以改变基层疲于应对的状态。

（三）营造促进融合的文化氛围

三局合并后，最难以融合的是原三个部门人员的心态，毕竟各自都形成了不同的工作风格和部门文化。因此，需要通过各种方式，尽快让大家摒弃门户之见，丢掉你我他，真正成为一家人。新的市场监管局可以多组织集体联欢活动、实施不同岗位交流、各部门类似职能合并等，营造一种融合的语境和氛围。

(四) 建立现代信息技术的支撑体系

当前随着信息化、网络化发展步伐的加快，许多市场主体的行为从传统的线下经营向线上经营转变。单纯依靠基层市场监管所现行拥有的监管资源无法有效进行监管。市级、省级部门应强化对信息技术检测平台的研究开发，针对新兴市场经营行为在网络化监管、智能化监管上多下功夫。通过开发统一的网络监管平台，移动智能监管设备，切实为基层所监管提供现代信息技术支撑。

(五) 建立合理的绩效考核制度

要按照绩效管理的基本要求，建立目标明确、指标合理、考核到位、结果和过程相结合的绩效考核责任制。注重对实际监管效果的考核，对于上级督查、抽查情况、投诉办结率等效果导向的指标，情况好的予以加分；设定目标考核比重向实际监管效果倾斜。增强基层所长对干部的积极性调动能力，将荣誉评定、干部奖金收入核定、推荐提拔等权力进一步授权给基层所长，提升基层所长的权威。

(六) 完善社会化监管手段

要进一步打开市场监管部门的数据资源，将基层所掌握的市场主体情况主动向与当地街道社区共享。运用新的信息技术开发互动监管平台，更紧密的结合当地政府管理网络力量，例如食品安全基层责任网络、基层安全员网络等，与当地管理力量形成互动，真正实现全社会参与监管。通过建立和完善"一处违法、处处受限"的失信惩戒社会制约机制，使从以前的一罚了之，向让企业产生对法律的敬畏，对企业自身信用的敬畏，对他人信用的关注，由被动监管到主动自觉守法转变。